Análise criminal
Barbara Maccario ♦ *Milena Barbosa de Melo*

Rua Clara Vendramin, 58 • Mossunguê
CEP 81200-170 • Curitiba • PR • Brasil
Fone: (41) 2106-4170
www.intersaberes.com
editora@intersaberes.com

conselho editorial •	Dr. Alexandre Coutinho Pagliarini
	Drª Elena Godoy
	Dr. Neri dos Santos
	Dr. Ulf Gregor Baranow
editora-chefe •	Lindsay Azambuja
supervisora editorial •	Ariadne Nunes Wenger
assistente editorial •	Daniela Viroli Pereira Pinto
edição de texto •	Natasha Suelen Ramos de Saboredo
	Arte e Texto
	Gustavo Piratello de Castro
capa •	Débora Gipiela (*design*), stock-images/Shutterstock (imagem)
projeto gráfico •	Raphael Bernadelli
fotografias de abertura •	OlegRi/Shutterstock
diagramação •	Débora Gipiela
responsável pelo design •	Débora Gipiela
iconografia •	Regina Claudia Cruz Prestes

Dado internacionais de Catalogação na Publicação (CIP)
(Câmara Brasileira do Livro, SP, Brasil)

Maccario, Barbara
   Análise criminal/Barbara Maccario, Milena Barbosa de Melo. Curitiba: InterSaberes, 2022.

Bibliografia.
ISBN 978-65-5517-406-9

   1. Crimes – Aspectos sociais 2. Criminalidade 3. Direito penal – Brasil 4. Políticas públicas – Brasil 5. Prevenção de crimes – Brasil 6. Segurança pública – Brasil 7. Segurança nacional – Brasil 8. Violência – Prevenção I. Melo, Milena Barbosa de. II. Título.

21-79975   CDU-343.97

Índices para catálogo sistemático:
1. Violência e criminalidade: Direito penal   343.97
Cibele Maria Dias – Bibliotecária – CRB-8/9427

1ª edição, 2022.

Foi feito o depósito legal.

Informamos que é de inteira responsabilidade das autoras a emissão de conceitos.

Nenhuma parte desta publicação poderá ser reproduzida por qualquer meio ou forma sem a prévia autorização da Editora InterSaberes.

A violação dos direitos autorais é crime estabelecido na Lei n. 9.610/1998 e punido pelo art. 184 do Código Penal.

Sumário

Apresentação, x

Como aproveitar ao máximo este livro, xvi

    capítulo um   Conceito de violência
                          e suas principais motivações, 24

        1.1   Etimologia da violência e a complexidade de sua definição, 26

        1.2   Tipos de violência e natureza dos atos violentos, 32

        1.3   Teorias da violência, 43

        1.4   Violência e suas principais causas, 54

    capítulo dois   Conceito de criminalidade
                           e suas principais motivações, 72

        2.1   Teoria do crime: definições e conceitos, 74

        2.2   Criminalidade como um problema social, 86

        2.3   A criminologia como ferramenta para entender o crime, o criminoso e a criminalidade, 92 *capítulo três*   Análise das políticas nacionais de prevenção e controle da violência e da criminalidade no Brasil, 114

    3.1   Políticas Nacionais de Segurança Pública e de Prevenção, 116

    3.2   Violência, criminalidade e Segurança Pública: repressão × prevenção, 127

    3.3   A dicotomia brasileira da flexibilização da posse de armas como política de mitigação da violência, 135

    3.4   Pilares essenciais para uma política de Segurança Pública eficaz, 142

capítulo quatro   Impacto econômico e social da violência e da criminalidade no Brasil, 152

    4.1   A relevância de se estimar o custo do crime, 154

    4.2   O custo social do crime e da violência e os métodos para sua aferição, 158

    4.3   O custo do crime no Brasil: gastos públicos e privados em segurança, 165

    4.4   Qualidade dos gastos públicos e bem-estar social, 185

capítulo cinco   Análise criminal, 192

    5.1   Definições e fundamentos da análise criminal, 194

    5.2   Breve perspectiva histórica da análise criminal no Brasil e no mundo, 202

    5.3   Funções e justificativas da análise do crime: policiamento baseado em evidências, 209

    5.4   Tipos de análise criminal, 213

capítulo seis   Noções históricas de criminologia preventiva, 234

    6.1   Da punição à prevenção, 236

    6.2   Prevenção como conceito, 240

    6.3   Tipos de prevenção: modelos teóricos, 249

    6.4   Programas de prevenção do crime, 262

    6.5   Desenvolvimento internacional do modelo de prevenção, 269

Considerações finais, 274

Estudo de caso, 280

Referências, 287

Bibliografia comentada, 298

Sobre as autoras, 301

Apresentação

Compreender o cenário brasileiro e mundial da criminalidade é um desafio multifacetário e complexo. Por isso, nesta obra, apresentamos um olhar que se volta sobretudo para uma análise criminal de questões como violência, criminalidade e processos de mitigação dessa questão mediante políticas públicas. Além disso, buscamos analisar o impacto econômico que o combate à criminalidade violenta e à violência pode gerar na sociedade, buscando de forma sistemática e imparcial o exame do caso brasileiro, à luz de outras experiências internacionais sobre políticas públicas. Por fim, propomos a própria noção de análise criminal sobre tudo o que foi exposto.

É importante salientar que desenvolver um livro consiste em um penoso e complexo processo de decisões, como a escolha de qual perspectiva será utilizada para examinar determinada questão, o que, necessariamente, representará a inclusão de alguns pontos imprescindíveis e, consequentemente, a exclusão de outros pontos que, embora sejam igualmente relevantes, em razão da escolha do caminho traçado, precisam ser deixados de fora da análise. Nesta obra, convidamos você, leitor, a pensar criticamente sobre questões comuns ao tema e a responder perguntas-chave para que seu conhecimento seja aprimorado.

Dessa forma, exporemos, nos próximos capítulos, de forma organizada, um arcabouço de conhecimento sobre os temas propostos. A abordagem proposta foi construída pela correlação de conceitos, definições e práxis envoltos por fundamentos teóricos e conhecimentos empíricos. Com isso, desenvolvemos uma imersão de significados, aprimorados por experiências práticas compartilhadas, considerando-se que as questões propostas estão em constante transformação. Quem busca conhecimento deve, antes de mais nada, desenvolver pensamentos críticos e questionamentos, mediante bases teóricas que suportem e que não esgotem todas as possibilidades de respostas.

Sobre esse espírito de consciência social – inovação que se fundamenta em ideais de interação de teoria, prática e interpretação – são construídos pilares essenciais e interdisciplinares capazes de estabelecer um conhecimento dinâmico, com o intuito de guiar você e ampliar sua visão e intepretação sobre fatos históricos e outros aspectos modernos necessários a um raciocínio que se prende na desafiadora tarefa da construção de conhecimentos.

Durante a preparação deste material, deparamo-nos com uma imensidão de informações. Após uma seleção especial, ainda tivemos a difícil missão de definir o que mais interessaria a você, leitor, dentro do tema proposto. Assim, procedemos às decisões de elaborar um conteúdo que, sobretudo, assumisse o compromisso de informá-lo, de modo a expandir seu conhecimento acerca da análise criminal e tudo o que ela pressupõe, envolve e apresenta como resultado.

Primeiramente, decidimos que a abordagem deste conteúdo seria, sobretudo, voltada para um olhar científico e criminológico que não reconhece apenas questões como violência e criminalidade como um mal a ser combatido a partir de repressão, mas voltado a um espectro maior, que intersecciona outra variáveis que foram e são consideradas nos estudos da criminologia, sem o qual acreditamos que qualquer estudo se resumiria em respostas simples para problemas complexos.

Entendemos que a ciência é um complexo exercício interdisciplinar. Isso significa que analisar os fatos cotidianos sem buscar razões mais aprofundadas, que garantam a aproximação das raízes da questão que se busca enfrentar, é, por certo, um desperdício de energia para o objetivo que se propõe. Por esse motivo, voltaremos este estudo para questionamentos mais profundos, sobretudo de ordem sociológica, o que garantirá a você uma visão sobre as diferentes dimensões que se completam e se contrapõem, e que, acima de tudo, contribuem para que sua visão não seja condicionada.

Também é importante ressaltar que buscamos desenvolver nesta obra um estilo de escrita dinâmico e pessoal, de modo a nos aproximarmos mais de você e de fazer com que o ensino a distância cumpra com o objetivo de conhecimento democratizado, sem que o aluno perca a chance de interagir com o mestre que escreve e intenta auxiliar na construção de seus conhecimentos.

Entretanto, como não pode deixar de ser, este conteúdo, por ser fundamentado em cientificidade, segue certo rigor acadêmico na gestão das informações que aqui foram transpostas. Ademais, este livro se divide estruturalmente em seis capítulos, todos independentes entre si, já que cada qual desenvolve um subtema específico, embora determinante para o desenrolar desta matéria. Ainda assim, todos os capítulos estão conectados entre si pelo fio condutor da análise criminal, objetivo final da proposta de estudo desta obra.

No primeiro capítulo, trataremos da etimologia da violência e sua complexidade, além de analisarmos os tipos e a natureza dos eventos violentos. Ainda, falaremos sobre as teorias sobre a violência e a motivação para que esta ocorra. Já no segundo capítulo, analisaremos a criminalidade e os motivos que levam a isso, bem como os conceitos relacionados a ela. Considerando a criminalidade como problema social, tomaremos a criminologia como ferramenta para entender os aspectos desta.

Analisaremos, no terceiro capítulo, as políticas brasileiras relacionadas à prevenção e ao controle da violência, examinando as principais estratégias de mitigação da violência e da criminalidade nos âmbitos federal, estadual e municipal. Veremos ainda as teorias sobre prevenção e repressão da violência, bem como as falhas e os acertos das políticas de Segurança Pública implementadas no Brasil. No quarto capítulo, evidenciaremos os impactos econômico e social, no Brasil, das questões relacionadas à violência e à criminalidade, analisando os custos ligados à segurança pública e privada e a qualidade do gastos públicos e do bem-estar social.

No quinto capítulo, trataremos, por sua vez, das definições e dos fundamentos práticos e teóricos da análise criminal em si, traçando um breve histórico da técnica investigativa de análise criminal, analisando seus tipos e como ela funciona na prática. Por fim, no sexto capítulo, veremos a evolução das políticas repressivas e preventivas, bem como os conceitos de prevenção e da violência. Analisaremos ainda os tipos de prevenção e como ocorre a aplicação desta no Brasil e no mundo.

De forma didática, buscamos relembrar todos os temas tratados, em todos os capítulos, como forma de não deixar que o conhecimento adquirido nas outras seções seja esquecido no decorrer da leitura. Para isso, apresentamos seções que convidam você a repensar o tema proposto, considerando-se determinado tipo de análise. Isso permitirá conectar os temas tratados sem que seja necessária uma leitura sequencial do livro. Em outras palavras, essa estrutura dá maior liberdade para a escolha de qual capítulo se deseja ler, ainda que a nossa sugestão seja a leitura sequencial.

Por fim, é importante salientar que esta obra não esgota a matéria, mas desenvolve um panorama que traz à tona discussões paradigmáticas em relação ao tema, como é o caso das políticas de repressão *versus* políticas de prevenção, assim como as contraposições "mais armas, menos crimes", "menos armas, mais crimes", entre outras que possibilitam que você consiga olhar para o terreno brasileiro com suas peculiaridades e compreender o porquê de o mero transplante de práticas externas para dentro da realidade do país não ser suficiente.

Apesar de ser extremamente necessário que todo governo e profissional que represente os interesses da população busque aprender e aprimorar suas ideias (com base em experiências que tiverem resultados positivos e negativos), isso não será suficiente caso não haja um enquadramento que se apoie em outros estudos, como os sociais e de outras áreas distintas, que possibilitam maior noção da realidade que se pretende alterar.

Dessa maneira, além de transmitir a você conhecimentos lógicos e teóricos, buscamos a valorização deste material por meio da informação voltada para os desafios brasileiros da criminalidade e da violência em seus mais diversos aspectos. Esperamos que este livro possa entregar o que se propõe de forma profissional, ética, criativa e consciente, considerando-se bases humanísticas e de preservação social.

Desejamos a você, leitor, que busca aprimorar seus conhecimentos, que tenha boas reflexões e que, por meio delas, possa, no momento certo, aplicar esses conhecimentos em sua vida profissional e prática.

Como aproveitar ao máximo este livro

Empregamos nesta obra recursos que visam enriquecer seu aprendizado, facilitar a compreensão dos conteúdos e tornar a leitura mais dinâmica. Conheça a seguir cada uma dessas ferramentas e saiba como elas estão distribuídas no decorrer deste livro para bem aproveitá-las.

Logo na abertura do capítulo, relacionamos os conteúdos que nele serão abordados.

Antes de iniciarmos nossa abordagem, listamos as habilidades trabalhadas no capítulo e os conhecimentos que você assimilará no decorrer do texto.

Conteúdos do capítulo:

- Etimologia da violência e a complexidade de sua definição.
- Tipologia da violência: tipos de violência e natureza dos atos violentos.
- Teorias da violência.
- Os principais fatores motivadores da violência.

Após o estudo deste capítulo, você será capaz de:

1. definir o termo *violência*;
2. diferenciar os tipos de violência;
3. entender as teorias que relacionam a definição de violência com outros aspectos;
4. elencar os principais motivadores de condutas violentas;
5. estabelecer as raízes da violência.

que um ambiente degradado, em que há a naturalização da ofensa ao patrimônio e ao espaço comum, é um espaço frutífero para a criminalidade violenta. Com base nisso, os programas de prevenção da violência e da criminalidade deveriam estar voltados para a área geográfica, a fim de investir e recuperar essas áreas.

Esse tipo de programa se desenvolve, sobretudo, pelo espaço, mediante a ideia ecológica do crime (escola de Chicago). Como mencionamos em capítulos anteriores, esta teoria se construi sobre a ideia de que existem nas localidades urbanas das comunidades industrializadas certos espaços, delimitados socialmente, onde o número de crimes converge com maior intensidade. Tais locais são geralmente retratados em áreas deterioradas, com baixa qualidade de vida, pouca infraestrutura e que funcionam sobre a desordem social. Não raro, esses espaços são ocupados por minorias e grupos sociais marginalizados, como as minorias raciais e os imigrantes.

> **Importante!**
> A escola de Chicago apresenta uma forma responsável de intervenção nessas localidades pelos poderes públicos, algo que deve ser realizado por meio de programas que visem melhorar as condições descritas anteriormente e aliviar os problemas sociais vivenciados nas cidades grandes. São exemplos consultáveis desse tipo de programa: os programas desenvolvidos paras as cidades estadunidenses de Chicago e Boston.

Entretanto, o modelo de política de prevenção que considera apenas os elementos espaço e área geográfica não traz grande convencimento de solução, visto que "apresenta um déficit científico pernicioso, pois atribui ao ambiente físico uma relevância etiológica excessiva na origem da criminalidade" (Molina, 2003, p. 1046, tradução nossa). Isso porque é preciso ter em mente que esse modelo de espaço social é potencialmente atrativo; porém, não é ele que fornece a real origem do crime.

Algumas das informações centrais para a compreensão da obra aparecem nesta seção. Aproveite para refletir sobre os conteúdos apresentados.

o local e gerando, na relação entre os habitantes, o sentimento de solidariedade.

O desenvolvimento de programas que envolvam a comunidade em atividades recreativas, culturais, entre outras, preencheriam o tempo ocioso tanto das crianças quanto dos pais, potencializando habilidades socioculturais e formações nessas áreas, de modo a empoderar as pessoas.

Investir em educação e em tudo aquilo que possa se converter em mecanismos de exclusão das pessoas de outros comportamentos desviantes deve ser incentivado pela cidade. Ademais, deve-se promover a reparação de imóveis residenciais, aplicando ideias de conservação das edificações e construções, considerando que a estética do local de residência também é muito importante (pois sugere qualidade de vida). Também é preciso apostar na melhoria das condições sanitárias dentro dos bairros, ou seja, investir não somente na reforma do aspecto material, mas também na revitalização da comunidade, de modo a projetar algum horizonte de paz para as pessoas que ali vivem – ações que são muito valorosas.

> **Preste atenção!**
> Um dos projetos principais da escola de Chicago foi o *Chicago Area Project*, no ano de 1934, desenvolvido pelos fundadores Clifffor Shaw e Henry McKay, que, na busca por minimizar a criminalidade em certos locais da cidade, apostaram em métodos de controle social formal, investindo praticamente apenas nesses métodos, fundamentados nas propostas descritas anteriormente, que alguns autores chamam de "viés reformista".

A principal colaboração dessa escola foi no campo da metodologia de análise da criminalidade e no campo político criminal, sobretudo no que concerne à investigação das áreas da cidade, porque permitiu, com isso, aproximar a realidade da cidade das políticas

Apresentamos informações complementares a respeito do assunto que está sendo tratado.

Nesta seção, respondemos às dúvidas frequentes relacionadas aos conteúdos do capítulo.

Perguntas & respostas

A natureza da violência poderá sempre ser singularizada?
Não. De acordo com o diagrama proposto, a violência pode ter natureza multifacetada, atingindo uma pessoa e repercutindo agressões em esferas distintas, sejam elas físicas, sejam elas morais ou psicológicas, a exemplo da violência interpessoal entre parceiros íntimos, que pode ser de natureza física, mas também pode atingir a esfera psicológica e sexual.

Manifestações da violência

Além das categorias expostas anteriormente, classificadas em sentido macro, no campo prático, há outras formas pelas quais esse fenômeno pode se manifestar.

Violência criminal

A violência criminal se manifesta frequentemente na prática da agressão dirigida à vida ou ao patrimônio de uma pessoa. Essa prática, atualmente, é o cerne do trabalho repressivo de autoridades responsáveis pela Segurança Pública. São exemplos desse tipo de manifestação: as gangues e os comércios de exploração sexual, que desempenham suas funções, na maioria das vezes, por meio: do aliciamento de menores de idade; da exploração do trabalho de menores; do tráfico de drogas; do tráfico de armas; do tráfico de seres humanos; da delinquência organizada; e dos crimes de corrupção.

Não há, nessa modalidade, um perfil de agressor, embora a sociedade tenha estereotipado pobres como criminosos. Nesse caso, os crimes cometidos por ricos e membros da classe política, geralmente em busca de poder e dinheiro, também são considerados uma forma de violência, conforme explica Minayo (2013).

---

verdades absolutas e dominantes, pois elas podem ser o verdadeiro pano de fundo da violência subjetiva, isto é, aquela que vemos como produto final, mas que também pode ser em si mesma o próprio ato violento que se manifesta independentemente do uso da força corporal.

Teoria da violência tridimensional (Slavoj Žižek)

Trata-se de uma teoria desenvolvida na obra *Violência: seis reflexões laterais*, de Žižek (2014). Nela, o filósofo articula uma visão estruturada em três dimensões da violência. A violência subjetiva é concebida pelo autor apenas como uma das dimensões do fenômeno da violência – ele apresenta mais duas dimensões pertencentes ao gênero violência objetiva.

O que é?

Violência subjetiva, segundo Žižek (2014), é apenas a faceta mais evidente da violência, pois parte de uma visão interpretativa, de forma singular ou coletiva, do real, ou seja, do ato violento do agressor, de forma restrita e concentrada no ato violento.

Já a *violência objetiva* é o inverso da violência subjetiva, ou seja, trata-se de uma violência invisível. Em outras palavras, é a violência que habita as camadas mais profundas da violência subjetiva. Diz respeito a fatores determinantes que não se referem apenas ao emprego de força e que fazem parte da ação violenta visível.

Nesta seção, destacamos definições e conceitos elementares para a compreensão dos tópicos do capítulo.

De acordo com essa teoria, no núcleo da violência visível (subjetiva), que parte de uma vontade do agente agressor e que perturba o sistema, há duas outras dimensões objetivas, nomeadamente, a **dimensão sistêmica** e a **dimensão simbólica**.

Nesse sentido, é integrada à compreensão de violência uma teoria ainda mais ampla, que também contempla os aspectos da violência que não são evidentes. A dimensão simbólica é uma forma de com o passar do tempo e em decorrência da velocidade com que as alterações sociais ocorrem, o conceito de violência também vem se alterando de forma dinâmica, representando o que cada povo em determinado tempo percebe como violência.

Exemplificando

Os romanos, em 80 d.C., por exemplo, realizavam combates sangrentos como forma de entretenimento. Na época, uma plateia de aproximadamente 50 mil pessoas se reunia para assistir à luta entre gladiadores, que, na maioria das vezes, findava na morte cruel de um deles.

Atualmente, nossos eventos de entretenimento são torneios mundiais de futebol, concertos, ciclos teatrais, entre outros. Nesse contexto, condenamos as práticas romanas citadas anteriormente, o que comprova que tempo, espaço e padrões culturais são fatores essenciais para a análise da violência.

Se não podemos conceituar *violência*, como podemos identificá-la? De forma prática, Michaud (1989) encontra um denominador comum entre as modalidades de violências e afirma que, antes de mais nada, violência diz respeito à agressão e aos maus tratos que deixam marcas e se fazem evidentes. Abordar a dificuldade de conceituar o termo de forma satisfatória não significa que ele é vazio de definição, mas que devemos estar atentos às observações mais sensíveis que levem em conta componentes objetivos e subjetivos (Michaud, 1989). A perspectiva objetiva dá ênfase à existência de possíveis pressupostos, ao passo que a subjetiva se volta à análise do período histórico e dos valores de determinado grupo no momento da consumação da violência.

Michaud (1989) também explica que a análise de perspectivas distintas pode colaborar para a compreensão e a correção de possíveis percepções de outras óticas. Ademais, é preciso sempre ter em mente que não há um sentido universal para violência. Em outras palavras, cada sociedade pode apresentar a própria modalidade de violência. No Brasil, por exemplo, a violência é, sobretudo, tratada com base na violência urbana, ou seja, que ocorre em locais

---

Disponibilizamos, nesta seção, exemplos para ilustrar conceitos e operações descritos ao longo do capítulo a fim de demonstrar como as noções de análise podem ser aplicadas.

Exercício resolvido

Com base na teoria do crime apresentada nesta seção, julgue os itens a seguir como verdadeiros (V) ou falsos (F).

( ) Para o método de análise do crime da teoria analítica, intitulado por Zaffaroni de "critério sistemático que surge da estrutura analítica", a ordem de análise dos elementos do crime não é relevante.
( ) Segundo a teoria analítica do crime, para saber se a situação analisada é um crime ou não, você deve confirmar se há no caso uma conduta típica, antijurídica e culpável.
( ) Fato típico é uma conduta que encontra previsão perfeita na lei, por isso é chamada pela doutrina de *subsunção do fato à norma*.
( ) A conduta de um crime não precisa ser antijurídica ou ilícita para ser uma conduta legítima de crime.

A sequência correta de preenchimento das lacunas é:
a. V; V; F; F.
b. F; V; V; F.
c. V; F; V; F.
d. V; V; V; V.

Gabarito: b

Feedback do exercício: De acordo com os ensinamentos de Zaffaroni (1996) sobre o critério sistemático que surge da estrutura analítica, a ordem a ser seguida na análise do crime é ordenada da seguinte forma: fato típico, ilícito e culpável. Um comportamento só pode ser considerado crime se houver esses três elementos essenciais do crime; caso contrário, não se pode falar em *crime*.

Fato típico é a conduta que se ajusta completamente à lei, ou seja, preenche todas as características da lei. A conduta de um crime precisa, necessariamente, ser contra a lei, pois um dos elementos essenciais é sua ilicitude ou antijuridicidade; caso contrário, não se pode falar em *crime*.

Nesta seção, você acompanhará passo a passo a resolução de alguns problemas complexos que envolvem os assuntos trabalhados no capítulo.

> *Sugerimos a leitura de diferentes conteúdos digitais e impressos para que você aprofunde sua aprendizagem e siga buscando conhecimento.*

Como é possível perceber, são inúmeras as formas de manifestação da violência na atualidade, razão pela qual a exposição feita até aqui não visa esgotar todas as suas representações, mas apresentar um olhar atento às pequenas nuances do fenômeno e suas representações sociais.

Em razão da amplitude do campo em que se assentam as práticas violentas, mais que uma compreensão de definições, alguns autores chamam a atenção para outros aspectos importantes, quais sejam: a relação do fenômeno violência com questões como o poder, a ética e a moral, bem como os símbolos e outros aspectos subjetivos e objetivos.

Para saber mais

A palestra "Impacto da violência na saúde dos brasileiros: conceitos e tendências", realizada na Escola Nacional de Saúde Pública Sérgio Arouca, pertencente à Fundação Oswaldo Cruz (Fiocruz), foi ministrada pela coordenadora científica do Departamento de Estudos de Violência e Saúde Jorge Careli (Claves/ENSP), Cecília Minayo. Nela, a autora apresenta, de forma didática, os múltiplos conceitos de violência a partir de uma apresentação que contempla inúmeras representações da violência no Brasil.

MINAYO, C. Impacto da violência na saúde dos brasileiros: conceitos e tendências (2/2). **Ensp Fiocruz**, 13 mar. 2015. 84 min. Disponível em: <https://www.youtube.com/watch?v=1sPfPSqPwFk>. Acesso em: 22 jul. 2021.

1.3 Teorias da violência

Além das formas de violência já apresentadas, esse fenômeno pode e deve ser analisado, ainda, por meio das teorias da violência, que, mais do que apresentar categorias, descrevem e interpretam

> *Nesta seção, relatamos situações reais ou fictícias que articulam a perspectiva teórica e o contexto prático da área de conhecimento ou do campo profissional em foco com o propósito de levá-lo a analisar tais problemáticas e a buscar soluções.*

Estudo de caso

O presente caso aborda a situação de um indivíduo que sofre uma lesão causada pela ação de um terceiro, no centro da cidade do Rio de Janeiro. O desafio é simular a análise de um possível caso de violência, buscando compreender, em primeiro lugar, se a ação configura violência, de acordo com os pressupostos do conceito de violência. Se a situação for caracterizada como violência, você deverá analisar, em segundo lugar, entre as opções estudadas, a tipologia da violência e sua natureza, fazendo uso aqui das teorias da violência. Por fim, você deverá analisar e responder, com base no método ecológico da OMS, quais as principais motivações para a violência presente no caso.

Texto do caso

Mévio vivia com seus pais, humildemente, em uma casa de dois cômodos. Sua mãe ensacava do supermercado do bairro e trabalhava todos os dias, retornando à casa ao final da tarde. Seu pai, que nunca pôde frequentar a escola, mas aprendeu a mexer com carros, tornou-se mecânico; contudo, nos últimos anos, ficou desempregado e tornou-se alcoólatra. Habitualmente, os pais de Mévio brigavam porque o pai dele gastava parte do dinheiro que sua mãe ganhava com bebida. Ao chegar em casa, ele batia tanto na esposa quanto no filho. Um dia, quando Mévio já estava com 19 anos, após sua mãe fazer vários empréstimos para pagar as contas da casa, o imóvel foi penhorado, indo a leilão. Na tentativa de ajudar sua mãe, Mévio se envolveu com a rede de tráfico do bairro, passando a ganhar algum dinheiro e, com isso, a pagar as contas de casa.

Certo dia, seu pai se envolveu em uma briga de bar e morreu, violentamente, com três tiros. Mévio, na tentativa de proporcionar uma vida melhor para sua mãe e fazê-la feliz, fez um empréstimo com o chefe do tráfico e comprou uma casa com três cômodos. No entanto, a mãe acreditava que ele trabalhava como mecânico. Meses depois, o rapaz passou a sofrer ameaças constantes do comandante do tráfico porque não estava conseguindo pagar a dívida que havia feito no tempo previsto, pois, em

Síntese

Neste capítulo, observamos que cada vez mais estudiosos, sociólogos e antropólogos demonstram que violência é um conceito polissêmico, passível de múltiplas definições, não havendo um conceito universal que abarque todos os atos percebidos socialmente como violentos.

Assim, áreas distintas de investigação buscam identificar os sentidos de violência, e todas concordam que se trata do uso da força no sentido de causar lesão, seja ela física, letal ou não, seja ela psicológica ou moral.

Vimos também que a violência é um fenômeno presente em toda história da sociedade, embora suas características se alterem conforme o tempo, o espaço e os padrões culturais de cada lugar e de cada época. A OMS (2014) classifica três macrocategorias de violência, por meio das quais outros subtipos podem ser inseridos de acordo com a especificidade de cada região: a violência autodirigida, a violência interpessoal e a violência coletiva.

Ainda de acordo com a classificação da OMS, a natureza da violência pode ser dividida em quatro hipóteses: física, sexual, psicológica e por privação ou abandono. Entretanto, na maioria das vezes, um tipo de violência pode apresentar como natureza mais de uma dessas hipóteses.

Além da tipologia da violência proposta pela OMS (2014), observamos que alguns autores propõem uma análise da violência com base em teorias que, sobretudo, buscam compreender camadas mais profundas da violência, as quais podem auxiliar de maneira eficaz políticas de prevenção e repressão. Entre elas, destacam-se as teorias que relacionam a violência ao poder, à ética e à moral, aos símbolos e aos tipos de violência subjetivo e objetivo.

> Ao final de cada capítulo, relacionamos as principais informações nele abordadas a fim de que você avalie as conclusões a que chegou, confirmando-as ou redefinindo-as.

Bibliografia comentada

> Nesta seção, comentamos algumas obras de referência para o estudo dos temas examinados ao longo do livro.

ARENDT, H. **Sobre a violência.** Tradução de André de Macedo Duarte. 8. ed. São Paulo: Civilização Brasileira, 2009.

Com uma visão mais político-histórica sobre o fenômeno da violência, Hannah Arendt possibilita um exame do problema em uma dimensão diferente da normalmente abordada. Nessa obra, ela demonstra o quanto as relações de poder e as esferas políticas afetaram e continuam afetando historicamente o raciocínio moral e político das pessoas. Nela, a autora faz uma análise da natureza da violência e da crescente utilização dos meios violentos pela política, fazendo um contraponto entre violência e poder e realizando uma crítica essencial sobre apologia à violência.

CRAWFORD, A. **Crime Prevention Policies in Comparative Perspective.** London: William Publishing, 2009.

Esse livro é proveniente de um Projeto de Avaliação do Crime, Desvio e Prevenção, financiado pela Comissão Europeia e desenvolvido pelo Centro Nacional Francês de Pesquisa Científica. A obra contém uma visão comparativa de estudos sobre o crime e sobre como a prevenção tem sido abordada em vários países do mundo, entre eles, Alemanha, Bélgica, Hungria e Brasil. Trata-se de uma leitura que permite alcançar um raciocínio mais completo mediante a comparação de experiências distintas.

❖ ❖ ❖

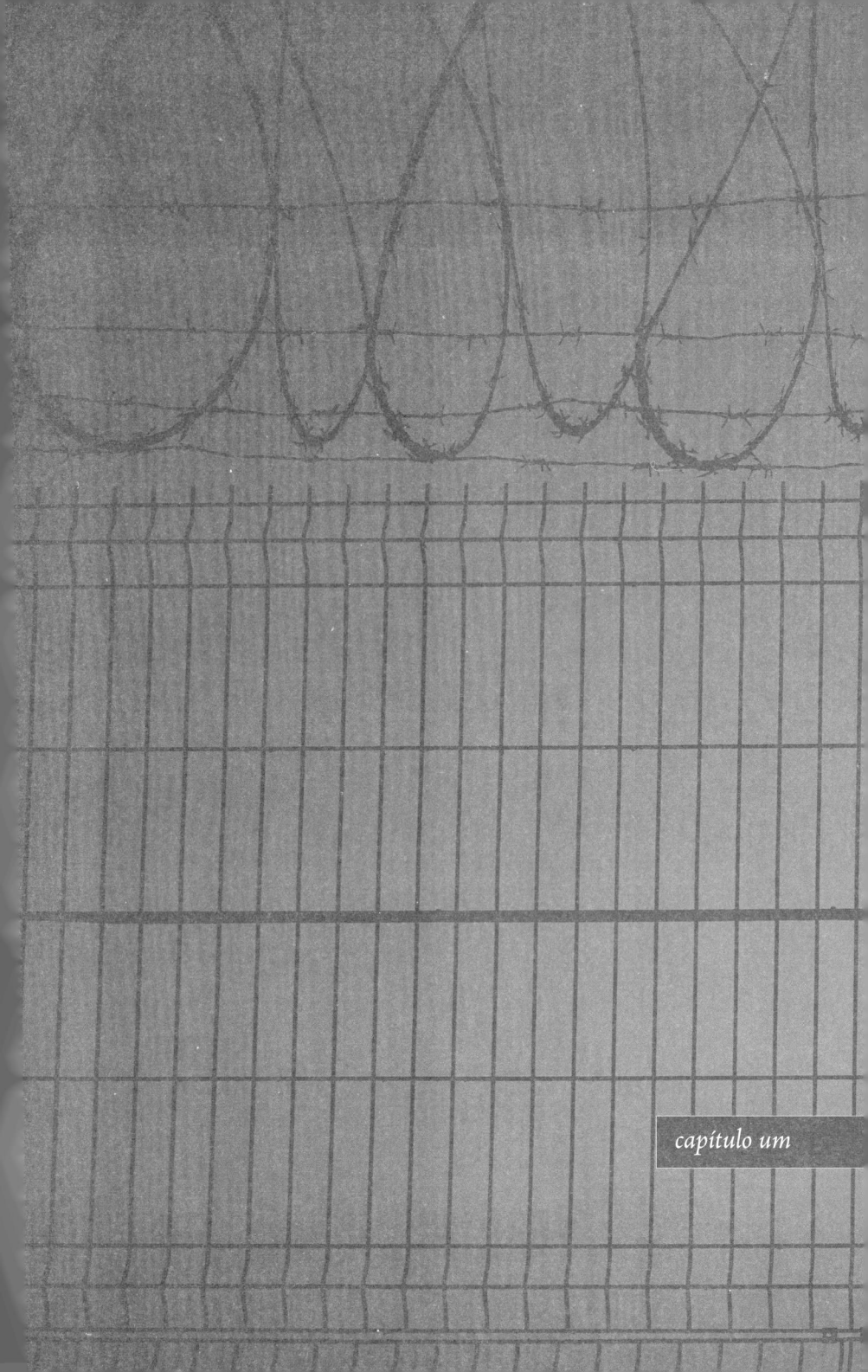

capítulo um

Conceito de violência e suas principais motivações

Conteúdos do capítulo:

- Etimologia da violência e a complexidade de sua definição.
- Tipologia da violência: tipos de violência e natureza dos atos violentos.
- Teorias da violência.
- Os principais fatores motivadores da violência.

Após o estudo deste capítulo, você será capaz de:

1. definir o termo *violência*;
2. diferenciar os tipos de violência;
3. entender as teorias que relacionam a definição de violência com outros aspectos;
4. elencar os principais motivadores de condutas violentas;
5. estabelecer as raízes da violência.

A violência não é um fenômeno da contemporaneidade, visto que acompanha a história da sociedade desde os primórdios da experiência humana – algo definido por Minayo (2013) como fenômeno humano social. Entretanto, suas características gerais se alteram de acordo com o lugar, o espaço e o tempo, de modo que a definição de violência não apresenta um conceito único. Isso justifica a percepção de óticas investigativas distintas.

De acordo com a Organização Mundial da Saúde (OMS, 2014), o número anual de pessoas que perdem suas vidas ou sofrem por lesões não fatais, resultantes de diversas formas de violência, é superior a um milhão. Além disso, a nível mundial, a violência está entre as principais causas de morte de pessoas entre 15 e 44 anos, o que levou a OMS a reconhecer atos violentos como um problema mundial de saúde.

Entretanto, quais são as características e qual é a definição desse mal que atinge de forma tão intensa a sociedade? Como reconhecer um ato violento? Quais os fatores determinantes para a violência?

Violência é um conceito polissêmico. Por isso, neste capítulo, explicaremos suas múltiplas formas e motivações. Como demonstraremos, a violência vem ganhando cada vez mais espaço no debate moderno. Trata-se de um fenômeno que pode ser a consequência e a causa de uma série de efeitos.

1.1 *Etimologia da violência e a complexidade de sua definição*

Segundo Michaud (1989), uma boa forma de adentrar o tema *violência* é compreender a etimologia do termo e como ele habitualmente é empregado. Trata-se de uma palavra derivada de dois termos latinos: *violentia*, que significa "emprego de força"; e *violare*, que significa "tratar com violência", "transgredir". Ambos são conceitos que advêm de *vis*, que se refere à força, ao vigor, à potência, ao emprego de força física e, até mesmo, ao uso do corpo para a força.

Nas palavras de Chaui (1998), a etimologia latina de violência remete a:

1. tudo o que age usando a força para ir contra a natureza de algum ser (é desnaturar);
2. todo ato de força contra a espontaneidade, a vontade e a liberdade de alguém (é coagir, constranger, torturar, brutalizar);
3. todo ato de violação da natureza de alguém ou de alguma coisa valorizada positivamente por uma sociedade (é violar);
4. todo ato de transgressão contra aquelas coisas e ações que alguém ou uma sociedade define como justas e como um direito.
5. consequentemente, violência é um ato de brutalidade, sevícia e abuso físico e/ou psíquico contra alguém e caracteriza relações intersubjetivas e sociais definidas pela opressão, intimidação, pelo medo e pelo terror.

Esse significado também compõe o sentido do termo grego *is homérico*, que, segundo pesquisadores, também tem como significado predominante a potência. Você provavelmente deve estar se perguntando: "Como a força se torna violência?". Isso acontece quando seu uso se torna uma perturbação à ordem (Michaud, 1989).

Ainda assim, algumas características gerais desse conceito podem ser percebidas pelo uso comum do termo. Nesse sentido, como demonstra Michaud (1989, p. 7), com base em dicionários franceses contemporâneos à época, violência seria:

a. o fato de agir sobre alguém ou de fazê-lo agir contra a sua vontade empregando a força ou a intimidação;
b. o ato através do qual se exerce violência;
c. uma disposição natural para a expressão brutal dos sentimentos;

d. a força irresistível de uma coisa;
e. o caráter brutal de uma ação.

Dessa maneira, a autora em questão identificou dois sentidos distintos que compõem o termo: (1) um ato que se contrapõe à ordem; e (2) uma força potente que, sendo contra as regras, passa da medida.

O professor e sociólogo Misse (2008) ressalta que não cabe conceituar violência, explicando que o ponto máximo a ser atingido nessa tentativa seria o caráter descritivo da ação no uso da força física para impor algo a outrem. Todavia, sobre isso, questiona-se o seguinte: Como ficariam as violências morais, ou seja, as violências verbais que, embora tenham impacto semelhante, não podem ser descritas a partir do uso da força física? Nesse contexto, o autor é certeiro ao afirmar que conceituar violência é sempre insuficiente. O que ele quer dizer com isso é que são muitas as modalidades de violência, de modo que não há como tratar de violência no singular. Para o autor: "Não existe 'violência', mas violências, múltiplas, plurais, em diferentes graus de visibilidade, de abstração e de definição de suas alteridades" (Misse, 2008, p. 38). Michaud (1989, p. 7) denominou essa condição de *caráter performático*, exemplificando que a violência pode ter várias faces: "o assassinato, a tortura, as agressões e as vias de fato, as guerras, a opressão, a criminalidade, o terrorismo etc." presentes nas sociedades podem ser considerados atos de violência.

Além do conceito ser amplamente reconhecido por especialistas como polissêmico (Michaud, 1989; Misse, 2008; Adorno, 2017a), diferentes áreas do saber, como ciências sociais, antropologia, psicanálise, biologia, direito e filosofia, partem de conceitos distintos para a análise da violência como objeto de estudo.

A violência pode apresentar características múltiplas, como agressões físicas, psicológicas, sexuais e materiais, que podem se desenvolver em ambientes distintos, como na vida familiar, no trabalho e no ambiente público.

Entretanto, uma verdade comum entre todos os ramos é que as características gerais da violência se alteram conforme o tempo, o espaço e os padrões culturais de cada lugar e de cada época. Assim, com o passar do tempo e em decorrência da velocidade com que as alterações sociais ocorrem, o conceito de violência também vem se alterando de forma dinâmica, representando o que cada povo em determinado tempo percebe como violência.

Exemplificando

Os romanos, em 80 d.C, por exemplo, realizavam combates sangrentos como forma de entretenimento. Na época, uma plateia de aproximadamente 50 mil pessoas se reunia para assistir à luta entre gladiadores, que, na maioria das vezes, findava na morte cruel de um deles.

Atualmente, nossos eventos de entretenimento são torneios mundiais de futebol, concertos, ciclos teatrais, entre outros. Nesse contexto, condenamos as práticas romanas citadas anteriormente, o que comprova que tempo, espaço e padrões culturais são fatores essenciais para a análise da violência.

Se não podemos conceituar *violência*, como podemos identificá-la? De forma prática, Michaud (1989) encontra um denominador comum entre as modalidades de violências e afirma que, antes de mais nada, violência diz respeito à agressão e aos maus tratos que deixam marcas e se fazem evidentes. Abordar a dificuldade de conceituar o termo de forma satisfatória não significa que ele é vazio de definição, mas que devemos estar atentos às observações mais sensíveis que levem em conta componentes objetivos e subjetivos (Michaud, 1989). A perspectiva objetiva dá ênfase à existência de possíveis pressupostos, ao passo que a subjetiva se volta à análise do período histórico e dos valores de determinado grupo no momento da consumação da violência.

Michaud (1989) também explica que a análise de perspectivas distintas pode colaborar para a compreensão e a correção de possíveis percepções de outras óticas. Ademais, é preciso sempre ter em mente que não há um sentido universal para violência. Em outras palavras, cada sociedade pode apresentar a própria modalidade de violência. No Brasil, por exemplo, a violência é, sobretudo, tratada com base na violência urbana, ou seja, que ocorre em locais públicos, advinda da criminalidade, como veremos adiante. Já nos países orientais, como o Japão, um país de alta *performance* social, destacam-se as violências emocional e familiar.

Uma definição que tem sido referência na atualidade é a proposta pela Organização Mundial de Saúde (OMS, 2014, p. 2), segunda a qual violência é: "o uso intencional de força física ou poder, real ou como ameaça contra si próprio, outra pessoa, um grupo ou uma comunidade, que resulte ou tem grande probabilidade de resultar em ferimentos, morte, danos psicológicos, desenvolvimento prejudicado ou privação".

A definição da OMS (2014) leva em conta o fator intenção, que se refere à intenção com relação ao resultado produzido pela ação; assim, aquilo que pode ser categorizado como acidente (não intencional) não é contemplado por essa definição.

Além disso, a OMS (2014) relaciona ao uso intencional da força o poder, que estende a compreensão do ato violento e alcança, por exemplo, intimidações e coerções em razão de uma posição hierárquica, atos negligentes e omissos, como demonstraremos mais adiante, bem como outras ações que tenham como consequência a prática da violência.

Entretanto, a definição de intencionalidade é outra questão que, dentro do campo da definição de violência, gera questões complexas de distinção. Justifica a informação anterior o fato de que ainda é imprescindível a intenção para que se configure violência – a intenção do uso de força e poder, que, não impreterivelmente, significa intenção de resultado danoso.

Exercício resolvido

Considere a seguinte situação hipotética: em uma discussão, João disfere tapas contra sua esposa, que segura seu braço na tentativa de fazê-lo parar. Maria, esposa de João, intencionava utilizar sua força para segurar, e não para lesionar João. Contudo, o resultado dessa ação foram inúmeros edemas espalhados pelo corpo de João.

Pergunta-se: A ação de Maria configura violência contra João? Analise as opções a seguir e, em seguida, assinale a alternativa correta:
a. Sim, pois ao aplicar uma força desmedida contra João, Maria tinha condições de prever as lesões que causaria no corpo de seu esposo.
b. Não, pois Maria não tinha intenção de lesionar João, apesar de ter utilizado sua força, causando as marcas no corpo de João.
c. Não, pois, apesar de Maria ter a intenção de lesionar João, não tinha condições de auferir se a força empregada era suficiente.
d. Sim, pois o uso da força por si só é considerado violência.

Gabarito: b

Feedback do exercício: É evidente que Maria utilizou sua força de forma intencional; entretanto, a intenção de Maria não era causar lesão em João, mas contê-lo, embora os resultados tenham sido as marcas.

A OMS (2014) ressalta que esses detalhes, como a intencionalidade, são de suma importância para que as causas da violência sejam compreendidas, bem como para que sejam elaborados e executados programas de prevenção potencialmente eficazes.

Preste atenção!

Podemos citar como exemplos de autores que buscam analisar a violência: Michael Foucault, Hannah Arendt, Yves Michaud, Slavoj Žižek, Pierre Bourdieu, Marilena Chaui, Michel Misse, Sérgio Adorno e Alba Zaluar.

No que se refere às teorias distintas da violência, entre elas a violência subjetiva invisível, é possível consultar as obras de Thomas Hobbes, Jean-Jacques Rousseau, John Locke, Friedrich Nietzsche, Platão, Bertrand Russel e Immanuel Kant.

Embora seja a violência um conceito amplo, sobre o qual se diz que a definição é problemática, a tipologia da violência auxilia a visualização das formas como ela pode se apresentar em contextos sociais distintos.

1.2 Tipos de violência e natureza dos atos violentos

É possível encontrar, na doutrina especializada, várias representações de violência; porém, é preciso ter em mente que a tipologia da violência, na realidade, é uma tática utilizada para fins didáticos. Em outras palavras, não se tem a intenção de esgotar as diversas formas de representação da violência, mas possibilitar a compreensão da estrutura complexa da violência praticada no mundo.

Tipos de violência

Frequentemente, a violência é subdividida em três grandes categorias, as quais englobam tipos específicos, cujo principal critério de análise é o agente do ato violento. Essa subdivisão, definida pela OMS (Krug et al., 2002), é a seguinte:

- **violência autoinfligida:** violência que uma pessoa inflige a si mesma;
- **violência interpessoal:** violência infligida por um terceiro;
- **violência coletiva:** violência infligida por um grupo de pessoas.

Confira a seguir cada uma dessas categorias definidas pela OMS.

Violência autoinfligida/autodirigida

A violência autoinfligida, também conhecida como *autodirigida*, é dividida em duas categorias: (1) o autoabuso, que se materializa, por exemplo, na automutilação; e (2) os comportamentos suicidas, que, na prática, são chamados de *tentativas de suicídio* ou *pensamentos suicidas* (Krug et al., 2002).

Violência interpessoal

Essa é uma violência subdividida em duas categorias: (1) violência familiar ou entre parceiros íntimos; e (2) violência comunitária.

A primeira categoria diz respeito aos atos violentos ocorridos na família – não necessariamente no lar, mas entre membros da família – e no seio da relação amorosa, entre parceiros íntimos. São exemplos desse tipo de violência os atos contra familiares idosos e crianças (abuso infantil) – maus tratos a elas e entre elas – e contra o parceiro íntimo, seja no seio da relação conjugal, seja no namoro. Esse último caso é o mais comum de ocorrer na sociedade (Krug et al., 2002).

A Figura 1.1 ilustra como a violência pode acontecer de duas formas distintas em uma mesma situação. Nela, há o registro de uma violência física entre o casal que atinge a filha na forma de violência psicológica. Ambas se enquadrariam na modalidade violência interpessoal entre familiares e parceiros íntimos.

Figura 1.1 – Violência interpessoal entre parceiros íntimos e familiares

Já a violência comunitária é o ato praticado contra pessoas conhecidas, sem laços de parentesco, independentemente do fator consanguinidade, e entre pessoas completamente desconhecidas. São exemplos desse tipo de ato violento o estupro e a violência entre grupos de uma instituição (violência institucional), como as que acontecem dentro de escolas, prisões e asilos (Krug et al., 2002).

Esse tipo de violência tem chamado a atenção, dada a proporção de pessoas que, ao longo dos anos, tem perdido sua vida em razão dela. De acordo com os dados publicados no *Relatório Mundial sobre Prevenção da Violência* (OMS, 2014), no intervalo entre os anos 2000 e 2014, cerca de seis milhões de pessoas morreram em razão da violência interpessoal, superando o total de mortes por guerras que aconteceram nesse período. Sob a ótica estatística, a região das Américas tem a maior taxa de homicídio: são cerca de 28,5 mortes em 100 mil. Além disso, apesar desses serem os números mais alarmantes, a violência não fatal é, na atualidade, a mais comum, tendo como resultado problemas sociais e de saúde tão graves quanto os homicídios – e igualmente permanentes (OMS, 2014).

Violência coletiva

A violência coletiva é subdividida em outros três tipos: violência social, violência política e violência econômica (Krug et al., 2002). Trata-se de categorias cometidas por grupos maiores de pessoas, ou seja, macrossociais. Um diferencial desse tipo de violência é que, segundo a OMS (Krug et al.,, 2002), ela sugere motivação possível para os atos do agressor. São exemplos desse tipo de violência aquelas infligidas por organizações terroristas e Estados-nação, crimes de ódio e outros atos praticados por grupos organizados, com finalidades políticas, econômicas ou sociais.

Essa tipologia não está livre de imperfeições, principalmente em razão de haver uma linha tênue e quase invisível dos tipos de violência. Além disso, na prática, ela não é aceita de forma universal, embora possibilite e facilite a compreensão das formas de violência que se apresentam nas famílias, na comunidade e, assim, no dia a dia da sociedade. Mais adiante, na Figura 1.2, ilustramos os tipos de violências mencionados neste tópico.

Ainda dentro dessas três categorias, há quatro tipos de atos violentos, isto é, quatro formas que a vítima pode ser atingida. Trata-se da natureza dos atos violentos, que veremos na sequência.

Exercício resolvido

De acordo com a OMS (2014), a violência se manifesta cotidianamente de três formas distintas, nomeadamente: violência autoinfligida ou autodirigida, violência interpessoal (entre famílias e parceiros íntimos ou comunitária) e violência coletiva. Tendo em vista essa tipologia proposta, classifique os itens a seguir como verdadeiros (V) ou falsos (F):

( ) A violência entre casais e a violência dos pais empregada contra seus filhos caracteriza, no primeiro caso, violência interpessoal entre familiares e, no segundo, violência interpessoal entre parceiros íntimos.

( ) Um ato violento contra uma pessoa idosa desferido por uma pessoa desconhecida deve ser enquadrado como violência interpessoal entre parceiros íntimos.

( ) Se um grupo organizado de pessoas pratica um assalto a um banco e, durante o episódio, utiliza a força para torturar reféns a fim de obter vantagens financeiras, a violência praticada é do tipo coletiva.

( ) Uma pessoa que tenta, por diversas vezes, tirar a própria vida comete atos de violência interpessoal.

Assinale a alternativa que apresenta a sequência correta:
a. V; V; F; F.
b. F; F; V; F.
c. V; F; V; F.
d. V; V; V; V.

Gabarito: b

Feedback do exercício: Tanto a violência entre parceiros de uma relação amorosa quanto a violência de pais contra filhos se enquadram como violência interpessoal. Entretanto, a primeira é entre parceiros íntimos, ao passo que a segunda é entre familiares. A violência contra pessoas desconhecidas faz parte da categoria violência interpessoal, mas pertence à modalidade comunitária. Atos violentos realizados por organizações com fins econômicos são considerados atos de violência coletiva. Condutas como automutilação ou tentativas de suicídio são classificadas como violência autoinfligida ou autodirigida.

Natureza dos atos violentos

Como indicamos anteriormente, outro fator que merece lugar nos estudos sobre violência é a natureza dos atos violentos. Isso porque a violência pode atingir a mesma vítima em várias dimensões, a exemplo da violência dirigida à criança dentro do respectivo lar, cuja natureza pode ser sexual, física ou psicológica. Nesse sentido, a OMS (Krug et al., 2002) nomeou quatro tipos de violência: física, sexual, psicológica e por privação ou abandono.

1. **Violência física:** São atos violentos proferidos com intencionalidade, visando ferir, provocar dor e lesar, podendo deixar ou não evidências corporais.
2. **Violência sexual:** São ações violentas que objetivam, por inúmeros meios, como força, coerção e intimidação, obrigar a vítima a realizar, presenciar ou participar de algum tipo de relação sexual, a exemplo dos estupros, assédios sexuais, práticas eróticas sem consentimento, pornografia infantil e pedofilia.
3. **Violência psicológica:** Também chamada de *violência moral*, são todos os atos que afetam o desenvolvimento psicossocial, a autoestima e a identidade da vítima, mediante ações como discriminação, punições que humilham, assédios morais e outras agressões que atentam contra a integridade psíquica, mesmo que a finalidade precípua seja a integridade física.

São exemplos clássicos dessa ação o *bullying*, o *cyberbullying* e o assédio moral em ambiente de trabalho.

4. **Violência por privação ou abandono:** Diz respeito à ação omissiva em relação às necessidades básicas de outrem que afetam o desenvolvimento psicossocial e físico daquele que dependia da ação. A título de exemplo, podemos citar a omissão com o cuidado à saúde de idosos, negligência com a frequência de crianças na escola, ausência de cuidados com a higiene de dependentes, entre outros.

O diagrama a seguir busca ilustrar, dentro das categorias maiores de violência (autoinfligida, interpessoal e coletiva), a natureza dos atos violentos (física, psicológica, sexual e por privação ou abandono). A linha horizontal representa quem é o indivíduo atingido (ou seja, a vítima), ao passo que a linha vertical ilustra de que forma essa vítima é atingida.

Figura 1.2 – Diagrama da tipologia da violência

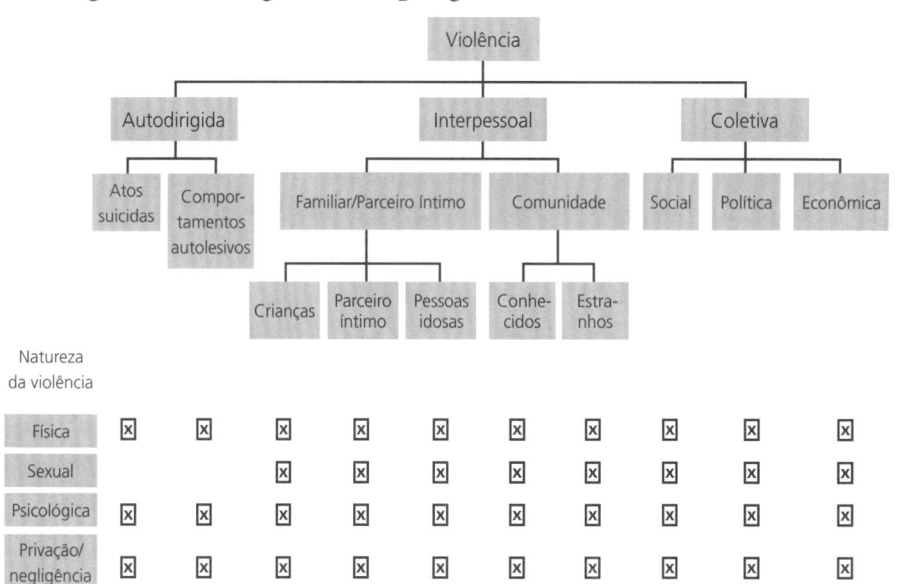

Natureza da violência	Atos suicidas	Comportamentos autolesivos	Crianças	Parceiro íntimo	Pessoas idosas	Conhecidos	Estranhos	Social	Política	Econômica
Física	☒	☒	☒	☒	☒	☒	☒	☒	☒	☒
Sexual			☒	☒	☒	☒	☒	☒	☒	☒
Psicológica	☒	☒	☒	☒	☒	☒	☒	☒	☒	☒
Privação/ negligência	☒	☒	☒	☒	☒	☒	☒	☒	☒	☒

Fonte: Elaborada com base em Krug et al., 2002.

> *Perguntas & respostas*
>
> A natureza da violência poderá sempre ser singularizada?
> Não. De acordo com o diagrama proposto, a violência pode ter natureza multifacetada, atingindo uma pessoa e repercutindo agressões em esferas distintas, sejam elas físicas, sejam elas morais ou psicológicas, a exemplo da violência interpessoal entre parceiros íntimos, que pode ser de natureza física, mas também pode atingir a esfera psicológica e sexual.

Manifestações da violência

Além das categorias expostas anteriormente, classificadas em sentido macro, no campo prático, há outras formas pelas quais esse fenômeno pode se manifestar.

Violência criminal

A violência criminal se manifesta frequentemente na prática da agressão dirigida à vida ou ao patrimônio de uma pessoa. Essa prática, atualmente, é o cerne do trabalho repressivo de autoridades responsáveis pela Segurança Pública. São exemplos desse tipo de manifestação: as gangues e os comércios de exploração sexual, que desempenham suas funções, na maioria das vezes, por meio: do aliciamento de menores de idade; da exploração do trabalho de menores; do tráfico de drogas; do tráfico de armas; do tráfico de seres humanos; da delinquência organizada; e dos crimes de corrupção.

Não há, nessa modalidade, um perfil de agressor, embora a sociedade tenha estereotipado pobres como criminosos. Nesse caso, os crimes cometidos por ricos e membros da classe política, geralmente em busca de poder e dinheiro, também são considerados uma forma de violência, conforme explica Minayo (2013).

Violência estrutural

A *violência estrutural* recebe essa denominação porque, segundo Minayo (2013), é o tipo de violência que se encontra entranhada na sociedade, que acaba por normalizá-la. Esse tipo de violência está alicerçado nas desigualdades sociais, de gênero, culturais e étnicas, que, muitas vezes, mesmo não gerando ataques, acabam por naturalizar e banalizar esse tipo de problema.

Consideram-se produtos da violência estrutural a pobreza extrema, a fome, a falta de condições sanitárias básicas e a discriminação, entre outros fatores que prejudicam as vítimas dessa forma de violência, propiciando um ambiente apto ao surgimento de outras formas de violência e condutas criminosas.

Diante desse quadro, análises superficiais sobre origens da criminalidade apontam, equivocadamente, que a pobreza é fator determinante do crime. Entretanto, as consequências dessa análise descomprometida com outros fatores essenciais à compreensão do crime levam à estigmatização do pobre e a um ciclo vicioso que nada soluciona.

Violência cultural

É conduzida, geralmente, por crenças perpetuadas na história por meio do discurso dominante e da repetição de atos que acabam sendo socialmente naturalizados, tornando-se uma tradição integrada na cultura de determinado povo. São exemplos de violência cultural todas as práticas violentas que um conjunto de pessoas, em determinado tempo e espaço, legitimam por divergências culturais.

De acordo com Minayo (2013), esse tipo de violência se apresenta, muitas vezes, como discriminações e preconceitos que acabam por se transformar em mitos que oprimem, violentam e, algumas vezes, visam eliminar certo grupo de pessoas, a exemplo de dependentes químicos, portadores de deficiência e homossexuais, que, por muito tempo, foram expurgados pela sociedade. É válido destacar que, mesmo nos dias atuais, esses grupos sofrem e buscam representação social e aceitação por meio de manifestações que lutam por amor, visibilidade e igualdade e pelo fim da violência cultural.

Violência de gênero

Trata-se de uma modalidade de violência evidenciada, por exemplo, nas relações entre homens e mulheres, que atingem com mais frequência as mulheres, em virtude das estruturas sociais predominantemente machistas. São exemplos desse tipo de violência: violência doméstica, estupro, abuso sexual e abuso psicológico.

No Brasil, a título de exemplo, houve uma conquista, advinda de um aprofundamento na compreensão da violência de gênero: a implementação da Lei n. 11.340, de 7 de agosto de 2006, mais conhecida como *Lei Maria da Penha* (Brasil, 2006). Essa lei passou a coibir a violência doméstica contra a mulher, em razão dos altos índices de agressão familiar e doméstica. Ainda que muito criticada por estudiosos das ciências criminais, em decorrência do aumento das taxas de homicídio de mulheres em razão do gênero, a lei permitiu que essa conduta fosse tipificada como crime de feminicídio.

Ainda assim, no que concerne à violência contra a mulher, o *Atlas da Violência de 2020*, do Instituto de Pesquisa Econômica Aplicada (Ipea, 2020), atestou que a cada 2h uma mulher foi assassinada no Brasil em 2018; e que a cada 6h 23min uma mulher foi assassinada dentro de casa nesse mesmo ano. Além disso, entre esses homicídios, 30,4% foram enquadrados como feminicídio, registrando uma alta de 6,6% em relação a 2017 (Ipea, 2020).

Violência racial

Trata-se da discriminação por raça, a qual pode se manifestar de algumas formas, embora a principal seja pela cor da pele. No Brasil, assim como nos Estados Unidos e em alguns países europeus, esse tipo de violência ocorre, principalmente, em relação às pessoas negras (Ipea, 2020).

De acordo com o Ipea (2020), em 2010, a combinação de fatores socioeconômicos aos de cor e raça explicava o aumento das taxas de homicídios de pessoas negras em relação às não negras. É importante destacar que 75,7% das vítimas de homicídio em 2018 eram negras, numa proporção de 37,8 pessoas negras em 100 mil habitantes contra 13,9 pessoas brancas em 100 mil habitantes, o que evidencia que as chances do negro morrer de forma violenta no Brasil é 2,7 vezes maior do que de uma pessoa não negra (Ipea, 2020). Trata-se de taxas altíssimas e demasiadamente desproporcionais, que requerem o desenvolvimento de políticas preventivas de violência racial.

Violência de trânsito

Na sociedade brasileira, em virtude do alto número de mortes em razão de acidentes de trânsito que poderiam ser previstos e prevenidos, frequentemente tem se colocado a questão de saber "até que ponto muitos dos acidentes seriam eventos 'sem intencionalidade'" (Minayo, 2013, p. 27).

De acordo com Minayo (2013), nem sempre se pode excluir dos acidentes de trânsito a intencionalidade, pois, muitas vezes, são resultados de infrações de trânsito, por exemplo, que causam lesões físicas, psicológicas e até morte. Essas informações são corroboradas pelo órgão regional da OMS nas Américas, a Organização Pan-Americana da Saúde (Opas).

A Opas (2021) atribui aos acidentes de trânsito cerca de 1,35 milhão de mortes ocorridas em cada ano, além das lesões não fatais, que resultam em incapacidades que abrangem cerca de 20 a 50 milhões de pessoas, devido, por exemplo, à direção distraída de alguns motoristas.

Violência urbana

Essa é uma modalidade de violência que passou a ter lugar nas discussões no Brasil, sobretudo a partir da década de 1980, como explica Silva (1999), quando os crimes com caráter de brutalidade e violência desmedida passaram a ter lugar comum nas cidades brasileiras. Desde então, as políticas de prevenção e repressão não parecem resultar efeitos positivos, uma vez que a violência física ainda é, atualmente, um dos maiores e principais problemas urbanos. Muitas cidades têm sido palco principal da violência desmedida, como roubos seguidos de morte e brigas de rua que terminam em morte ou em lesões graves não fatais.

Embora o Brasil tenha, atualmente, a segunda maior taxa de homicídios da América do Sul, segundo o relatório da Organização das Nações Unidas (ONU) a violência urbana também tem sido um problema que atinge vários outros países, motivo pelo qual tem sido considerada, mundialmente, como um problema a ser solucionado, conforme demonstraremos mais adiante (Unodoc, 2019).

Assim, pode-se definir como violência urbana os atos de agressão que intencionam o vandalismo, a violência contra o patrimônio público e contra pessoas, ações realizadas por assaltantes e homicidas que, no geral, utilizam da violência desnecessariamente em um nível superior, entre outros. O que antigamente era costumeiramente tratado como criminalidade violenta, ganhou lugar na tipologia da violência, passando a ser reconhecido como um fenômeno social. Pela habitualidade e, até mesmo, pela naturalização da violência nas cidades, na tentativa de demonstrar que a nova feição da violência havia se assentado na sociedade – que, por outro lado, havia se adaptado à nova forma de relação violenta –, Silva (1999) desenvolveu conceitos que dizem respeito até mesmo à intitulada *sociabilidade violenta*, como se referiu o autor ao demonstrar uma nova forma de sociabilizar.

Como é possível perceber, são inúmeras as formas de manifestação da violência na atualidade, razão pela qual a exposição feita até aqui não visa esgotar todas as suas representações, mas apresentar um olhar atento às pequenas nuances do fenômeno e suas representações sociais.

Em razão da amplitude do campo em que se assentam as práticas violentas, mais que uma compreensão de definições, alguns autores chamam a atenção para outros aspectos importantes, quais sejam: a relação do fenômeno violência com questões como o poder, a ética e a moral, bem como os símbolos e outros aspectos subjetivos e objetivos.

> *Para saber mais*
>
> A palestra "Impacto da violência na saúde dos brasileiros: conceitos e tendências", realizada na Escola Nacional de Saúde Pública Sérgio Arouca, pertencente à Fundação Oswaldo Cruz (Fiocruz), foi ministrada pela coordenadora científica do Departamento de Estudos de Violência e Saúde Jorge Careli (Claves/ENSP), Cecília Minayo. Nela, a autora apresenta, de forma didática, os múltiplos conceitos de violência a partir de uma apresentação que contempla inúmeras representações da violência no Brasil.
>
> MINAYO, C. Impacto da violência na saúde dos brasileiros: conceitos e tendências (2/2). **Ensp Fiocruz**, 13 mar. 2015. 84 min. Disponível em: <https://www.youtube.com/watch?v=l1PfPSqPwFk>. Acesso em: 22 jul. 2021.

1.3 *Teorias da violência*

Além das formas de violência já apresentadas, esse fenômeno pode e deve ser analisado, ainda, por meio das teorias da violência, que, mais do que apresentar categorias, descrevem e interpretam o fenômeno, levantando considerações essenciais para aqueles que buscam refletir e aprender mais sobre as complexidades dos atos violentos. Tendo isso em vista, faremos a seguir um esboço de algumas das principais teorias que foram construídas com o passar do tempo a respeito do tema.

Violência e poder (Hannah Arendt)

De acordo com os estudos de Hannah Arendt (1994), em seu texto *Da violência*, a violência encontra distinção no caráter que constitui as relações hierárquicas. Nelas, o fenômeno pode se estabelecer entre aqueles que mandam e os que obedecem. Com isso, Arendt lança explicações sobre as relações entre violência política e poder, bem como entre violência e dominação política, encaradas como formas tradicionais de governança desde a Antiguidade, sem deixar de afirmar que, entretanto, com os movimentos totalitários, o limite do uso da violência foi extrapolado.

Nesse sentido, a tese da autora explica que os instrumentos da violência são programados e utilizados para coerção. Sobre a violência no âmbito político, Arendt (2009, p. 19) esclarece que "a violência nada mais é do que a mais fragrante manifestação de poder", constituindo-se uma herança da violência política. Lembra, ainda, que: "Enquanto a força é a qualidade natural de um indivíduo isolado, o poder passa a existir entre os homens quando eles agem juntos, e desaparece no instante em que eles se dispersam" (Arendt, 2000, p. 212).

Em razão dessa compreensão, a autora afirma que, embora a violência tenha uma relação direta com a força, o vigor e a autoridade, um fator não depende do outro. Ainda assim, ela ressalta que é necessária a observância do "poder atrás da violência" (Arendt, 2009, p. 26), visto que os governos totalitários necessitam do poder. Com isso, a autora busca demonstrar que o núcleo de todo governo é o poder, da mesma forma que o núcleo de toda violência também o é, ou seja, onde há violência, há poder e vice-versa.

Para Arendt (2009), a violência tende a se fazer presente onde o poder está em risco; por isso, a violência tem origem no próprio poder. Com base nisso, a autora demonstra que a violência desempenha um papel essencial na política desde sempre, sobretudo na contemporaneidade. De acordo com seus ensinamentos sobre os governos totalitários como um movimento, a violência é utilizada nesses governos como primeira instância, em todas as dimensões do cotidiano humano, com o objetivo de dominação e não de solução da violência (Arendt, 2009).

Essa teoria demonstra, ainda, a banalização da violência, tanto no antissemitismo da época quanto no totalitarismo da contemporaneidade, problematizando o poder e a ação atuais. A autora nos leva a refletir sobre o esvaziamento do escopo da política e da ação, que passa a dar lugar à violência, louvada pela sociedade contemporânea que acredita nela como solução.

Uma das preocupações de Arendt que vai além da imagem ilustrada de violência é o campo tecnológico, atualmente representado por instrumentos do poder político, como as armas. De acordo com Arendt (1994, p. 18), a "soma da violência à disposição de qualquer país pode rapidamente deixar de ser uma indicação confiável do vigor do país, ou uma garantia segura contra a sua destruição por um poder substancialmente menor e mais fraco".

Assim, essa teoria levanta algumas questões importantes para a análise da violência, como a relevância das questões morais, éticas, sociais e políticas como pano de fundo dessa discussão, pois, embora a autora acredite na incompatibilidade dos conceitos de poder e violência, chama a atenção para o fato de que ser humano tem essência política; por isso, "reagimos com ódio apenas quando nosso senso de justiça é ofendido", pois "o agir sem argumentar, sem o discurso ou sem contar com as consequências é o único modo de reequilibrar as balanças da justiça" (Arendt, 2000, p. 47-48). Por isso, a reação violenta tem como plano de fundo a política, mais do que qualquer fator biológico, como algumas teorias tentaram provar.

Nessa perspectiva, o indivíduo fica à disposição das mazelas violentas da política e dos governantes de uma sociedade. A ideia de Arendt, portanto, é de que o ser humano não reage instivamente a condicionantes biológicos, e sim se opõe a ser feito de "marionete" do sistema e do poder.

Violência, ética e moral (Marilena Chaui)

De acordo com os estudos de Chaui (1998), em seu ensaio *Ética e violência*, uma ação só poderá ser reconhecida como ética se, e somente se, for uma ação consciente, livre e responsável, razão pela qual a autora passa a elencar algumas características comuns da violência. A partir dessa consideração, a autora define que violência é tudo aquilo que utiliza da força contrária à natureza; é tudo que se move com o emprego da força, no sentido inverso da liberdade de outrem. Assim, como explica Chaui (2017), violência é tudo que vai de encontro ao que uma sociedade define como justo e como garantia, de forma que a violência se coloca no lugar oposto da ética.

De acordo com a autora, a análise da violência deve perpassar questões morais e éticas, pois são questões indissociáveis e necessárias para a compreensão do espectro maior de violência.

Teoria da violência simbólica (Pierre Bourdieu)

Trata-se de uma teoria que surgiu da análise do fenômeno da violência por uma perspectiva social e que descreve a violência com base em aspectos da manifestação do poder dos símbolos na sociedade. Mas o que são símbolos?

Bourdieu (2003) faz uso dessa terminologia para definir as crenças sociais que, ao ganharem reconhecimento legitimado na sociedade, instituem nela critérios e padrões dominantes, de maneira que os discursos dominantes dessas crenças se tornam símbolos inquestionáveis, funcionando como um instrumento de exclusão de tudo aquilo que não encontra neles lugar de pertencimento.

Nesse contexto, Bourdieu (2007b, p. 14-15, grifo do original) destaca a noção de poder simbólico, o qual descreve como:

> poder de constituir o dado pela enunciação, de fazer ver e fazer crer, de confirmar ou de transformar a visão do mundo e, deste modo, a ação sobre o mundo, portanto o mundo, poder quase mágico que permite obter o equivalente daquilo que é obtido pela força (física ou econômica), graças ao efeito específico de mobilização, só se exerce se for **reconhecido**, quer dizer, ignorado como arbitrário. Isto significa que o poder simbólico não reside nos "sistemas simbólicos" em forma de "illocutinary force", mas que se define numa relação determinada – e por meio desta – entre os que exercem o poder e os que lhe estão sujeitos, quer dizer, isto é, na própria estrutura do campo em que se produz e se reproduz a crença. O que faz o poder das palavras e das palavras de ordem, poder de manter a ordem ou de subverter, é a **crença** na legitimidade das palavras e daquele que as pronuncia, crença cuja produção não é da competência das palavras.

Assim, em decorrência desse poder, que é exercido com a concordância e a cooperação daqueles subordinados a ele, verdades sociais são ofuscadas e dão lugar a um discurso padronizado em símbolos.

Exemplificando

O discurso de que mulheres são mais fracas emocionalmente em relação aos homens, ou seja, que são mais sensíveis, foi, por muito tempo, legitimado pela sociedade e, até mesmo, por muitas mulheres. Esse discurso fez do sexo feminino um símbolo de fraqueza que ganhou legitimidade. Na prática, isso se tornou uma fonte de discriminação: mulheres não podiam trabalhar, cuidar de dinheiro, votar, entre outros, questões que foram influenciadas diretamente pela concepção de símbolo de sexo frágil.

Em decorrência deste poder simbólico, surge a violência simbólica, que se constrói, segundo o autor, por meio de processos cognitivos, ou seja, da aquisição de conhecimento dos símbolos por associação inconsciente, "nas trevas de hábitos" (Bourdieu, 1998, p. 22-23), como explica o autor.

Você pode estar se perguntando: Se falamos de *símbolos*, como se manifesta a violência na prática social? Bourdieu (2003, p. 7-8) explica que esta se manifesta como uma "violência suave, insensível, invisível a suas próprias vítimas, que se exerce essencialmente pelas vias puramente simbólicas da comunicação e do conhecimento, ou, mais precisamente, do desconhecimento, do reconhecimento ou, em última instância, do sentimento".

Esses símbolos foram e se mantêm como instrumentos da obra de classes hegemônicas, construindo-se por meio dos discursos de instituições como igreja, escola e Estado, que permeiam com valores dominantes as relações sociais, a reflexão, a cultura e a moral de determinada sociedade. Contudo, embora seja um instrumento utilizado por classes dominantes, dada a capacidade de imposição de discursos e valores, as classes não dominantes também acabam por utilizar esses instrumentos, mas com uma capacidade reduzida de legitimação simbólica. Essa luta simbólica tem como resultado dominantes e dominados, discriminantes e discriminados, violadores e violentados.

Resistir aos símbolos como fator de violência é algo que Bourdieu (2007a) considera uma das tarefas mais árduas, visto que a assimilação é, na maioria das vezes, uma ação irrefletida, que não advém de qualquer pressão social e que, embora quase não se possa ver, "está em toda parte e em lugar nenhum" (Bourdieu, 2007a, p. 270), fazendo com que o ser humano esteja completamente suscetível a ela.

Com essa explicação, o autor busca ressaltar, essencialmente, que a violência pode ser um símbolo que, de tão naturalizado, passa despercebido como violência. Além disso, destaca que, diante dessa realidade, é preciso estar atento à promoção desses discursos, das verdades absolutas e dominantes, pois elas podem ser o verdadeiro pano de fundo da violência subjetiva, isto é, aquela que vemos como produto final, mas que também pode ser em si mesma o próprio ato violento que se manifesta independentemente do uso da força corporal.

Teoria da violência tridimensional (Slavoj Žižek)

Trata-se de uma teoria desenvolvida na obra *Violência: seis reflexões laterais*, de Žižek (2014). Nela, o filósofo articula uma visão estruturada em três dimensões da violência. A violência subjetiva é concebida pelo autor apenas como uma das dimensões do fenômeno da violência – ele apresenta mais duas dimensões pertencentes ao gênero violência objetiva.

> *O que é?*
>
> **Violência subjetiva**, segundo Žižek (2014), é apenas a faceta mais evidente da violência, pois parte de uma visão interpretativa, de forma singular ou coletiva, do real, ou seja, do ato violento do agressor, de forma restrita e concentrada no ato violento.
>
> Já a **violência objetiva** é o inverso da violência subjetiva, ou seja, trata-se de uma violência invisível. Em outras palavras, é a violência que habita as camadas mais profundas da violência subjetiva. Diz respeito a fatores determinantes que não se referem apenas ao emprego da força e que fazem parte da ação violenta visível.

De acordo com essa teoria, no núcleo da violência visível (subjetiva), que parte de uma vontade do agente agressor e que perturba o sistema, há duas outras dimensões objetivas, nomeadamente, a *dimensão sistêmica* e a *dimensão simbólica*.

Nesse sentido, é integrada à compreensão de violência uma teoria ainda mais ampla, que também contempla os aspectos da violência que não são evidentes. A dimensão simbólica é uma forma de violência que compõe a linguagem como uma imposição de sentidos. De acordo com Žižek (2014, p. 17):

> esta violência não está em ação apenas nos casos evidentes – e largamente estudados – de provocação e de relações de dominação social que nossas formas de discurso habituais reproduzem: há uma forma ainda mais fundamental de violência que pertence à linguagem enquanto tal, à imposição de um certo universo de sentido.

Já a dimensão sistêmica diz respeito aos resultados catastróficos dos sistemas políticos e econômicos no qual atua a violência subjetiva. Assim, as violências simbólica e sistêmica seriam a base invisível da violência subjetiva, a qual vemos e conhecemos como violência sem si.

Ao agregar essas três dimensões à ideia de violência, Žižek (2014) demonstra que esse fenômeno está intimamente ligado a esses aspectos, construindo, com isso, um sistema complexo que não permite uma análise singular de certos fatores. Nas palavras de Žižek (2014, p.23): "Devemos, então, desmistificar o problema da violência, rejeitando afirmações simplistas como aquelas que dizem que o comunismo do século XX fez uso de excessiva violência assassina e que é necessária muita cautela para evitar que caiamos novamente nessa armadilha".

O autor explica que, embora a declaração seja evidentemente verdadeira,

> esse foco tão detido na violência ofusca a questão subjacente: o que havia de errado no projeto comunista do século XX em si? Que fraqueza imanente a esse projeto levou o comunismo e os comunistas no poder (e não

> apenas estes) a recorrerem à violência desenfreada, irrestrita? Em outras palavras, não é suficiente afirmar que os comunistas "negligenciaram o problema da violência" – foi um fracasso político e social mais profundo que os levou à violência. (Žižek, 2014, p. 23)

Nesse sentido, o autor faz um convite ao leitor para navegar pelas dimensões mais profundas do fenômeno social da violência, rejeitando absolutamente qualquer visão superficial e simplória do emaranhado de fatores essenciais.

Exemplificando

Um exemplo clássico de situação de violência que deve ser observada pela visão dimensionada são as chamadas *crises humanitárias*, que, a todo momento, são noticiadas pela mídia.

Quando observamos um quadro de violência como esse, é preciso ter em mente além das imagens que se apresentam e, portanto, daquilo que é visível a olhos nus: uma crise que só se torna um evento catastrófico ao emergir diante de nossos olhos. Assim, é preciso levar em consideração uma soma de outros fatores determinantes, como os de ordem cultural, ideológico-política e econômica.

De forma clara e objetiva, Žižek (2014, p. 23-24) explica que: "a extensão da violência está baseada em um *insight* teórico", ao passo que a limitação da violência, fundamentada em "seu aspecto físico diretamente visível, longe de ser 'normal', depende de uma 'distorção ideológica'". Por *distorção ideológica* o autor quer dizer que é necessário vertermos a concepção pura de violência visível para chegarmos ao cerne da questão, a violência invisível, e para que o tema da violência não seja ofuscado.

Žižek (2014) salienta que, quando buscamos na mente o que é a violência, lembramo-nos de eventos como atos criminosos, terror, confronto e conflitos internacionais. Contudo, conforme salienta o autor:

> Devemos aprender a dar um passo para trás, a desembaraçar-nos do engodo fascinante desta violência "subjetiva" diretamente visível, exercida por um agente claramente inidentificável. Precisamos ser capazes de perceber os contornos dos cenários que engendram essas explosões. O passo para trás nos permite identificar uma violência que subjaz aos nossos próprios esforços que visam combater a violência e promover a tolerância. (Žižek, 2014, p. 65-66)

Por isso, pode-se dizer que a violência objetiva seria o "nível zero" do que se compreende como subjetivamente violento, de modo que Žižek (2014, p. 69) conclui que "pode ser invisível, mas é preciso levá-la em consideração se quisermos elucidar o que parecerá de outra forma explosões 'irracionais' de violência subjetiva". Com isso, o autor intenciona chamar atenção para duas outras violências da modalidade objetiva que coabitam a violência subjetiva.

Na Figura 1.3, há a imagem de um iceberg, cuja ponta podemos ver e, por isso mesmo, representa a violência subjetiva. A base, a depender do ângulo de análise, é invisível, pois não se sabe do que ela é composta. Conforme elucida Žižek (2014), a base da violência é como a de um bloco de gelo gigante no mar, invisível, e ali estão sedimentadas outras duas formas de violência objetiva.

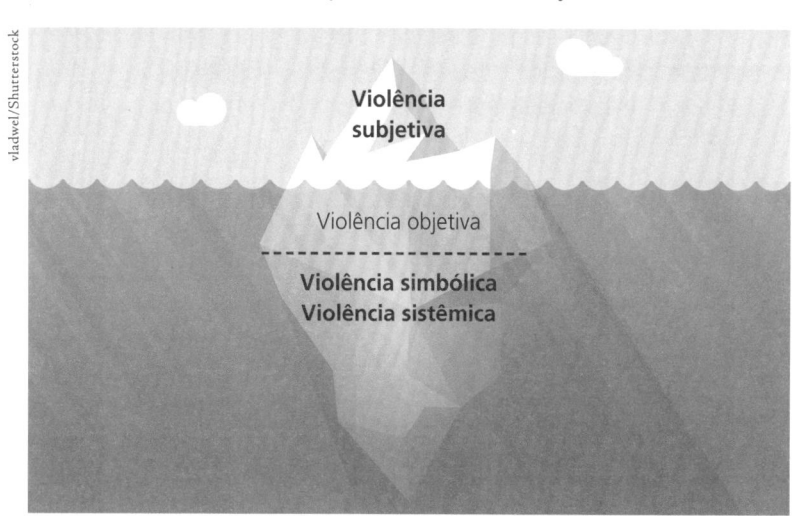

Figura 1.3 – Violência subjetiva e violência objetiva

[Figura: iceberg mostrando "Violência subjetiva" acima da água e "Violência objetiva / Violência simbólica / Violência sistêmica" abaixo da água]

Fonte: Elaborada com base em Žižek, 2014.

Com base nessa teoria, a compreensão da violência não pode e não deve ser definida com base em uma só visão, pois seria uma abordagem altamente falível. De certa forma, ela conecta todos os pontos trazidos nesta obra, visto que não busca individualizar nenhuma conduta com base na supremacia de teorias e definições, e sim considerar que, no que se refere ao conceito de violência, há fatores impulsionadores, motivadores e determinadores. Isso posto, trataremos a seguir de muitos dos fatores que socialmente podem ser razão de motivação da violência.

Exercício resolvido

De acordo com a teoria tridimensional de Žižek (2014), violência seria:
a. um emaranhado complexo de fatores que tem como base essencial as relações hierárquicas presentes dentro de um sistema social, no qual a violência social pode ser vislumbrada por meio da violência horizontal de sistemas totalitários.

b. um sistema simples, que tem como expressão maior a própria conduta do ator agressor, e nada mais que isso.
c. um sistema complexo, composto por dois outros tipos de violência objetiva, que contemplam atos que não são evidentes, como linguagem e contexto sistemático social e econômico.
d. um sistema complexo que tem como outras dimensões a ética e a moral.

Gabarito: c

Feedback **do exercício:** A violência é um sistema complexo que tem como ponto principal a violência subjetiva, ou seja, o próprio ato de violência. Entretanto, em sua base há outras duas formas de violência objetiva: a violência simbólica, a exemplo da linguagem; e a violência sistêmica, a exemplo das consequências dos sistemas políticos e econômicos.

Agora que você compreendeu o conceito de violência nas mais variadas nuances e manifestações que fazem dessa questão um problema essencial, é importante e necessário que você conheça os fatores determinantes de uma conduta violenta. Em outras palavras, é importante compreender quais são as principais motivações para que a violência aconteça.

1.4 *Violência e suas principais causas*

Uma das mais importantes formas de abordar o tema da violência é o estudo dos fatores determinantes e de risco para sua manifestação. Isso porque é por meio desses fatores que a existência da violência pode ser percebida, de modo que programas de prevenção e minimização possam ser desenvolvidos e executados com maior eficácia.

Conforme afirma Minayo (2015, p. 26) a respeito da importância da análise das principais motivações da violência, "não basta quantificar os mortos, os feridos, as vítimas e os agressores, pois eles fazem parte de uma realidade histórica e cultural e possuem razões subjetivas".

Assim como não há apenas um tipo de violência, também não existe apenas um único fator de motivação da violência. Nesta seção, abordaremos apenas os principais fatores causais reconhecidos pela OMS (Krug et al., 2002) e aqueles constatados por órgãos oficiais no Brasil, considerando-se outras peculiaridades da sociedade brasileira.

Assim, você poderá compreender a amplitude da questão e, quando se deparar com alguma manifestação de violência, recordará que não existem respostas exatas. Há metodologias de análise que consideram a influência de alguns fatores, colaborando para a compreensão do fenômeno e, assim, potencializando o êxito dos mecanismos de prevenção e repressão.

O estudo sobre as motivações da violência é a chave-mestra para todo profissional que pretende compreender a questão para contribuir efetivamente com sua resolução.

De acordo com a OMS (Krug et al., 2002), a violência é consequência da assimilação de um agregado de fatores particulares, sociais e relacionais voltados à tradição e ao ambiente. Por isso, compreender a interação desses fatores com a violência é essencial para compreender porque a violência, por vezes, prevalece em algumas sociedades.

Nessa perspectiva, desde a década de 1970, a OMS (Krug et al., 2002) vem aplicando um modelo ecológico de análise das raízes "multifacetadas" da violência. Primeiramente, o modelo foi empregado na análise da violência e dos abusos contra crianças. Contudo, com o passar dos anos, essa proposta de análise passou a ser aplicada à violência juvenil e, mais recentemente, começou a ser utilizada metodologicamente na compreensão das violências interpessoal, comunitária e autodirigida.

O relatório mundial da OMSsobre violência de 2002 explicou que esse modelo conecta fatores individuais com outros contextuais, considerando o fenômeno da violência como um produto de múltiplos níveis de influência sobre o comportamento, o qual resulta nas principais motivações para o uso da violência (Krug et al., 2002).

Figura 1.4 – Modelo de análise das principais motivações da violência

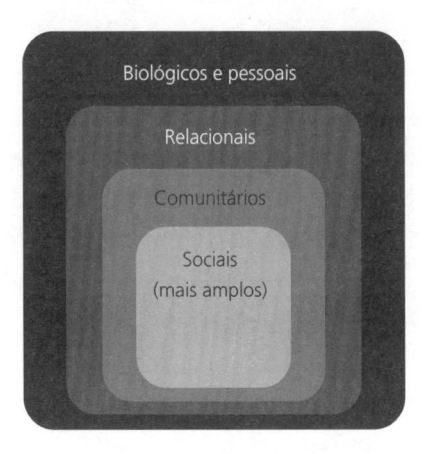

```
┌─────────────────────────────────┐
│      Biológicos e pessoais      │
│   ┌─────────────────────────┐   │
│   │      Relacionais        │   │
│   │   ┌─────────────────┐   │   │
│   │   │  Comunitários   │   │   │
│   │   │  ┌───────────┐  │   │   │
│   │   │  │  Sociais  │  │   │   │
│   │   │  │(mais amplos)│ │   │   │
│   │   │  └───────────┘  │   │   │
│   │   └─────────────────┘   │   │
│   └─────────────────────────┘   │
└─────────────────────────────────┘
```

Fonte: Elaborada com base em Krug et al., 2002.

Como é possível perceber na Figura 1.4, segundo a OMS (Krug et al., 2002), os atos violentos se constroem por meio de fatores motivacionais, escalados em quatro níveis que se relacionam. No primeiro nível estão os fatores biológicos e pessoais; no segundo nível, os fatores relacionais; no terceiro nível, os fatores comunitários; e no quarto nível, os fatores sociais mais amplos.

Você deve estar se questionando: Como esses níveis operam na prática? Como auferir a partir de uma conduta violenta quais são os fatores que levaram, de fato, uma pessoa a cometer determinado ato? Bem, vamos com calma.

No primeiro nível, a abordagem intenciona a identificação de fatores históricos, biológicos e pessoais que possam ter influência sobre a conduta do agressor, focalizando as características individuais que possam dar indícios de maximização das chances de aquele indivíduo ser potencialmente um agressor. Em outras palavras, serão analisados elementos históricos e biológicos do agressor (como distúrbios emocionais comprovados e outras condições que podem ser motor para o desencadeamento de ações violentas).

No segundo nível, a análise deve ser realizada no plano das relações, ou seja, no contexto das relações próximas do indivíduo que tenha praticado atos violentos. Assim, relações entre parceiros íntimos, convívio com outros familiares ou, ainda, outras interações sociais, como a relação entre colegas, são consideradas pelas OMS possíveis catalisadores de risco da ação violenta ou da vitimização da violência que devem ser levados em conta (Krug et al., 2002).

Aliás, a OMS ressaltou no relatório de 2002 que, em relação aos jovens, a interação com amigos que incentivam condutas violentas é um fator que torna o jovem altamente suscetível a comportamentos violentos – não raro, essa é uma realidade presente na análise ecológica de jovens (Krug et al., 2002).

> *Exemplificando*
>
> Um exemplo prático e visível de fatores históricos e relacionais são crianças que crescem em um contexto de banalização da violência.
>
> Imagine uma criança com pais que utilizam da violência em sua criação constantemente ou que presencia a violência entre seus pais com frequência. Uma vez que ela está inserida em um ambiente familiar de violência normalizada, pode vir a cometer um ato violento em algum momento de sua vida com maior facilidade do que outras crianças que vivem em um contexto pacífico, pois tanto seu registro histórico quanto seu campo relacional contribuem para que ela perpetue padrões relacionais e históricos nas suas experiências futuras com outras pessoas.

No terceiro nível, os fatores comunitários aparecem como questões de influência sobre os atos de violências. Nesse sentido, a OMS ressalva que é importante, ainda, avaliar os ambientes em que as relações sociais ocorrem: os locais de trabalho, ensino e residência podem ser (e geralmente são) pontos determinantes para um risco maior de desenvolvimento da violência (Krug et al., 2002).

Por exemplo, comunidades que têm muitos habitantes inseridos em um ambiente de isolamento social demasiado, sem qualquer vínculo cultural e econômico satisfatório, em que há escassez de emprego e pouco apoio institucional, o tráfico de drogas, o armamento e outras formas de violência organizacional acabam gerando uma cultura de violência.

Por fim, no quarto e último nível, são considerados os fatores sociais mais amplos, que constroem as características de uma sociedade específica e são passíveis de inibir ou de impulsionar a violência. São exemplos desse tipo de fatores reconhecidos pela OMS: leis que legitimam o uso excessivo da força da polícia contra os cidadãos; falta de políticas voltadas para saúde, educação e educação econômica e social; e manutenção dos elevados níveis de desigualdade social entre a população de uma mesma sociedade (Krug et al., 2002).

Desse modo, o modelo ecológico proposto pela OMS demonstra que a violência é motivada pelo convergir de fatores que, em determinados momentos da vida de uma pessoa, podem ser evidenciados em ações violentas, caso outras políticas de prevenção baseadas em evidências empíricas, como fatores históricos, biológicos, individuais, relacionais, comunitários, entre outros, não sejam observadas e consideradas em seu grau e potencial de influência (Krug et al., 2002).

Aplicar esse conhecimento à prática, como você pode ver, é uma necessidade que emerge como algo urgente. Apenas assim, mais próximos da compreensão do cenário real das violências, é que a estratégia para solução da questão – sem deixarmos de considerar a magnitude do problema que se põe – poderá alcançar maior efetividade.

Tendo em vista o norte genérico sugerido pela OMS (Krug et al., 2002), vejamos, por exemplo, as principais razões que motivam a violência que aflige, principalmente, a sociedade brasileira, para que assim você possa, mais adiante, em momento oportuno, refletir a respeito da eficácia ou ineficácia das políticas e técnicas de prevenção da violência.

Recordando o que falamos anteriormente, cada sociedade, em dado momento histórico, pode apresentar tipos e causas específicas para a presença da violência em seu meio. Existem, por exemplo, sociedades de países escandinavos, como a dinamarquesa e a sueca, que, embora não apresentem altos índices de violência urbana e sejam referências no quesito igualdade de gênero, preenchendo o primeiro e o segundo lugar do *ranking* europeu, padecem com a violência sexual, apresentando altas taxas de estupro. Ainda assim, apesar de a violência sexual ser também um mal manifesto na comunidade brasileira, certamente as razões não são as mesmas, pois o contexto é diferente.

No Brasil, a violência urbana, de forma geral, é considerada a modalidade de maior incidência. Nesse espectro estão incluídas ações como homicídios, assaltos, acidentes de trânsito, ações executadas por organizações criminosas ou pelo Estado, entre outras que acontecem no âmbito da cidade, razão por que abordaremos a seguir suas possíveis motivações.

Há uma incapacidade permanente das autoridades públicas em definir e compreender a violência urbana para combatê-la. Por esse motivo, vemos uma atuação de políticas de segurança que não geram resultados precisamente positivos; pelo contrário, há esforços apenas para reprimir esse tipo de violência, sem que a natureza da violência urbana seja, de fato, atingida por essas políticas, resultando em um ciclo vicioso.

A Figura 1.5 ilustra as manifestações da violência urbana mais comuns nas sociedades; entretanto, é necessário recordar que cada população pode apresentar uma dinâmica distinta, a depender da composição de seus fatores sociais, culturais, relacionais etc.

Figura 1.5 – Violência urbana

Assalto a mão armada · Sequestro · Furto · Assalto de moto
Roubo de loja · Rapto · Assalto a banco · Invasão
Agressão · Assassinato · Incêndio culposo · Extorsão · Roubo de carro

É comum que, ao abordar o tema da violência urbana, o fator pobreza seja apontado como sua principal causa. Entretanto, é necessário resistir a essa singularidade para que possa, seguindo os conselhos de Žižek (2014), transitar pelas dimensões mais profundas do problema, a fim de encontrar suas reais motivações.

Por isso, atenção! O que gera a violência urbana não é apenas a pobreza. Esse não é um fator determinante. A violência se faz presente em todas as classes sociais. Inclusive, esse estereótipo do pobre violento e criminoso não apenas dificulta as políticas de segurança em se aterem às reais causas da violência, como também discrimina pessoas pobres que, apesar de conviverem com a violência, vivem uma vida evitando-a.

Aliás, essa discriminação estereotipada pode vir a ser um fator determinante para condutas violentas daquele que busca se defender. Por isso, o pobre não pode ser uma característica geral da violência, pois as causas que o colocam em situação de pobreza é que compõem uma faceta da violência.

Na tentativa de identificarmos as principais motivações da violência urbana, aplicaremos o modelo ecológico proposto pela OMS (Krug et al., 2002). Nesse sentido, recordamos que inúmeros fatores se relacionam e, em sentido amplo, constroem o que conhecemos por *desigualdade social*, uma das principais motivações da violência urbana.

> *Perguntas & respostas*
>
> O que é o modelo ecológico de avaliação?
>
> Inicialmente proposta por Urie Bronfenbrenner (1989), a **teoria ecológica do desenvolvimento humano** foi implementada como uma perspectiva teórica distinta das demais, voltada à análise do comportamento humano considerando-se, além do próprio ser humano em desenvolvimento, o ambiente no qual ele está inserido, bem como o contexto mais amplo desse ambiente.
>
> Segundo essa teoria, há quatro fatores importantes na investigação voltada ao comportamento humano: pessoas, processo, contexto e tempo.

Você deve estar se perguntando: Mas pobreza e desigualdade social não são coisas semelhantes? A resposta é não. A pobreza pode ser um aspecto da desigualdade social; porém, a desigualdade social é um conjunto mais amplo de diferenças sociais e não permite singularização da pobreza como manifestação característica da violência. No Brasil, a desigualdade frequentemente se transforma em violência urbana e é o principal fator de motivação para condutas violentas nas cidades de todo o país.

No bojo das desigualdades sociais, há muitos fatores que devem ser considerados, a exemplo dos fatores socioeconômicos, institucionais (como o enfraquecimento das políticas do Estado de prevenção), geográficos e urbanísticos, das questões de raça e de gênero, do desemprego e do uso exacerbado da força para repressão da própria violência urbana.

Entre essa diversidade de gatilhos que funcionam como motivadores de violência, o desemprego é um fator sempre central e, por isso, frequentemente abordado pelos que analisam a violência urbana. Trata-se de uma das principais causas da desigualdade social e da pobreza, não apenas pelo fato de que, sem emprego, os indivíduos não têm recursos para suprir suas necessidades básicas, mas também pelo fato de que, somado à fraqueza das instituições públicas em cumprir com a obrigação que lhes são impostas, um ciclo é formado de forma viciada, no qual um fator é causa e, ao mesmo tempo, consequência.

O desemprego não se alimenta tão somente da falta de emprego disponível, mas da insuficiência de qualificação daqueles que buscam ocupar uma função laboral, resultado de mais uma das falhas institucionais do Estado: a promoção da educação.

Por outro lado, a falha do Poder Público na promoção de educação e no gerenciamento de desemprego gera um caminho aberto para o germinar de uma economia paralela, que se desenvolve nas redes de tráfico de drogas, no comércio ilícito de armas e mercadorias roubadas, no contrabando, na prostituição e em outros "ofícios" que utilizam essencialmente a força. Nesse contexto, a violência torna-se um meio de legitimação dessas práticas, ou seja, um meio de imposição dessa realidade em relação à própria comunidade a que pertence, com disputas com outras facções ou organizações criminosas e com o próprio Estado.

Além disso, a atuação pouco eficaz do Estado, que utiliza a força para reprimir inúmeras formas de violência sem considerar suas peculiaridades, e o enfraquecimento de suas políticas preventivas somam-se às questões básicas de vida digna, como a própria saúde pública.

> *Para saber mais*
>
> Considerando as peculiaridades que a violência apresenta de acordo com espaço e tempo, no vídeo a seguir Sergio Adorno explica a violência enraizada na sociedade brasileira, fazendo um paralelo com o contexto atual:
> ADORNO, S. A violência no Brasil explicada por Sérgio Adorno. **Nexo Jornal**, 12 jan. 2017. 33 min. Disponível em: <https://www.youtube.com/watch?v=Gj20dAHhPA4&t=1s>. Acesso em: 22 jul. 2021.

Como demonstramos neste capítulo, a violência de uma época à outra toma feições distintas, razão que colabora para que a definição do ato violento seja volátil. Além disso, com o passar dos anos, as sociedades têm se tornado mais sensíveis aos atos violentos, motivo que justifica a visibilidade dos atos que até pouquíssimo tempo não eram reconhecidos como violentos, a exemplo da relação familiar violenta entre pais e crianças e entre cônjuges, que hoje denominamos de *maus tratos contra crianças* e *violência doméstica*, respectivamente. Isso, de acordo com Michaud (1989), explica a crescente criminalização de atos violentos, ou o "expansionismo penal", como preferem chamar os estudiosos da área.

O expansionismo penal e a criminalização de atos violentos faz com que, normalmente, o conceito de violência seja primeiramente pensado sobre o pano de fundo do crime e da criminalidade violenta, fazendo parecer que *violência* é sinônimo de *crime*. Contudo, embora esses conceitos nunca tenham se interceptado de fato, em razão da criminalidade violenta que assola as cidades, violência e criminalidade passaram a se conectar nos últimos anos. Por essa razão, dedicaremos o próximo capítulo à compreensão do que é criminalidade.

Síntese

Neste capítulo, observamos que cada vez mais estudiosos, sociólogos e antropólogos demonstram que violência é um conceito polissêmico, passível de múltiplas definições, não havendo um conceito universal que abarque todos os atos percebidos socialmente como violentos.

Assim, áreas distintas de investigação buscam identificar os sentidos de violência, e todas concordam que se trata do uso da força no sentido de causar lesão, seja ela física, letal ou não, seja ela psicológica ou moral.

Vimos também que a violência é um fenômeno presente em toda história da sociedade, embora suas características se alterem conforme o tempo, o espaço e os padrões culturais de cada lugar e de cada época. A OMS (2014) classifica três macrocategorias de violência, por meio das quais outros subtipos podem ser inseridos de acordo com a especificidade de cada região: a violência autodirigida, a violência interpessoal e a violência coletiva.

Ainda de acordo com a classificação da OMS, a natureza da violência pode ser dividida em quatro hipóteses: física, sexual, psicológica e por privação ou abandono. Entretanto, na maioria das vezes, um tipo de violência pode apresentar como natureza mais de uma dessas hipóteses.

Além da tipologia da violência proposta pela OMS (2014), observamos que alguns autores propõem uma análise da violência com base em teorias que, sobretudo, buscam compreender camadas mais profundas da violência, as quais podem auxiliar de maneira eficaz políticas de prevenção e repressão. Entre elas, destacam-se as teorias que relacionam a violência ao poder, à ética e à moral, aos símbolos e aos tipos de violência subjetivo e objetivo.

A OMS (Krug et al., 2002) propõe um modelo ecológico de análise das principais motivações da violência, sobre as quais reconhece múltiplos níveis de influência. Esse modelo é composto por uma análise de quatro níveis: fatores históricos e biológicos; fatores relacionais; fatores comunitários; e fatores sociais mais amplos.

Atualmente, a violência urbana chama atenção em virtude de sua presença constante na sociedade e pela complexidade de decifrar quais são suas principais motivações. Em razão disso, tem se justificado cada dia mais o surgimento de políticas voltadas para a definição da violência nos termos da análise de definição proposta neste capítulo.

Estudo de caso

O presente caso aborda a situação de um indivíduo que sofre uma lesão causada pela ação de um terceiro, no centro da cidade do Rio de Janeiro. O desafio é simular a análise de um possível caso de violência, buscando compreender, em primeiro lugar, se a ação configura violência, de acordo com os pressupostos do conceito de violência. Se a situação for caracterizada como violência, você deverá analisar, em segundo lugar, entre as opções estudadas, a tipologia da violência e sua natureza, fazendo uso aqui das teorias de violência. Por fim, você deverá analisar e responder, com base no método ecológico da OMS, quais as principais motivações para a violência presente no caso.

Texto do caso

Mévio vivia com seus pais, humildemente, em uma casa de dois cômodos. Sua mãe era caixa do supermercado do bairro e trabalhava todos os dias, retornando à casa ao final da tarde. Seu pai, que nunca pôde frequentar a escola, mas aprendeu a mexer com carros, tornou-se mecânico; contudo, nos últimos anos, ficou desempregado e tornou-se alcoólatra. Habitualmente, os pais de Mévio brigavam porque o pai dele gastava parte do dinheiro que sua mãe ganhava com bebida. Ao chegar em casa, ele batia tanto na esposa quanto no filho. Um dia, quando Mévio já estava com 19 anos, após sua mãe fazer vários empréstimos para pagar as contas da casa, o imóvel foi penhorado, indo a leilão. Na tentativa de ajudar sua mãe, Mévio se envolveu com a rede de tráfico do bairro, passando a ganhar algum dinheiro e, com isso, a pagar as contas de casa.

Certo dia, seu pai se envolveu em uma briga de bar e morreu, violentamente, com três tiros. Mévio, na tentativa de proporcionar uma vida melhor para sua mãe e fazê-la feliz, fez um empréstimo com o chefe do tráfico e comprou uma casa com três cômodos. No entanto, a mãe acreditava que ele trabalhava como mecânico. Meses depois, o rapaz passou a sofrer ameaças constantes do comandante do tráfico porque não estava conseguindo pagar a dívida que havia feito no tempo previsto, pois, em virtude de um surto global ocasionado por um vírus, sua atividade com o tráfico fora dificultada.

Para resguardar sua família e pagar a dívida, Mévio aceitou o convite de alguns amigos que pretendiam realizar um assalto à mão armada, na esperança de conseguir pagar a dívida que tinha com o comandante do tráfico, prometendo a si mesmo que isso não se repetiria. Entretanto, em meio ao assalto, as coisas fugiram do controle e Mévio, muito perturbado, agiu e disparou contra uma das vítimas, que veio a falecer momentos depois. Mévio fugiu e, com o dinheiro, pagou o traficante que o ameaçava.

A você, responsável pelas políticas de mobilidade urbana e gestão de trânsito da cidade do Rio de Janeiro, é solicitado um relatório sobre violência na cidade e suas principais motivações para fins de desenvolvimento de políticas de prevenção e de segurança.

Com base nisso, você deverá classificar como casos de violência acontecimentos como o de Mévio ocorridos nos últimos cinco anos. Reflita sobre o evento com base na definição e nos pressupostos sobre violência. Identifique se houve violência – e, se houver, qual o seu tipo, aplicando a teoria que lhe parecer mais cabível para explicar a situação – e defina quais as principais motivações para a ação de Mévio.

Resolução

Com base no acontecimento descrito, a conduta de Mévio é caracterizada pelo uso intencional da violência contra a vítima do assalto, que faleceu posteriormente. Assim, considerando o conceito de violência aplicado pela OMS, a ação de Mévio perante a vítima é considerada violenta, pois houve uso intencional de força.

Sobre o **tipo de violência**, com base nas três possíveis tipologias apresentadas pela OMS (2014) – autodirigida, coletiva e interpessoal –, é possível afirmar que Mévio praticou contra a vítima a violência interpessoal do tipo comunitária.

Sobre a **natureza da violência**, ou seja, sobre a esfera da vítima atingida, de acordo com os quatro tipos de natureza classificados pela OMS (2014) – violências física, sexual, psicológica e por privação ou abandono –,

Mévio praticou uma violência de caráter físico, pois visou à lesão corporal da vítima, que veio a falecer.

Além disso, o ato de Mévio é reconhecido pela comunidade brasileira como manifestação da violência urbana, ou seja, um ato criminoso que, sendo contra a lei e a ordem pública, utiliza o emprego da força, sendo classificado, na atualidade, como *criminalidade violenta*.

De acordo com as teorias da violência, para analisar a natureza da violência, é importante considerar outros aspectos, em uma ordem mais ampla. Nesse caso, aplicando a teoria da violência tridimensional de Žižek, é necessária uma análise menos superficial e singularizada, que considere, portanto, além da face subjetiva da violência, ou seja, aquela que podemos ver. Nesse contexto, deve-se considerar a violência objetiva na modalidade sistêmica presente no caso. Isso sugere que, para a análise das principais motivações do ato perpetrado por Mévio, deve-se analisar um ponto de vista mais profundo, de forma a garantir que políticas de segurança consigam solucionar, nas raízes, questões como essa.

No que diz respeito às principais motivações de Mévio, há vários fatores que estão no pano de fundo da questão e que devem ser considerados para que uma posterior política de segurança e repressão seja bem-sucedida. Por essa razão, a aplicabilidade do modelo ecológico proposto pela OMS faz sentido nesse caso. De acordo com esse modelo, os aspectos serão considerados em níveis figurados por quatro fatores: fatores biológicos e históricos do agressor; fatores do plano relacional, ou seja, as relações próximas e o contexto familiar do agressor; fatores comunitários, como o ambiente e as relações sociais; e, por último, fatores sociais mais amplos.

Diante disso, essa análise não pode deixar de considerar o momento principal da conduta de Mévio, cabendo ampliar a visão para considerar que o histórico do autor da agressão, nesse caso, tem como base uma vida familiar habitualmente violenta, o que sugere a naturalização da violência na concepção dele. Além disso, deve-se considerar o plano relacional no qual Mévio estava inserido – nesse caso, os conselhos dos amigos foram decisórios para que ele se envolvesse no assalto. Outro fator de que não se pode desviar é o ambiente em que Mévio se encontra inserido, uma vez que tanto sua residência quanto seu possível local de trabalho eram fatores altamente alarmantes para o desencadear da violência.

Mévio morava em um perímetro onde o tráfico estava instalado e sugeria uma economia paralela para ele, a qual era capaz de suprir, ao menos momentaneamente, suas necessidades. Ademais, os fatores sociais mais amplos, como o desemprego de seu pai, as desigualdades sociais que enfrentava em razão disso e a falha do Poder Público em garantir meios adequados de saúde, alimentação e condições dignas de vida, capazes de prevenir essa situação, expôs ainda mais a vida de Mévio ao aliciamento da economia paralela do tráfico e da delinquência, desfecho essencial do caso exposto.

Por essa razão, a conduta desse rapaz pode ser definida como conduta violenta interpessoal comunitária, motivada por fatores históricos, relacionais, comunitários e sociais mais amplos. Ao utilizar a violência, vertendo a lei e a ordem pública na cidade do Rio de Janeiro, Mévio também entra para a estatística da criminalidade violenta, ou seja, da violência urbana, identificada pelo uso da violência no crime de forma banal, um dos grandes problemas atuais a ser enfrentado pelas instituições responsáveis pela gestão urbana e pela Segurança Pública.

Dica 1

Por que definir as principais motivações da violência?

No vídeo a seguir, Sérgio Adorno explica a relação entre violência e Segurança Pública, demonstrando a necessidade de uma análise como a proposta no caso abordado e as finalidades a que ela se destina.

ADORNO, S. Violência e segurança pública: repressão × prevenção. **Nexo Jornal**, 12 jan. 2017. 7 min. Disponível em: <https://www.youtube.com/watch?v=aQAB0V9GouY>. Acesso em: 22 jul. 2021.

Dica 2

No vídeo a seguir, o coordenador do Núcleo de Estudos da Violência da Universidade de São Paulo (NEV-USP), professor Sérgio Adorno, e o pesquisador do NEV, Marcelo Batista Nery, debatem sobre a crise de segurança no Brasil. Trata-se de uma discussão que pode auxiliar você na compreensão do contexto da violência nas cidades do mundo e, essencialmente, no Brasil, demonstrando como deve ser realizada uma abordagem semelhante à proposta neste estudo de caso.

ADORNO, S.; NERY, M. B. Violência, cidades e políticas públicas de segurança. **Instituto de Estudos Avançados IEA-RP/USP**, 21 mar. 2017. 117 min. Disponível em: <https://www.youtube.com/watch?v=aIbTPNExdP4>. Acesso em: 22 jul. 2021.

Dica 3

No vídeo a seguir, Maria Cecília Minayo demonstra como realizar uma pesquisa qualitativa e sua importância, além de esclarecer como se faz uma investigação voltada à compreensão das especificidades dos atos violentos.

MINAYO, M. C. O legado da pesquisa qualitativa. **Simeduc Geces**, 27 ago. 2015. 51 min. Disponível em: <https://www.youtube.com/watch?v=41ZazulbD_c&t=493s>. Acesso em: 22 jul. 2021.

capítulo dois

Conceito de criminalidade e suas principais motivações

Conteúdos do capítulo:

- Teoria do crime: definições e conceitos.
- A criminalidade como problema social.
- A criminologia como ferramenta para entender o crime, o criminoso e a criminalidade.
- As principais motivações para a criminalidade.

Após o estudo deste capítulo, você será capaz de:

1. definir *crime*;
2. compreender a criminalidade na sociedade;
3. perceber a criminologia como instrumento de compreensão da criminalidade;
4. analisar, com base em fundamentos científicos, as principais motivações da criminalidade.

A criminalidade sempre foi uma preocupação latente na sociedade e no mundo, sobretudo na sociedade brasileira, que sempre se destacou pelos seus altos índices de criminalidade. Nesse sentido, para além do aumento da quantidade de crimes cometidos, o que mais assusta é a quantidade de violência empregada – que está cada vez maior.

Para que a criminalidade fosse compreendida e seus efeitos fossem mitigados, várias áreas da ciência empreenderam esforços no sentido de compreender como e por que uma pessoa comete um crime, a fim de que, com base nisso, políticas eficazes pudessem ser elaboradas. Entre outras teorias, a desenvolvida pela escola de Chicago, que adota uma visão transdisciplinar, chama a atenção para a interferência das múltiplas áreas que podem exercer influência na conduta criminosa. Trata-se de uma teoria que ganhou destaque.

Embora a violência no Brasil seja um problema atual, sabe-se que o crime é, há séculos, um problema social, sobre o qual muitos estudos já foram produzidos. Justamente por isso é que precisamos dar um passo atrás e estudar alguns conceitos para, com base neles, examinarmos o cenário no qual toda essa questão se insere.

Neste capítulo, portanto, apresentamos algumas definições essenciais sobre crime, criminalidade e criminologia.

2.1 *Teoria do crime: definições e conceitos*

Há um consenso de que certas condutas sociais podem ser classificadas como crime, e, como tal, exigem o estabelecimento de uma pena sobre o indivíduo que as pratica, de modo que essas ações farão, posteriormente, parte das estatísticas do crime. Entretanto, o que é *crime*?

A compreensão da definição de crime é a largada para qualquer estudo que diga respeito a outras esferas do direito penal, pois será essa a orientação essencial de localização para que você saiba qual caminho deve tomar para diferenciar o que é crime do que não é crime.

Assim, de acordo com Zaffaroni (1996, p. 317, tradução nossa), a teoria do crime seria:

> a parte da ciência do direito penal que se ocupa de explicar o que é delito em geral, quer dizer, quais são as características que devem ter qualquer delito. Esta explicação não é um mero discorrer sobre o delito com interesse puramente especulativo, senão que atende à função essencialmente prática, consistente na facilitação da averiguação da presença ou ausência de delito em caso concreto.

O que o autor intenta explicar é que a teoria do crime, como ciência teórica, tem o objetivo de estabelecer um conjunto de características, ou seja, um padrão de determinadas ações que, quando conectadas e empregadas dentro de determinado espaço e época, são consideradas delitos passíveis de penalização.

Embora o crime seja uma conduta única, como afirma Greco (2017), para fins investigatórios, há a individualização de cada uma de suas componentes, quais sejam: conduta típica, antijurídica e culpável, que é a forma mais eficaz de se alcançar a devida compreensão.

Dessa forma, falar de *crime* significa, antes de mais nada, analisar, dentro da conduta do agente, se as três componentes listadas estão presentes, pois são elas que transformarão uma conduta aceita socialmente em um crime repudiado e, consequentemente, penalizado pelo direito penal.

Então, quais são essas condutas que definem o crime? No Brasil, de acordo com a teoria mais aceita, o crime se configura quando há, na ação empregada, uma conduta típica, que seja antijurídica e passível de culpa.

Em palavras mais claras, no que se refere à culpabilidade, falamos de responsabilidade do indivíduo sobre uma ação, enquanto a antijuridicidade se refere a uma ação que é contra a lei. Já no que concerne ao fato típico, trata-se de uma ação que está descrita na lei como típica de um crime. Dessa forma, uma conduta se encontra diretamente ligada à anterior, formando uma ação completa definida por lei como crime.

Aproveitando a similitude da descrição de crime na doutrina alemã, confira a seguir a definição de Welzel (1987, p. 59, tradução nossa), que nos parece inteligível:

> A tipicidade, a antijuridicidade e a culpabilidade são três elementos que convertem uma ação em um delito. A culpabilidade – a responsabilidade pessoal por um fato antijurídico – pressupõe a antijuridicidade do fato, do mesmo modo que a antijuridicidade e a culpabilidade estão relacionadas logicamente, de tal modo que cada elemento posterior do delito pressupõe o anterior.

Exemplificando

Se um motorista dirige seu veículo cuidadosamente, com prudência, respeitando todas as regras de trânsito, mas uma pessoa que pretende se suicidar se coloca na frente do veículo conduzido por ele e morre atropelada, o motorista do carro não poderá responder por crime, pois não houve homicídio culposo (sem intenção de matar) – afinal, o motorista respeitou todas as regras de trânsito – tampouco dolo (vontade de produzir o resultado).

Com isso, não existirá fato típico; portanto, não há como se falar em *crime*, visto que não existem precedentes – no caso, nenhum dos elementos caracterizam crime.

> ## *Perguntas & respostas*
>
> No Brasil, o que configura crime?
>
>   Crime é um fato típico, antijurídico e culpável.
>
> Existe uma ordem predeterminada para essas componentes?
>
>   Sim. Você deve iniciar sua análise identificando se há na ação o fato típico, ou seja, se há na lei previsão expressa que defina aquela conduta como crime; se o agente da ação agiu com dolo ou culpa; com vontade ou sem vontade de produzir o resultado que, independentemente disso, adveio de sua conduta; e se a ação se enquadra na previsão da lei, ou seja, se há o que é comumente chamado de *subsunção da norma* no direito penal.
>
>   Apenas depois de responder a essas perguntas, você poderá seguir para a próxima questão, isto é, analisar se há ou não culpabilidade e se o fato é contra a lei, respectivamente.

Zaffaroni e Pierangeli (2011) afirmam que, ao se analisar uma situação em que há iminência de crime, haverá uma série de perguntas a serem feitas, as quais devem respeitar uma sequência lógica. Isso porque, como ensinam os autores, não haverá sentido em fazer alguns questionamentos sem antes responder a outros. Em palavras mais contundentes, você não chegará a lugar nenhum se pretende solucionar a questão apenas se perguntando: "Há crime?". Antes disso, você deverá ter em mente a teoria do crime, ou seja, as qualidades que uma conduta deve conter para encaixar-se na definição de crime.

Figura 2.1 – Elementos da conduta criminosa

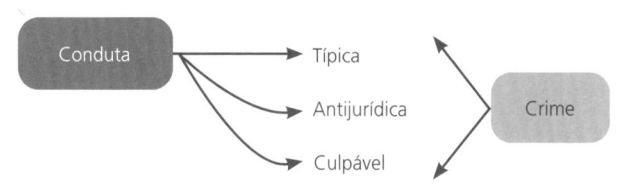

```
                    ┌─→ Típica
    [Conduta] ──────┼─→ Antijurídica    ←→ [Crime]
                    └─→ Culpável
```

Com base nesse conceito geral, você deverá se questionar a respeito da conduta analisada, obedecendo à ordem subsequente:

- Há conduta típica? Ou seja, a ação está prevista na lei penal como crime?
- A conduta é antijurídica?
- O autor pode ser culpável?

Com esse passo a passo, você poderá responder se houve crime. Equivale a dizer que, na ausência de qualquer um dos elementos do crime, ou seja, de qualquer uma dessas características essenciais, não há como falar em *crime*, pois, relembrando as lições de Greco (2017, p. 2), o crime é indivisível. Esse mesmo autor ensina ainda que: "Ou o agente comete o delito (fato típico, ilícito e culpável), ou o fato por ele praticado será considerado um indiferente penal" (Greco, 2017, p. 227), o que demanda uma análise voltada a essa visão.

Esse método de análise ordenado, em que há uma sequência de perguntas e respostas, é definido por Zaffaroni e Pierangeli (2011, p. 344) como "critério sistemático que surge da estrutura analítica". Nesse sentido, o que você precisa compreender, primordialmente, é que há um critério sistematizado de análise e que você deverá segui-lo para que a definição de crime seja assertiva.

Esse critério se voltará sempre para a análise da conduta e, posteriormente, para o autor. Assim, *delito* ou *crime* será "uma conduta humana individualizada, mediante um dispositivo legal (tipo) que revela sua proibição (típica), que por não estar permitida por nenhum preceito jurídico (causa de justificação) é contrária à ordem jurídica" (Zaffaroni; Pierangeli, 2011, p. 344).

Exercício resolvido

Arthur é dono de uma distribuidora de alimentos na Baixada Fluminense e Adelino é o gerente comercial desse empreendimento. Ambos trabalham na sede da empresa em Belford Roxo. Certo dia, durante a rotina comum de trabalho, Adelino é surpreendido por criminosos que o sequestram, sendo que, na mesma oportunidade, uma parte da quadrilha de assaltantes entra na sede da empresa e faz de Arthur outro refém.

Aproveitando-se da posição de Adelino, os bandidos fazem com que ele desvie três carregamentos de alimentos para outra localidade. Já os que fizeram Arthur como refém obrigam-no a abrir os cofres da empresa, entrar em um carro e fugir com uma quantia altíssima, como se fosse ele quem estivesse praticando o roubo.

Aplicando a teoria analítica do crime no caso prático apresentado, assinale a alternativa correta:

a. Arthur não cometeu crime, pois não estão presentes todos os elementos essenciais do crime. Além disso, Arthur não queria cometer o crime, de modo que não há como falar em culpabilidade, apesar de haver fato típico e antijurídico.
b. Arthur cometeu um crime, pois há previsão no Código Penal sobre o ato praticado. Ademais, o fato é típico, antijurídico e culpável, afinal, se ele não tivesse a senha do cofre, o assalto não teria acontecido.
c. Arthur não cometeu crime, pois não estão presentes nenhum dos elementos essenciais para um crime. Além disso, ele não queria cometer o crime, por isso não há fato típico na situação relatada.
d. Adelino não cometeu crime porque o fato não está previsto na legislação brasileira; por isso, não há fato típico.

Gabarito: a

Feedback **do exercício:** Para existir um crime, de acordo com a teoria analítica, todos os elementos essenciais da definição de crime precisam estar presentes; portanto, se não há culpabilidade, não há crime. Embora o fato seja típico e antijurídico, não há culpabilidade, conforme indica a alternativa (a).

Estão presentes os elementos necessários do crime, exceto o elemento culpabilidade. O fato típico está previsto na lei, porém Adelino não cometeu crime, visto que também não há, na sua conduta, culpabilidade.

A respeito das inúmeras teorias que surgiram no decorrer do tempo sobre o crime, Roxin (1997, p. 85-86, tradução nossa) explica o seguinte:

> Quase todas as teorias do delito até hoje construídas são sistemas de elementos, isto é, elas dissecam o comportamento delitivo em um número de diferentes elementos (objetivos, subjetivos, normativos, descritivos), que são posicionados nos diversos estratos da construção do crime, constituindo algo como um mosaico do quadro legislativo do fato punível. Esta forma de proceder acaba levando a que se voltem grandes esforços à questão sobre que posicionamento no sistema do delito deve ocupar este ou aquele elemento do crime; pode-se descrever a história da teoria do delito nas últimas décadas como uma migração de elementares dos delitos entre diferentes andares do sistema.

Embora a definição apresentada até aqui não represente tamanha complexidade, conforme explica Masson (2020), uma visão mais técnica do crime deve considerar outros três critérios essenciais, quais sejam: material, legal e formal ou analítico. Vamos analisar cada um deles?

Critério legal

De acordo com esse critério, será crime toda conduta definida pelo legislador penal como tal. Entretanto, o Código Penal brasileiro não apresenta uma definição de crime. Ainda assim, o Decreto-Lei n. 3.914, de 9 de dezembro de 1941 (Brasil, 1941), conhecido como *Lei de Introdução ao Código Penal*, fornece uma compreensão sobre isso ao diferenciar *crime* de *contravenção penal*:

> Art. 1º Considera-se crime a infração penal a que a lei comina pena de reclusão ou de detenção, quer isoladamente, quer alternativa ou cumulativamente com a pena de multa; contravenção, a infração penal que a lei comina, isoladamente, pena de prisão simples ou de multa, ou ambas, alternativa ou cumulativamente.

O critério legal, diferentemente de outras teorias, diz respeito àquilo que está escrito na lei penal sobre a definição de crime.

Assim, embora a diferenciação seja clara, não existe um conceito penal criado pelo legislador, senão em caráter de diferenciação, o que não é suficiente para o intérprete. Isso nos permite dizer que o conceito de crime é, sobretudo, desenvolvido pela doutrina.

Vejamos, a seguir, o que é *crime* segundo o critério material.

Critério material

De acordo com o critério material, é crime toda a ação ou omissão que tem o condão de lesionar ou colocar em perigo bens que são protegidos juridicamente pelo Estado.

O que esse critério leva em consideração é a proporção do mal produzido por uma conduta lesiva. Assim, de acordo com Masson (2020), essa definição de crime colabora para que o direito penal possa legitimar a ação como crime; em outras palavras, a fim de que haja critérios mínimos para que uma conduta seja criminalizada. Nessa perspectiva, não poderá nenhuma ação humana ser considerada crime por mera deliberalidade do legislador, pois, para ser considerada como tal, será necessário que o comportamento do indivíduo prejudique um bem tutelado pelo ordenamento jurídico.

> *Exemplificando*
> Algumas pessoas falam muito e falam sem parar, mas essa conduta, por mais que possa incomodar outras pessoas, não pode ser considerada

crime; afinal, ela não lesiona, não prejudica nem fere nenhum bem jurídico protegido pelo Estado. Portanto, não há razão para que seja considerado um comportamento criminoso.

Entretanto, essa é uma definição que recebe algumas críticas por não descrever o crime com precisão, porque não o define, de modo que a sistematização analítica ainda seria mais conveniente, em razão de investigar características e elementos do crime (Greco, 2017).

Nesse sentido, Toledo (1994, p. 80) explica que:

> Essa definição é, porém, insuficiente para a dogmática penal, que necessita de outra mais analítica, apta a pôr à mostra os aspectos essenciais ou os elementos estruturais do conceito de crime. E dentre as várias definições analíticas que têm sido propostas por importantes penalistas, parece-nos mais aceitável a que considera as três notas fundamentais do fato-crime, a saber: ação típica (tipicidade), ilícita ou antijurídica (ilicitude) e culpável (culpabilidade).

Essa crítica é acolhida pela maior parte da doutrina brasileira, que opta por definir *crime* com base na teoria analítica, formal ou tripartida, como alguns preferem nomear, que considera crime todo fato típico, antijurídico e culpável.

Perguntas & respostas

As teorias tripartida, analítica e formal se referem à mesma concepção de crime?

A teoria tripartida é um dos codinomes da teoria analítica, que também pode ser chamada de *teoria clássica, teoria formal, teoria causal* ou *teoria naturalística*. Todos esses nomes se referem a uma mesma concepção de crime, qual seja, a formada pelos três elementos essenciais tratados até agora (fato típico, ilícito e culpável).

Já que essa é a teoria mais aceita pelos estudiosos do direito penal brasileiro, vamos entender um pouco mais sobre essas características?

Conduta

A conduta deve ser composta de uma antijuridicidade ou ilicitude que, estando entre a conduta e a lei, como diz Greco (2017), produz uma relação de contrariedade entre ambas.

A conduta de furto, de acordo com art. 151 do Código Penal brasileiro – Decreto-Lei n. 2.848, de 7 de dezembro de 1940 (Brasil, 1940) –, é típica de crime; portanto, se você substrair para si, ou para outra pessoa, um pertence de terceiros sem o emprego de grave ameaça, você cometerá uma conduta antijurídica. Isso porque, ao contrário do que se imagina, a lei não dirá que "é proibido furtar", mas escreverá em seu texto quais são as condutas consideradas contrárias à lei.

Figura 2.2 – Conduta penal tipificada como furto

Fato típico

É uma ação praticada por uma pessoa física ou jurídica, no caso de crimes ambientais, que se enquadra na conduta definida pela legislação penal como crime, ou, como define a doutrina, como subsunção da ação à norma. Explicamos: o fato decorrente de uma conduta humana que produz efeitos que não estão previstos na lei não é crime, ou seja, será considerado um fato atípico.

Integram o **fato típico** quatro componentes:

1. conduta;
2. resultado;
3. nexo causal (relação entre a conduta e o resultado);
4. tipicidade.

O crime pode ser consumado ou tentado, ou seja, o que se concretizou como resultado e o que se tentou produzir como resultado, mas que, por algum motivo, fracassou. No caso do crime consumado, os quatro elementos essenciais do fato típico estarão presentes, enquanto no caso do crime tentado não, pois ficam de fora o resultado e o nexo de causalidade. Entretanto, ambos serão modalidades de crime.

Integrando essa ideia à teoria analítica, Zaffaroni (1996, p. 344, tradução nossa) afirma que:

> Delito é uma conduta humana individualizada mediante um dispositivo legal (tipo) que revela sua proibição (típica), que, por não estar permitida por nenhum preceito jurídico (causa de justificação), é contrária ao ordenamento jurídico (antijurídica) e que, por ser exigível do autor que atuasse de outra maneira nessa circunstância, lhe é reprovável (culpável).

Exercício resolvido

Com base na teoria do crime apresentada nesta seção, julgue os itens a seguir como verdadeiros (V) ou falsos (F).

( ) Para o método de análise do crime da teoria analítica, intitulado por Zaffaroni de "critério sistemático que surge da estrutura analítica", a ordem de análise dos elementos do crime não é relevante.

( ) Segundo a teoria analítica do crime, para saber se a situação analisada é um crime ou não, você deve confirmar se há no caso uma conduta típica, antijurídica e culpável.

( ) Fato típico é uma conduta que encontra previsão perfeita na lei, por isso é chamada pela doutrina de *subsunção do fato à norma*.

( ) A conduta de um crime não precisa ser antijurídica ou ilícita para ser uma conduta legítima de crime.

A sequência correta de preenchimento das lacunas é:

a. V; V; F; F.
b. F; V; V; F.
c. V; F; V; F.
d. V; V; V; V.

Gabarito: b

Feedback do exercício: De acordo com os ensinamentos de Zaffaroni (1996) sobre o critério sistemático que surge da estrutura analítica, a ordem a ser seguida na análise do crime é ordenada da seguinte forma: fato típico, ilícito e culpável. Um comportamento só pode ser considerado crime se houver esses três elementos essenciais do crime; caso contrário, não se pode falar em *crime*.

Fato típico é a conduta que se ajusta completamente à lei, ou seja, preenche todas as características da lei. A conduta de um crime precisa, necessariamente, ser contra a lei, pois um dos elementos essenciais é sua ilicitude ou antijuridicidade; caso contrário, não se pode falar em *crime*.

A definição de crime é um assunto riquíssimo em detalhes e debates, sobre o qual muitos doutrinadores se debruçaram e produziram conhecimento. Por essa razão, se você gostou e ficou animado, sugerimos que busque outros meios de absorção desse conteúdo.

> *Para saber mais*
>
> Quer saber mais sobre o tema crime? Assista ao vídeo a seguir, pertencente ao canal Saraiva Jur, que apresenta assuntos do direito de maneira descomplicada. Isso pode, além de auxiliá-lo com o conteúdo deste capítulo, somar algumas informações extras a respeito da definição de crime.
>
> VOCÊ sabe o que é crime? **Saraiva Jur**, 21 mar. 2019. 9 min. Disponível em: <https://www.youtube.com/watch?v=HR9RuXfViJM>. Acesso em: 3 ago. 2021.

Agora que você já sabe o que significa um ato criminoso e, inclusive, já consegue analisar uma situação concreta, ponderando e fazendo as perguntas certas de forma ordenada, que tal saber mais sobre como essas condutas têm influenciado a sociedade?

2.2 Criminalidade como um problema social

O crime é um dado histórico presente em todos os períodos da história da humanidade, alterando-se apenas no tempo e no espaço no que se refere às condutas repudiadas e criminalizadas por cada sociedade. Assim, como afirmam diversos estudiosos que notaram essa lógica, o crime é, nomeadamente, um **fenômeno social**.

Nesse sentido, crime é um ato social segundo a norma e diz respeito a um comportamento contrário à lei, produzido por uma pessoa e composto pelos elementos estudados anteriormente. Diante dessa explicação, criminalidade é um fenômeno social, ou seja, aquilo que, por fazer parte de inúmeros momentos da história, representa a própria história da sociedade e, portanto, pode ser passível de observação científica.

Com essa ideia em mente, o crime como **fenômeno social** se difere do crime como **ato social,** porque o ato é uma conduta singular típica de delito, ao passo que o fenômeno engloba todas as manifestações desses atos na sociedade, ou seja, abrange um grande conjunto de atos criminosos praticados na sociedade.

> *O que é?*
>
> *Fenômeno social* é um termo utilizado de forma geral para se referir a algo que é observável, ou seja, que é passível de análise pela ciência em sua forma rudimentar. É usado também pelos filósofos para fazer referência à compreensão de um processo de observação das experiências humanas na sociedade.

> *Para saber mais*
>
> O pesquisador Sérgio Adorno, em uma aula filmada e publicada pelo Núcleo de Estudos da Violência da Universidade de São Paulo (NEV-USP), explica um pouco mais sobre as raízes históricas e sociais da violência no Brasil, de maneira a esclarecer a criminalidade como um fenômeno social.
>
> ADORNO, S. As raízes históricas e sociais da violência no Brasil. **Núcleo de Estudos da Violência**, 28 jan. 2015. 69 min. Disponível em: <https://www.youtube.com/watch?v=PkTdCtZReX8&t=71s>. Acesso em: 1º set. 2021.

Como já ressaltamos, os comportamentos criminosos de indivíduos sociais não são eventos apenas da contemporaneidade, já que, desde a década de 1970, como explica Adorno (2002), professor de sociologia e coordenador científico do NEV-USP, o número de crimes cometidos nas sociedades industrializadas vem aumentando progressivamente, razão de o medo e a insegurança também terem ganhado lugar no meio coletivo. Segundo o autor, esses sentimentos são justificados pelas estatísticas oficiais desse período, as quais demonstram que todos os tipos de delitos passaram a fazer parte de uma realidade cotidiana que não para de crescer (Adorno, 2002).

Como relatam Fajnzylber e Araujo Jr. (2001), com base no relatório *Crime Prevention Digest* do International Centre for Prevention of Crime (1998), entre 1998 e o início dos anos 2000, as taxas de criminalidade se avolumaram entre 300% e 400% nas sociedades industriais da América Latina, da Europa Oriental e da Ásia Central, de modo que o aumento nas porcentagens de crimes já alcançava entre 50% e 100%. Diante desses dados, Adorno (2002) explica que a progressão exacerbada dessas taxas também foi acompanhada por uma mudança de caráter do crime, que passou a envolver a prática de violência e, consequentemente, a ser reconhecido por **criminalidade violenta**, a exemplo dos homicídios, roubos, estupros, entre outros, bem como de uma modificação nos padrões que seguiam as práticas criminosas, isto é, sobre como e por quem os crimes eram praticados.

Em tempos passados, as condutas criminosas apresentavam um padrão de individualidade, quer dizer, advinham de motivações pessoais que eram externalizadas por uma só pessoa. Com o passar do tempo, assim como tudo, os padrões da criminalidade se alteraram, evoluíram, de forma que, atualmente, o crime desvia desse padrão, sendo, muitas vezes, pensado e externalizado, de forma organizada, por mais de uma pessoa.

Em explicação à última afirmação, alguns estudos sobre homicídio demonstram que, em 2014, o Brasil bateu seu recorde de taxas de homicídios. Com o maior número absoluto do mundo, naquele ano foram registrados 59.627 homicídios contra o patamar que se mantinha entre 50 e 53 nos anos de 2008 a 2011 (Ipea, 2016). Além disso, os números só avançam relativamente no que se refere às mortes causadas por homicídio, o que pode ser constatado ao se analisar os dados disponibilizados pelo Instituto de Pesquisa Econômica

Aplicada (Ipea, 2021) no atlas da violência, que reúnem dados comparativos dos anos de 1980 a 2017.

Além de a criminalidade excessiva ter gerado como efeito principal uma diminuição abrupta do bem-estar social, e, com isso, ter ocorrido a desestabilização de toda a sociedade – em virtude da diminuição do sentimento de segurança e da qualidade de vida –, outras preocupações chamam nossa atenção nesse cenário de forma mais específica.

Como exemplo, podemos mencionar a morte de um contingente imenso de pessoas jovens, efeito que Adorno (2002) sugere ser ocasionado pelo tráfico de drogas, o qual veio se estabelecendo de maneira conectada ao valor que os jovens dão a símbolos como roupas de marca e celulares da moda, entre outros, que demandam a posse de recursos financeiros suficientes. De outro lado, as condutas do Estado, suas políticas públicas de repressão e as consequências econômicas dessas ações, que trazem altos custos e impedem o desenvolvimento do Estado brasileiro, são questões que elevam substancialmente a importância dessa discussão.

Para saber mais

Para acompanhar a progressividade assustadora dos índices de criminalidade no país, que é tradicionalmente computada por homicídios a cada 100 mil habitantes, o Ipea apresenta um gráfico temporal desde a década de 1970 até o ano de 2017.

Além disso, você pode ver essa estatística de acordo com cada região brasileira ao definir no mapa a localidade desejada.

IPEA – Instituto de Pesquisa Econômica Aplicada. Atlas da violência. **Homicídios.** Disponível em: <https://www.ipea.gov.br/atlas violencia/dados-series/17>. Acesso em: 3 ago. 2021.

Além da preocupação com o número de mortes de pessoas jovens, Adorno (2002) chama nossa atenção para as violações aos direitos humanos, entre elas, as advindas da conduta de repressão do Estado, tendo em vista as políticas aplicadas aos cidadãos, tanto no que se refere a criminosos quanto a suspeitos. O autor também destaca a situação das penitenciárias, de maneira geral, que recebem um número alto de indivíduos, entre eles aqueles que aguardam por julgamento em condições desumanas, ou seja, antes mesmo de terem sido julgados e penalizados pelo ato que lhe imputam responsabilidade.

Aliás, no que concerne à passagem de pessoas que ainda não foram sentenciadas por penitenciárias brasileiras, Adorno (2002) aponta que, de acordo com os dados disponíveis em meados de 2000, o número de condenações vinha decaindo desde os anos de 1980, ou seja, aumentava a quantidade de pessoas que ficavam aguardando julgamento e, ao final, eram absolvidas – portanto, consideradas inocentes.

Adorno (2002) também salienta que havia um número imenso de inquéritos policiais que não chegavam a ser convertidos em processos penais, o que permitia um baixo número de encarceramento. Por volta da década de 1990, esse cenário se alterou, sendo que esse índice passou a crescer desproporcionalmente em relação à capacidade das instalações carcerárias, bem como da própria capacidade das Secretarias de Administração Penitenciárias (SAP) dos estados, que viram esse número dobrar algumas vezes de lá pra cá.

> *Para saber mais*
>
> O artigo "O movimento da criminalidade de São Paulo: um recorte temático e bibliográfico", escrito por Nery e Adorno, apresenta uma imensidão de debates que se desenrolaram em períodos históricos distintos, com uma enorme coletânea de autores que influenciaram o entendimento do tema da criminalidade.
>
> Em que pese o recorte do artigo no que se refere aos desenvolvimentos sobre a cidade de São Paulo, são feitas comparações relevantes para a compreensão do cenário passado e presente da criminalidade no Brasil,

> motivo que faz a leitura ainda mais interessante, caso você queira entender melhor as nuances do tema.
> NERY, M. B.; ADORNO, S. O movimento da criminalidade de São Paulo: um recorte temático e bibliográfico, **BIB**, São Paulo, 2. sem. 2013, n. 76, p. 5-32, jul. 2015. Disponível em: <https://nev.prp.usp.br/wp-content/uploads/2015/07/bib76_2.pdf>. Acesso em: 3 ago. 2021.

Diante do que foi exposto, a criminalidade como problema social vem chamando a atenção em virtude de sua magnitude quantificável pelas estatísticas, considerando-se o perfil violento do qual vem se apropriando. Essa proeminência negativa afeta muitos aspectos sociais, tanto os citados anteriormente quanto a qualidade de vida, o bem-estar social, a segurança e a confiança nas entidades públicas, até atingir a esfera econômica e outros aspectos do âmbito privado.

Por isso, é legítima a qualidade de fenômeno completo conferida por Fajnzylbe e Araujo Jr. (2001) a esse evento. Trata-se de um fenômeno que tem interessado aos estudiosos de áreas distintas da ciência, o que marcou uma progressiva "tematização", como salienta Adorno (2001) ao se referir aos inúmeros trabalhos acadêmicos surgidos nos anos de 1980 sobre o tema.

Áreas como psicologia, saúde, demografia e ciências sociais, a partir dos anos de 1960, como informa Adorno (2001), passaram a problematizar a criminalidade no Brasil. Além disso, as ciências políticas, o direito – que antes detinha o domínio sobre a temática – e os estudos demográficos também se empenharam em entender o crime e a criminalidade, seus fatores determinantes ou, ao menos, suas principais motivações.

Todos esses estudos sobre criminalidade, ou, como Adorno (1993, citado por Nery; Adorno, 2013, p. 7) prefere chamar, esse "movimento da criminalidade", tem como objeto de investigação as análises de tendência e as condicionantes da criminalidade, que, nas palavras desse autor, "buscam, em determinado período de tempo, verificar o crescimento ou retração dos crimes urbanos e identificar possíveis causas ou fatores que possam explicá-los". O fato é que, entre eles, a criminologia parece um dos principais instrumentos de análise eficaz do fenômeno, visto que considera, para além do crime, do criminoso e da criminalidade, outros aspectos de influência direta.

Fundamentado nessa concepção criminológica, você conseguirá se aproximar mais de uma parte essencial do estudo da criminalidade. Vamos fazer isso juntos?

2.3 A criminologia como ferramenta para entender o crime, o criminoso e a criminalidade

Criminologia é o estudo de um dos pilares centrais das ciências criminais, que é composta também pelo direito penal, bem como pela disciplina de Política Criminal. Na literatura sobre essa disciplina, a criminologia é definida comumente como o estudo do crime e do criminoso, o que não deixa de ser verdade. Contudo, essa definição não traz a dimensão do que vem a ser criminologia, nem diferencia as ciências criminológicas dos outros pilares das ciências criminais: o direito penal e a política criminal. Direito penal, como explica Shecaira (2014, p. 36), é a "essência criminalidade", visto que seu objeto de estudo também é o criminoso e o crime, assim como a política criminal, que busca respostas para questões similares.

Integrando ao conceito um pouco mais de concretude, Shecaira (2014, p. 36) afirma que criminologia

> é um nome genérico designado a um grupo de temas estreitamente ligados: o estudo e a explicação da infração legal; os meios formais e informais de que a sociedade se utiliza para lidar com o crime e com atos desviantes; a natureza das posturas com que as vítimas desses crimes

> serão atendidas pela sociedade; e, por derradeiro, o enfoque sobre o autor desses fatos desviantes.

Nesse sentido, Molina (2008) propõe uma definição que é muito recordada pelas doutrinas brasileiras e que, ao nosso ver, preenche esse esvaziamento de sentido com mais precisão. Segundo esse autor:

> Criminologia é uma ciência baseada na experiência interdisciplinar, que se toma da disciplina do crime, da pessoa do transgressor, da vítima e do domínio social da conduta delitiva, e que discute uma comunicação verdadeira, contrariada, sobre a gênese ativa e as variáveis basilares do delito, considerando-as como problema particular e social, assim como sobre os planejamentos de prevenção eficaz e técnicas de intervenção positivas no indivíduo delinquente e nos múltiplos modelos ou sistemas de revide ao delito. (Molina, 2008, p. 1, tradução nossa)

Isso significa que a criminologia, para além da letra fria do direito, analisa o fenômeno da criminalidade tendo em vista a construção de outras ciências, como a sociologia criminal, a antropologia criminal e a medicina legal, formando o que a doutrina entende por uma visão ampliada das ciências criminais. Por conseguinte, Shecaira (2014) esclarece que não há sentido lógico dos estudos do conteúdo da disciplina de direito penal sem que se observe o substrato da criminologia.

Simetrias e assimetrias do direito penal, da criminologia e da política criminal

A afirmação de Shecaira (2014) mencionada anteriormente é arrazoada, e você vai entender o porquê. Nesse sentido, responderemos à seguinte questão: Quais as similitudes e as diferenças entre as ciências que se dedicam ao estudo do fenômeno da criminalidade?

Dias (1999, p. 24), explicando a criação do modelo tripardido da ciência conjunta jurídico-penal, define o seguinte:

> Uma ciência conjunta, [...] que compreenderia como ciências autônomas: a ciência estrita do direito penal, ou dogmática jurídico-penal, concebida, ao sabor do tempo, como o conjunto dos princípios que subjazem ao ordenamento jurídico-penal, e devem ser explicitados dogmática e sistematicamente; a criminologia, como ciência das causas do crime e da criminalidade; e a política criminal, como "conjunto sistemático de princípios fundados na investigação científica das causas do crime e dos efeitos da pena, segundo os quais o Estado deve levar a cabo a luta contra o crime por meio da pena e das instituições com esta relacionada.

A criminologia requer não apenas um domínio do conhecimento sobre os tipos penais ou sobre as penas e o sistema penal, visto que, diferentemente do direito penal, as ciências criminológicas exigem conhecimentos psicológicos e sociológicos mais profundos (Shecaira, 2014). Isso acontece em razão da primeira e principal assimetria da criminologia em relação ao direito penal e à política criminal, qual seja, os métodos utilizados para análise do crime.

De maneira resumida, a criminologia empírica utiliza a análise e a observação da realidade, ao passo que o direito penal "valora, ordena e orienta a realidade, com o apoio de uma série de critérios axiológicos", limitando a realidade criminal "mediante princípios" e "observando a realidade sempre sob o prisma do modelo típico" (Shecaira, 2014, p. 42). Retomaremos esses dois métodos de maneira mais aprofundada mais adiante.

Enquanto a criminologia observa a realidade, o direito penal analisa o fato descritivo na lei, enquadrando a conduta na norma. Assim, o direito penal interpreta normas aplicadas na prática, ao passo que a criminologia é aplicada à realidade. Por isso, é correto dizer, metodologicamente, que o direito penal utiliza o método jurídico-dogmático, dedutivo e sistemático, ao passo que a criminologia investiga sem limites formais ou de valor, já que essa ciência se preocupa com a paisagem global do fato (autor, influências, vítima e outros), e não com seu recorte típico – por isso falamos em *método indutivo*.

A criminologia, em relação ao direito penal, diferencia-se no sentido de ser uma ciência como outras ciências humanas: flexível, sem exatidão e sem conclusões absolutas e universais. Ainda assim, trata-se de uma área que fala sobre conclusões parciais, fluídas e, principalmente, condizentes com o momento histórico das sociedades (Shecaira, 2014). Diferentemente do direito penal, valoriza a essência mais do que a existência, ou seja, busca estudar o fenômeno como um todo para transformar a realidade, e não apenas a simples atividade. Dessa forma, embora ambas as áreas tenham o mesmo objeto de estudo, a forma de estudar, ou seja, o método aplicado, é diferente. Em síntese, o direito penal é lei, é norma, enquanto a criminologia é realidade, empirismo, causa e explicação.

A disciplina de política criminal tem como objetivo essencial a investigação das principais diligências que possibilitam o impedimento e a diminuição da criminalidade. Entretanto, embora seu objetivo seja diferente daqueles definidos pela criminologia, e até mesmo pelo direito penal, é exatamente o estudo das razões para o crime realizado pela ciência criminológica que possibilitou tanto a eficácia das políticas públicas quanto a criminalização de condutas pelo direito penal.

Por isso, Shecaira (2014, p. 44) afirma que

> a política criminal é uma disciplina que oferece aos poderes públicos as opções científicas concretas mais adequadas para controle do crime, de tal forma a servir de ponte eficaz entre o direito penal e a criminologia, facilitando a recepção das investigações empíricas e sua eventual transformação em preceitos normativos.

Em outras palavras, a criminologia garante o fundamento empírico para a política criminal que, com base nisso, deve agregar às estratégias que desenvolve todo esse substrato, garantindo ao legislador e ao Poder Público maior eficácia.

Em síntese, a política criminal não tem método autônomo, mas utiliza os resultados que a aplicação dos métodos da criminologia garantiu como possíveis.

Exemplificando

Quando a prefeitura de determinado município opta por fazer faixas de ciclovia na cidade em razão do grande número de homicídios causados por acidentes, em que carros atropelam e matam ciclistas, ela está implementando políticas de prevenção, e o faz de acordo com uma política criminal.

O mesmo ocorre quando se desenvolve um projeto cultural, como dança, cinema ou formação, dentro de uma comunidade para mitigar as desigualdades sociais.

Pode-se dar também como exemplo de política criminal um sinal de trânsito colocado em uma avenida em que acidentes de trânsito acontecem em virtude do excesso de velocidade.

Como é possível perceber, embora haja simetrias e assimetrias entre direito penal, criminologia e políticas criminais, todas elas são a base de sustentação do sistema das ciências criminais.

Objetos da criminologia

Crime

Ressaltamos no início deste capítulo que crime é toda conduta típica, antijurídica e culpável, a tradicional subsunção do fato à norma. Isso está correto do ponto de vista do direito penal. Não obstante, para a criminologia, o crime ou delito tem um significado menos voltado à ação do indivíduo, de modo a dar enfoque ao fenômeno social negativo como um todo, como uma questão social a ser resolvida.

Assim, a definição de crime do direito penal não é suficiente para as finalidades que a criminologia se dispõe a investigar, como a descoberta dos fatores que conduzem uma pessoa ao cometimento de um crime ou, ainda, "o que fez com que os homens, em dado momento da sua evolução histórica, resolvessem criminalizar a conduta de corte de certas árvores" (Shecaira, 2014, p. 46).

Perguntas & respostas

Quais são os critérios determinantes para que uma conduta seja definida como criminosa?

De acordo com Shecaira (2014, p. 47), considerando-se a questão do problema social, quatro critérios devem ser observados para que um ato seja considerado um crime:

a) incidência massiva na população, quer dizer, não pode ser o fato que se pretende criminalizar, um fato isolado, deve ser um fato reiterado; b) incidência aflitiva do fato praticado, pois deve ser um ato que cause dor à vítima ou à sociedade em geral, ou seja, que tenha relevância social; c) persistência espaço-temporal, isto é, que não aconteça

> apenas em uma determinada localidade do Brasil sobre a qual políticas públicas poderiam resolver; d) inequívoco consenso, isto é, deve haver um consenso de que a intervenção do Direito Penal é a solução interventiva.

Criminoso

Como já dito, a criminologia, diferentemente do direito penal, não olha apenas para condutas, mas observa o indivíduo levando em conta a complexidade das inúmeras influências do meio em sua conduta. Nesse sentido, Shecaira (2014, p. 51) acrescenta que a criminologia não é determinista, ou seja, não se apresenta como uma teoria que explica que esse indivíduo simplesmente está fadado ao cometimento de um crime, visto que está "sujeito a um consciente coletivo, como todos estamos", passível de resistir, mas também exposto.

Vítima

Além de considerar a observação do crime e do criminoso, a criminologia não menospreza o papel da vítima no crime e no processo penal.

Controle social

Por fim, as ciências criminológicas evidenciam a necessidade de se estudar as formas de controle social do crime, tanto o informal, que compreende as instituições sociais (família, religião e escola), quanto o formal, que compreende as polícias e o policiamento, as leis, as penas, os juízes, as penitenciárias, entre outros instrumentos dos quais o Estado se vale para solucionar as demandas sociais do crime.

Esses são, então, os quatro objetos essenciais de investigação da criminologia, ou melhor dizendo, os pontos de partida e o centro do estudo dessa ciência, a partir do qual uma metodologia também diferente é aplicada.

Retomando a ideia de diferenciação do direito penal e da política criminal, Ernst Seelig (1957) adverte que, embora os três pilares tratem e tenham como objeto o crime, são ciências diferentes não só em objetivo, mas também no método, razão pela qual dedicaremos algumas linhas para que você compreenda o que queremos dizer com métodos diferentes de análise da criminalidade.

Métodos de análise da criminologia

A criminologia, diversamente do que faz o direito, não se enclausura em métodos, mas parte de uma investigação interdisciplinar, voltada à compreensão da realidade por meio de observação, análise e indução, razão pela qual é possível afirmar que a criminologia é empírica. Como indica Shecaira (2014, p. 65), *delito*, *delinquente*, *vítima* e *controle social* "se inserem no mundo real, do verticável, do mensurável, e não no mundo axiológico", ou seja, no mundo das normas, visto que elas se baseiam "em fatos, opiniões".

Isso porque esse é um dos pilares do direito que considera a necessidade de ampliar o escopo e adotar outras visões diferentes de uma mesma realidade. Com isso, absorve outras áreas investigativas por necessidade de interdisciplinaridade; assim, as distintas áreas "inter-relacionam-se, interpretam-se, interagem-se e complementam-se" (Shecaira, 2014, p. 66), alimentando-se e produzindo conclusões.

Perguntas & respostas

Do que trata a criminologia na prática?

A criminologia analisa, por meio de seus objetos de estudo (crime, criminoso, vítima e controle social), uma imensidão de vertentes, como: a função social das penas e, a partir disso, a ressocialização do criminoso; as influências do meio social no comportamento criminal; e os fatores de motivação do cometimento de crimes.

> Em síntese, ela fornece um arcabouço predominantemente sociológico, para que, com base nele, as normas de direito penal possam ser construídas com maior eficácia, visando às necessidades sociais.

Escola de Chicago e a teoria da ecologia criminal

A escola de Chicago foi também um dos primeiros locais de estudo das teorias sobre criminalidade e crime, devido ao grande crescimento demográfico registrado nos períodos de 1800 e 1900, em razão do proeminente avanço econômico e urbanístico entre os séculos XIX e XX.

Além da própria população estadunidense, Chicago recebeu nesse período muitos imigrantes, fato que, somado ao aporte demográfico progressivo, gerou a desestabilização dos mecanismos de controle social, o que, por sua vez, teve como consequência o desenvolvimento de um meio social desorganizado, que potencializou a criminalidade naquela cidade (Shecaira, 2014). Diante disso, a Universidade de Chicago, que já desenvolvia inúmeros estudos pelo Departamento de Sociologia de Chicago, utilizou o cenário da cidade para desenvolver o pensamento ecológico, que influenciou, posteriormente, outras cidades com problemas semelhantes.

Considerando-se que as estatísticas não são números que traduzem uma verdade absoluta – razão pela qual se deve observar cuidadosamente cada uma das pesquisas que produzem dados –, não há dúvidas de que são as pesquisas e os índices que elas proporcionam que possibilitam que políticas públicas sejam, de fato, estabelecidas na sociedade, para controle, sobretudo, da criminalidade.

Assim, influenciada pelos estudos sociológicos, a escola de Chicago "consagrou a postura criminológico-metodológica de fazer qualquer análise social mais profunda, superpondo os resultados ao mapa da cidade" (Shecaira, 2014, p. 141), considerando-se que ela, antes de mais nada, desenvolve as diferenças sociais que dela fazem parte tendo como parâmetro a estrutura ecológica.

> *Perguntas & respostas*
>
> Quando falamos em análise ecológica aplicada ao aspecto criminal, devemos considerar o que vimos no primeiro capítulo sobre violência?
>
> Sim. Essencialmente, a escola de Chicago abordou a criminalidade pela primeira vez com base no conceito de análise ecológica, ou seja, aquela que considera, para além do próprio crime e do próprio criminoso, todas as influências do meio em que ele está inserido, considerando-se, no caso do crime e da criminalidade, a cidade como o fator principal de análise. Dessa maneira, foi criada a ecologia criminal.

Ecologia criminal e suas propostas

De acordo com os estudos da escola de Chicago, a distribuição da população é um dos principais fatores para a "desorganização social", gerando, consequentemente, a criminalidade. A partir disso, algumas propostas principais foram feitas para o controle e a minimização da criminalidade.

Primeiramente, foram elevadas ao patamar de propostas principais aquelas que visam à prevenção; por isso, o ponto de partida dessa escola foi a ideia de que não há redução de criminalidade sem que haja o reequilíbrio das condições sociais, ou seja, a equidade em aspectos econômicos e sociais, especialmente para crianças e jovens. Nesse sentido, busca-se "alterar o caminho que fornece condições para existência das carreiras delinquentes" (Shecaira, 2014, p. 155).

Além disso, a intervenção social, segundo a sociologia aplicada nessa escola, carece de ser macro, ou seja, não engloba um tratamento preventivo com programas sociais que envolvam os cidadãos da cidade. Só assim os tratamentos nomeadamente preventivos serão capazes de atingir o sucesso esperado.

Os ambientes urbanos devem ser pensados, organizados e estruturados de forma que propiciem o engajamento daqueles trabalhadores locais, bem como daqueles que não têm emprego para reestruturar a localidade, considerando as vozes daqueles que conhecem o local e gerando, na relação entre os habitantes, o sentimento de solidariedade.

O desenvolvimento de programas que envolvam a comunidade em atividades recreativas, culturais, entre outras, preencheriam o tempo ocioso tanto das crianças quanto dos pais, potencializando habilidades socioculturais e formações nessas áreas, de modo a empoderar as pessoas.

Investir em educação e em tudo aquilo que possa se converter em mecanismos de exclusão das pessoas de outros comportamentos desviantes deve ser incentivado pela cidade. Ademais, deve-se promover a reparação de imóveis residenciais, aplicando ideias de conservação das edificações e construções, considerando que a estética do local de residência também é muito importante (pois sugere qualidade de vida). Também é preciso apostar na melhoria das condições sanitárias dentro dos bairros, ou seja, investir não somente na reforma do aspecto material, mas também na revitalização da comunidade, de modo a projetar algum horizonte de paz para as pessoas que ali vivem – ações que são muito valorosas.

> *Preste atenção!*
>
> Um dos projetos principais da escola de Chicago foi o *Chicago Area Project*, no ano de 1934, desenvolvido pelos fundadores Chilffor Shaw e Henry McKay, que, na busca por minimizar a criminalidade em certos locais da cidade, apostaram em métodos de controle social formal, investindo praticamente apenas nesses métodos, fundamentados nas propostas descritas anteriormente, que alguns autores chamam de "viés reformista".

A principal colaboração dessa escola foi no campo da metodologia de análise da criminalidade e no campo político criminal, sobretudo no que concerne à investigação das áreas da cidade, porque permitiu, com isso, aproximar a realidade da cidade das políticas criminais, o que se tornou uma tradição permanente na sociologia criminal e na criminologia (Shecaira, 2014).

Por isso, a escola de Chicago é reconhecida pelo seu empirismo nas análises, por ter sido a pioneira em considerar outros fatores para os comportamentos desviantes e criminais, sobrepondo-se a outras teorias discriminatórias, como a "subcultura do delinquente" e a famosa teoria "etiológica da delinquência", elaborada por Lombroso (2013).

Embora alguns doutrinadores tenham passado a reconhecer a teoria ecológica criminal como conservadora, pois a identificavam como um "determinismo ecológico", a verdade é que, como afirma Shecaira (2014, p. 167, grifo do original), "nunca se pôde compreender se as áreas delinquentes **produziam** criminosos ou se estes eram **atraídos** para elas", entre outras críticas que recaem sobre todo estudo, algumas legítimas, outras nem tanto.

Contudo, o que queremos que você tenha em mente é que muitas são as teorias que tentam explicar o crime, o criminoso, a vítima e o controle social e acabam por tentar resolver essa questão. Sobre a escola de Chicago, é importante que você saiba que, segundo Shecaira (2014, p. 167), ela "inaugurou um paradigma reformista de resposta ao crime", à medida que "inaugurou uma tradição irreversível da sociologia criminal" utilizando métodos interdisciplinares dos quais o estudo do crime necessita. Por essa razão, é importante que você tenha essa teoria em mente, para que possa avaliar, de maneira mais concreta, as motivações do crime.

> *Preste atenção!*
>
> Além da teoria ecológica, existem outras teorias sociológicas do crime que ganharam espaço na doutrina para discussão. São elas: teoria da associação diferencial; teoria da anomia; teoria da subcultura delinquente; *labelling approach*; e teoria crítica.

Agora que você sabe mais sobre o crime e a criminalidade, não só no que se refere aos seus aspectos legais, mas também sociológicos, vamos praticar um pouco desse conhecimento adquirido?

Exercício resolvido

Levando em conta o estudo desenvolvido até esse momento, assinale a alternativa correta sobre a teoria da ecologia criminal:

a. Segundo a teoria ecológica criminal proposta pela escola de Chicago, o indivíduo, por fatores biológicos, tem predisposições para o crime, as quais são potencializadas pelo meio.
b. A escola de Chicago é conservadora e sua teoria inicial foi relevante porque demonstrou a importância das ações de repressão no que diz respeito ao combate da criminalidade.
c. Segundo a teoria ecológica criminal, a cidade – e as diferenças que ela estabelece – mediante os valores que promove, é o meio mais potencializador de influência para o crime.
d. A escola de Chicago usava o método de análise singularizada da conduta humana, sem influência de qualquer outra disciplina exterior para considerar as motivações do crime.

Gabarito: c

***Feedback* do exercício:** Segundo a escola de Chicago, a cidade e o meio social são os principais potencializadores da criminalidade, não porque ela aciona qualquer influência biológica, mas porque é ela que desenvolve desigualdades que recaem sobre os indivíduos que nela habitam. O resultado principal da análise ecológica é a conclusão de que ações preventivas são mais necessárias do que as repressivas. De acordo com a vertente de Chicago, a cidade é o ponto de partida da análise criminal. Essa escola utiliza-se da interdisciplinaridade para galgar seus resultados.

Diante de tudo que foi falado, podemos concluir, concordando com o professor Shecaira (2014), que o resultado mais importante da teoria ecológica é a afirmação de que as políticas preventivas são mais eficazes do que as repressivas. Embora o resultado positivo dependa de um equilíbrio das duas propostas, as ações preventivas são uma prioridade social, pois delas poderão advir os resultados mais duradouros.

Possíveis causas e motivações para a criminalidade

O impacto da criminalidade na sociedade, desde as últimas décadas, tem motivado inúmeras pesquisas, principalmente no âmbito das ciências sociais, com o intuito de compreender o que motiva certos indivíduos à prática de certas condutas contrárias à lei, causando dor, sofrimento social e degradação do ambiente e do bem-estar social.

Segundo Adorno (2002), é possível dividir os resultados dessas pesquisas em três conjuntos:

5. alterações sociais e modificações nos padrões tradicionais da delinquência e da violência;
6. desigualdades sociais e violência;
7. crise no sistema da justiça criminal.

No domínio das **alterações sociais**, muitos fatores merecem ser observados, pois a evolução da vida moderna, além de ganhar velocidade em razão de um singular elemento potencializador, apresenta inúmeras razões que vêm alterando substancialmente as expectativas sociais.

A título de exemplo, podemos citar como razões que alteram os ambientes sociais: as estruturas dos territórios municipais e o modo de vida das pessoas; a grande concentração de capital, bem como o monopólio de outras fontes, que divide espaço na sociedade com taxas altíssimas de desemprego; as grandes descobertas tecnológicas, que trouxeram novas necessidades de vida; e a industrialização desenfreada, que criou novos ambientes e excluiu outros (Adorno, 2002; Shecaira, 2014).

Além disso, chamamos a atenção para a agilidade com que as notícias, tanto as verdadeiras quanto as falsas, viajam no tempo e repercutem na vida da comunidade, algo que, segundo Shecaira (2014), torna a sociedade conformada, ou seja, uma sociedade que não filtra as fontes de informações nem busca outras notícias. Isso é algo catastrófico para o desenvolvimento humano (Shecaira, 2014).

Isso tem acontecido bastante na contemporaneidade em notícias relacionadas à corrupção de agentes do Poder Público, algo que desde 2002 chama a atenção de Adorno (2002) como fator de alteração que impacta a sociedade, resultando em maior criminalidade. Do mesmo modo, o acentuado número de deslocamento e cruzamento de fronteiras tem transcendido questões internas e modificado o âmbito das relações sociais para um lugar de imprecisão, no qual figuram relações entre Estados e indivíduos não nacionais, de modo a influenciar a origem dos conflitos políticos, sociais, privados ou públicos, bem como os mecanismos de solução que passaram a superar, inclusive, a soberania dos Estados, ou seja, o poder de ser soberano dentro das decisões do próprio território.

Mudanças como essas conflitam com a vida social habitual e mudam os padrões de vida convencionais da criminalidade, que, como vimos anteriormente, também passa a apresentar novos padrões, organizados, armados e com potencial de violência superior. A esse respeito, Adorno (2002) afirma que a criminalidade vem se tornando uma organização de padrões empresariais, com operações que não mais se limitam ao ambiente interno da cidade em que atua, por vezes, nem sequer ao próprio país, mas acontecem em ambientes transnacionais.

O corolário dessa situação é a utilização da violência em grande escala, mormente pelo emprego das armas de fogo – que são acessíveis, inclusive, pelo contrabando de armas –, e alcança um cenário de descontrole social em virtude da descrença da sociedade nas instituições públicas.

No que concerne à **violência e às desigualdades sociais**, ainda que não seja a pobreza um fator determinante para a delinquência, como já vimos, a relação entre concentração de capital, desigualdade de renda, baixa qualidade de vida e oportunidades para o crime não pode ser dispensada como fator que alimenta os altos índices de criminalidade violenta. Além disso, não devem ser deixadas de lado, justamente porque, como muitos mapas da violência já demonstraram, em perímetros urbanos onde essa relação se fortalece, as taxas de homicídios são superiores às taxas de locais em que essa concentração não existe, de modo que, entre a tese da causalidade estereotipada do pobre criminoso e a da rejeição, deve haver um equilíbrio.

Isso não significa que a desigualdade social e os fatores socioeconômicos não se instalam socialmente como uma forma de exposição de pessoas a uma economia paralela, ou ao mundo do crime em geral. Contudo, deve-se compreender que o fato de as penitenciárias brasileiras estarem superlotadas de indivíduos com o mesmo perfil evidencia que esse é um problema que os atinge diretamente, de forma que muitos não optam pela vida do crime, mas, de acordo com Misse (2006), esses indivíduos são tragados para essa vida. Além disso, o próprio mecanismo de controle do crime acaba por fazer uma seleção de crimes e perfis em relação a outros, de modo que o crime violento seja mais investigado do que, por exemplo, os crimes de corrupção, que também deveriam entrar nessa soma. Assim, teríamos lado a lado classes sociais distintas conectadas pelo mesmo fenômeno.

No entanto, remover do imaginário social essa associação de causalidade não tem sido uma tarefa simples, senão árdua e complexa, pois há uma tensão entre aquilo que se estuda e as informações com que a imprensa alimenta a população diariamente. A mídia noticia, todos os dias, casos de violência urbana e, sem qualquer responsabilidade social, entra no seio da família e imprime uma visão hegemônica que tem sido difícil de superar, pois alimenta o medo e a insegurança, bem como a discriminação (Misse, 2006).

Em meio a essa tensão, a associação da criminalidade com a desigualdade social advinda de fatores socioeconômicos foi um tema muito abordado por inúmeros trabalhos investigatórios. Nesse sentido, Cerqueira (2014), ao concordar que essa é uma das principais razões para criminalidade, também apresenta alguns autores que fundamentam essa linha de pensamento.

Além disso, ainda que haja muita discussão sobre o tema, e que essa relação receba inúmeras críticas daqueles que visualizam a questão apenas no sentido "determinante" – ou seja, sob a ótica de que nem toda pessoa sem recursos financeiros é um criminoso –, não queremos chamar a atenção nem desenvolver essa teoria, pois isso foge à proposta deste capítulo.

O que queremos que você vislumbre é que a economia afeta, sim, negativamente, a vida da população urbana, e se essa é uma verdade, é lógico dizer que repercute com mais força ainda na vida daqueles que vivem com uma renda baixíssima, além de afetar o próprio Estado, que, quando mais precisa contornar a situação, não consegue. Entretanto, como já falamos aqui, embora seja a desigualdade social um dos fatores de mitigação das responsabilidades sobre a criminalidade, essa não é a única causa do crime.

Para saber mais

O canal Café Filosófico, uma parceria da TV Cultura com a rede CPFL, publicou uma entrevista com o escritor inglês Theodore Darymple, que explica o porquê de a pobreza não ser a verdadeira causa da criminalidade, como muito já se argumentou.

DARYMPLE, T. A criminalidade está associada à pobreza? **Café Filosófico CPFL**, 17 set. 2018. 2 min. Disponível em: <https://www.youtube.com/watch?v=8C-1mOkmK1w>. Acesso em: 4 ago. 2021.

Além dos fatores sociais descritos, que certamente não se esgotam nessa seleção, contribui ainda para a crescente criminalidade o falido **sistema de justiça criminal**, que se demonstra gradativamente mais incapaz no desempenho de seu papel de conter o crime e a violência. As agências policiais, os sistemas penitenciários, o Ministério Público e os tribunais ainda não assimilaram todas as mudanças listadas aqui.

Não só a quantidade de crimes mudou, segundo as estatísticas, mas também a qualidade dos crimes, como demonstram outros estudos sociais, a exemplo daqueles desenvolvidos no NEV-USP por Adorno. Apesar disso, o sistema de justiça se manteve usando as mesmas técnicas que já utiliza há quatro décadas (Adorno, 2002).

Ainda de acordo com Adorno (2002), o abismo que já existia entre o desenvolvimento do fenômeno da criminalidade e a capacidade do Estado de fazer valer a lei e a ordem só aumentou. Como sintomas desse mal, o autor ressalta a ineficiência do Estado em impor a ordem com relação ao monopólio da violência, que está parcialmente nas mãos do crime, sem falar na concentração de políticas repressivas e no pouco desenvolvimento de políticas preventivas, como também constatou Cerqueira (2014).

Como consequência direta dessa situação, está a descrença da população no Estado e na promoção de justiça de proteção. Nesse contexto, quem tem capital disponível contrata segurança privada, mas, quem não tem, fica à mercê da criminalidade. Além disso, quem vive em meio à criminalidade, ou acaba sendo engolido por ela ou sendo discriminado pela sociedade, como se fizesse parte.

Há também outras possíveis causas e motivações da criminalidade, sendo exemplos igualmente muito citados pela doutrina e pelos órgãos oficiais os elementos criminógenos, como as drogas e as bebidas alcoólicas, a estrutura demográfica, a falha no sistema educacional, entre muitos outros casos que devem ser incluídos nas políticas criminais e no processo de mitigação da criminalidade e da violência.

Esse cenário também conta com muitas controvérsias que precisam ser desmistificadas, assim como a ideia de pobreza e crime. Gênero e cor, por exemplo, são questões pouco evidenciadas, a não ser pelos estudiosos de áreas específicas, embora contribuam para que o crime continue sendo visto por uma ótica seletiva.

Todas essas questões colocadas até aqui, tanto as teóricas quanto as práticas, são relevantes para que soluções mais eficazes sejam apreendidas.

Você já se indagou como estão sendo desenvolvidos e aplicados esses processos de mitigação da violência e da criminalidade no Brasil? Se sim, no próximo capítulo analisaremos esses processos.

Síntese

Neste capítulo, observamos que, apesar da criminalidade ser um dos maiores problemas atuais do Brasil e da sociedade global, não é uma questão contemporânea, mas histórica. Vimos que, enquanto o crime é um fato, uma realidade observável classificada como fenômeno social, a criminalidade é a qualidade desse fenômeno.

Também apresentamos o direito penal, a criminologia e as políticas criminais como os três pilares das ciências criminais, os quais se diferenciam pelos métodos de investigação.

Como colocamos ao longo do texto, a definição de crime é o ponto de partida de qualquer estudo sobre crime e criminalidade, porque será essa a orientação sobre o que é e o que não é crime. Além da definição de crime, existe ainda o critério legal de diferenciação, porém, o substrato teórico do crime é a doutrina quem fornece.

Ainda, evidenciamos que a criminologia, como ciência criminal, possibilita uma investigação da criminalidade como um problema social que vai além da lei, sob uma visão empírica e interdisciplinar, fornecendo uma compreensão do crime, do criminoso, da vítima e do controle social.

Tratamos também da escola de Chicago, que foi importante, sobretudo, porque implementou, na análise do crime, a interdisciplinaridade utilizada pela criminologia, bem como uma análise ecológica que considera, além da conduta, outros aspectos, como as influências da cidade sobre a conduta. Nesse sentido, considera-se que as políticas preventivas são mais eficazes do que as repressivas.

Por fim, vimos que são inúmeras as possíveis causas para a criminalidade, mas entre elas algumas são mais proeminentes: as alterações sociais, as desigualdades sociais, a violência, a falha do sistema de justiça criminal, a estrutura demográfica, os elementos criminógenos e a falha do sistema educacional – aspectos que merecem ser analisados para que uma política de mitigação seja implementada.

❖ ❖ ❖

capítulo três

Análise das políticas nacionais de prevenção e controle da violência e da criminalidade no Brasil

Conteúdos do capítulo:

- Controle da violência e da criminalidade no Brasil.
- Políticas nacionais de Segurança Pública.
- Políticas federais, estaduais e municipais.
- Violência, criminalidade e Segurança Pública: repressão × prevenção.
- Menos armas, menos crimes.
- Mais armas, mais crimes.
- Os três pilares para uma política de Segurança Pública eficaz.

Após o estudo deste capítulo, você será capaz de:

1. elencar as políticas nacionais de prevenção e controle da violência e da criminalidade no território brasileiro;
2. examinar as principais estratégias de mitigação da violência e da criminalidade nos âmbitos federal, estadual e municipal;
3. compreender as teorias sobre prevenção e repressão;
4. perceber as necessidades de uma política de Segurança Pública eficaz;
5. identificar as falhas e os acertos das políticas de Segurança Pública implementadas no Brasil.

Até aqui, apresentamos os pontos centrais em torno dos quais qualquer política de Segurança Pública deve circundar, a fim de minimizar os efeitos da violência e da criminalidade no Brasil. Entretanto, como violência e criminalidade são problemas de alto nível de complexidade, desenvolver políticas eficazes de mitigação desses fenômenos também não é uma tarefa simples, motivo pelo qual é correto afirmar que, muito mais do que uma análise estatística, trata-se de um problema que requer uma análise ampla e ecológica.

Além disso, existem meios repressivos e preventivos para controle e gestão dos atos criminosos e violentos. Contudo, questiona-se: Como o governo brasileiro, bem como suas instituições, vem desenvolvendo suas políticas de Segurança Pública nas esferas federais, estaduais e municipais? Essas esferas públicas têm alcançado algum êxito?

Vamos analisar essas questões e entender as respostas a essas perguntas?

3.1 Políticas Nacionais de Segurança Pública e de Prevenção

A expressão utilizada para fazer referência aos projetos de controle preventivo ou repressivo da criminalidade e da violência é, nomeadamente, *Segurança Pública*. Isso porque, de acordo com a Constituição da República Federativa do Brasil de 1988 (Brasil, 1988), segurança é o dever do Estado, ou seja, uma obrigação pública de promover um direito que, de acordo com o mesmo dispositivo, também é uma responsabilidade da população.

Por isso, quando o tema é política de Segurança Pública, falamos propriamente de um dever do Estado de proteger a sociedade, por exemplo, da violência e da criminalidade. Entretanto, essa missão vem falhando à medida que vivemos uma crise de Segurança Pública, evidenciada, sobretudo, pela crescente criminalidade e violência desde a década de 1980, razão pela qual esse é um tema presente na agenda política do domínio federal, mas também das esferas estadual e municipal.

O principal debate em torno do tema das políticas de mitigação e controle da criminalidade e da violência no Brasil são, atualmente, relacionados à ideia de uma Segurança Pública de lei e ordem condizentes com os direitos humanos, ou seja, devem estar voltadas à prevenção, e não apenas à repressão. Na construção desse debate, chamam a atenção as noções que agora integram o argumento de polícia comunitária, de Segurança Pública democrática, de direitos fundamentais e de ações preventivas.

De acordo com Sérgio Adorno (2017a), lei e ordem, nesse sentido, não podem se contrapor aos direitos humanos, ou seja, o tema da Segurança Pública não deve andar separado dessa esfera. Em primeiro lugar, a proteção da população contra os efeitos da criminalidade e da violência deve respeitar, simultaneamente, princípios básicos de garantia de direitos humanos, e isso inclui tanto a garantia de que pessoas não entrem para o mundo do crime quanto de que, se entrarem, serão tratadas, pelas guardas oficiais, como seres humanos antes de serem tratadas como criminosas.

> *Para saber mais*
>
> Ao discorrer sobre a importância de se repensar as políticas de mitigação da violência e da criminalidade, Sérgio Adorno busca interpretações sobre os principais acontecimentos do Brasil, explicando que há uma permanente cisão entre as políticas repressivas e os direitos humanos em nosso país. Com isso, ele explica as fragilidades do sistema brasileiro.
>
> ADORNO, S. Violência e Segurança Pública: repressão × prevenção. **Nexo Jornal**, 12 jan. 2017. 7 min. Disponível em: <https://www.youtube.com/watch?v=aQABoV9GouY>. Acesso em: 22 jul. 2021.

Sobre a dualidade políticas preventivas × políticas repressivas, há alguns outros aspectos, como o fundamento valorativo para cada uma das ações, que são pressupostos das ações empregadas na sociedade. As hipóteses que serão aplicadas a essa ações, bem como as diretrizes de políticas, são importantes para essa compreensão, porque demonstram as distinções do conteúdo de cada uma dessas políticas que serão desenvolvidas na sociedade. Respondem questões relativas a "como", "por que" e "quando", direcionadas ao futuro ou ao presente.

Quadro 3.1 – Demonstração comparativa desses aspectos

Tipo	Política preventiva	Política repressiva
Fundamento valorativo	É essencial nesse cenário, em primeiro lugar, evitar que o crime ocorra. Nesse caso, deve-se proteger o indivíduo e seus direitos humanos, para que não seja absorvido pelo mundo da criminalidade. Esses são os princípios para as ações do Estado.	Punição como forma de imprimir na sociedade valores morais e culturais.
Pressuposto da ação social	O ator do crime é uma vítima de um sistema que falhou ao deixá-lo exposto às mazelas da criminalidade. Entre essas falhas, estão a desigualdade, as injustiças sociais, a discriminação e a falta de oportunidade.	A conduta do ator é baseada em escolhas racionais; por isso, deverá recair sobre ele a plena responsabilidade pelos atos cometidos contra a justiça criminal.
Hipótese criminológica	O índice de criminalidade tem relação direta com as desigualdades sociais, o desemprego, a falta de educação e as crises econômicas.	O índice de criminalidade está relacionado à eficácia das ações do sistema de justiça criminal.
Diretrizes	Medidas de aperfeiçoamento da diminuição da desigualdade social e do desemprego; criação de projetos que incluam o indivíduo na sociedade em que vive; e ressocialização do criminoso.	Medidas de aperfeiçoamento do sistema policial e judicial devem ser o quesito central das ações políticas de segurança criminal.

Fonte: Elaborado com base em Freitas, 2008, p. 49.

Atualmente, também integram essa demanda figuras de outros atores principais essenciais, que são os líderes dos estados e dos municípios, como a ponta do fio condutor que liga as políticas federais à realidade peculiar de cada território.

> Art. 144. A segurança pública, dever do Estado, direito e responsabilidade de todos, é exercida para a preservação da ordem pública e da incolumidade das pessoas e do patrimônio, através dos seguintes órgãos:
> I – polícia federal;
> II – polícia rodoviária federal;
> III – polícia ferroviária federal;
> IV – polícias civis;
> V – polícias militares e corpos de bombeiros militares.
> (Brasil, 1988)

Por um lado, a Segurança Pública é um assunto federal; por isso, conta com um policiamento a nível federal, a Polícia Federal, que lida com os crimes ocorridos na jurisdição federal. Por outro lado, a competência dessa ação, no Brasil, também é dos estados, que agem por meio das polícias civis e militares, bem como da justiça judiciária, ou seja, do Tribunal de Justiça.

Nesse sentido, a justiça judiciária, embora não esteja legitimada pelo rol do art. 144 da Constituição, executará, de fato, o julgamento de possíveis crimes cometidos. Por essa razão, integra a concepção de lei e ordem, a qual abordaremos mais adiante, juntamente com o sistema repressivo como um todo.

Ainda nessa pirâmide de competências, os municípios, por meio de suas prefeituras, também desenvolvem um papel extremamente imprescindível no campo preventivo, além do trabalho repressivo que exercem com o policiamento municipal.

Para saber mais

O *site* do Ministério da Justiça e Segurança Pública do Governo Federal é um repositório de informações recomendado para quem deseja saber mais sobre o tema. Nele podem ser localizadas as políticas de Segurança Pública, tanto as federais quanto as estudais e municipais, as quais estão disponibilizadas em formato de documentos oficiais. O portal ainda conta com pesquisas acadêmicas, notícias, sessões de esclarecimento, entrevistas e, até mesmo, recomendação de filmes que tratam do tema violência tanto no cenário brasileiro quanto no internacional.

BRASIL. Ministério da Justiça e Segurança Pública. Disponível em: <https://www.gov.br/mj/pt-br>. Acesso em: 4 ago. 2021.

Exercício resolvido

Quando o assunto é políticas públicas de segurança, muitos são os atores envolvidos. Além disso, a Segurança Pública é um assunto de interesse coletivo, por afetar a vida de toda a população de determinada comunidade, bem como da sociedade civil. Analise as proposições a seguir e, com base no fundamento constitucional apresentado sobre dever e responsabilidade da segurança, assinale a alternativa correta:

a. Segurança Pública é um dever do Estado com todo cidadão. Por isso, de acordo com o art. 144 da Constituição Federal, essa é uma garantia exercida pela Polícia Federal, na qualidade de representante da União.

b. Por meio das polícias federais, estaduais e municipais, bem como das guardas federais, civis, militares e municipais, o Estado administra seu dever de proteger os cidadãos brasileiros dentro de seu território. Entretanto, apesar de esse ser um dever do Estado, não é exclusividade seu, visto que também é uma responsabilidade de todos.

c. Polícias federais, estaduais e municipais são os instrumentos que o Estado possui para realizar o controle e a gestão da Segurança Pública. Por isso, embora seja uma responsabilidade também de outros atores sociais, como as sociedades civis organizadas, o dever é exclusivo do Estado.

d. É necessário na gestão e no controle da Segurança Pública que muitos atores sociais estejam envolvidos. Nesse contexto, é primordial que o ator principal, isto é, aquele que comanda o território para o qual as políticas se destinam, esteja engajado, pois, nesse caso, o dever será exclusivamente dele.

Gabarito: c

Feedback do exercício: A Segurança Pública, como dever do Estado, é exercida por inúmeros atores além da Polícia Federal, entre eles, todos aqueles incumbidos dessa tarefa, de acordo com o art. 144 da Constituição, a saber: polícia rodoviária federal, polícia ferroviária federal, polícias civis, polícias militares e corpos de bombeiros militares. Apesar de ser um dever do Estado, o artigo mencionado não eximiu a sociedade dessa responsabilidade; portanto, a segurança é uma responsabilidade do Estado e da sociedade civil.

Embora seja monopólio do Estado o controle da Segurança Pública, isso não significa que seja de sua responsabilidade exclusiva; como visto, é um dever público e uma responsabilidade social. É necessário o envolvimento equilibrado de todos os atores na articulação da Segurança Pública, embora alguns autores, pesquisadores e profissionais da área recomendem fortemente o envolvimento do principal ator.

Dessa forma, constrói-se a estrutura da Segurança Pública no Brasil, que, nos últimos anos, tem sofrido uma inigualável pressão quanto ao saldo negativo da violência e da criminalidade. Você deve estar se perguntando: Na prática, de que forma o Estado cumpre esse dever? Na sequência desse capítulo, veremos, primeiramente, como são desenvolvidas as ações repressivas nessas três esferas apresentadas.

Políticas federais

No âmbito federal, destaca-se o papel do policiamento vigilante de fronteiras e a alfândega. Por isso, tráfico de drogas, de armas e de outros produtos que chegam ao território brasileiro são crimes de natureza federal, que deverão ser investigados e reprimidos por esse policiamento.

O setor das políticas federais é guiado pelos crimes federais, ou seja, aqueles que envolvem o interesse da União, de empresas públicas ou suas autarquias. Eles estão previstos no art. 144 da Constituição Federal, bem como em algumas leis específicas, a exemplo da Lei n. 10.446, de 8 de maio de 2002 (Brasil, 2002).

Contudo, o poder repressivo falha nessa questão, embora alguns autores atribuam essa falha apenas ao pequeno contingente de oficiais em relação ao tamanho das fronteiras brasileiras com outros territórios, o que dificulta o monitoramento. Essa falha não existe apenas em razão das imensas fronteiras brasileiras, mas também em virtude da qualificação desses policiais em gerenciar questões como o tráfico de drogas, já que, não raramente, falamos de corrupção dos próprios policiais aos quais foi confiada a guarda desses perímetros.

Aliás, muitas questões que envolvem o poder repressivo têm como razão principal de fracasso a própria corrupção interna, como no caso da Polícia Federal, que teve acusações que envolveram a superintendência carioca. Isso é um exemplo claro de que, embora sejamos dependentes também da política de repressão federal, ainda existem falhas estruturais que não garantem a proteção, que é um direito do cidadão. Isso evidencia a importância do aprimoramento de outras políticas que, sobretudo, reconheçam fatores em que o sistema falha e que o previnam.

Políticas estaduais

Em nível estadual, a preocupação é diferente, embora esta envolva, até determinado ponto, questões como o tráfico nos Estados.

Trata-se de uma questão inter-relacionada tanto à ação da Polícia Federal, já que é ela quem faz o primeiro controle quando monitora as fronteiras do território brasileiro, quanto à ação do policiamento municipal, que controla o comércio de produtos ilícitos, como drogas e armas dentro das cidades.

Falamos de distinção das ações porque elas se limitam à circunscrição de seu território estadual, onde outras ações, como a criminalidade violenta urbana, chamam mais atenção. Por isso, esses devem ser os projetos de repressão a serem desenvolvidos por esses agentes.

Políticas municipais

O plano municipal, nesses casos, surge como um campo de atuação importante, sobretudo no que diz respeito às políticas de prevenção. Entretanto, no campo repressivo, o plano municipal também é importante, visto que são os municípios, por meio de ações populares locais, pressão e conquistas – como melhoramento na condição econômica em um pequeno espaço territorial –, que contribuem para que haja um equilíbrio, além de permitir que sejam feitas, nesses locais, intervenções mais eficazes.

Embora seja o Estado o detentor do domínio maior da Segurança Pública, na maioria das vezes são os municípios – por estarem legitimados para executarem ações de iniciativa própria em razão do apoio financeiro das instâncias superiores – os atores principais, tendo em vista que são os mais próximos da realidade onde se instalam os acontecimentos mais indesejados.

A esse respeito, Cerqueira (2018), como especialista em Segurança Pública e pesquisador do Instituto de Pesquisa Econômica Aplicada (Ipea), em entrevista para o canal deste instituto, afirmou que, "em todos os lugares em que se conseguiu diminuir crimes violentos de uma forma relativamente rápida, há sempre o dedo do principal político, um comprometimento total do principal político local". Isso evidencia a importância da união de esforços de todos os atores políticos e sociais.

Entretanto, de acordo com o que estudamos até aqui, principalmente levando em conta a bagagem criminológica que você já adquiriu, a violência e a criminalidade não são apenas problemas solucionados ou mitigados a nível policial, ou seja, no âmbito repressivo. Em outras palavras, as soluções não devem ser apenas voltadas para o agressor ou infrator, se o que se objetiva é a diminuição e, em uma perspectiva utópica, o fim da criminalidade violenta, demonstrando que precisamos falar mais sobre prevenção.

Assim, vejamos a seguir como essas esferas públicas têm atuado no sentido não somente de repreender o crime, mas de prevenir e proteger, efetivamente, seus cidadãos dos malgrados da vida criminosa, causados por redes criminosas que atingem atualmente um nível de organização nunca antes visto, e que, por isso, requer também soluções nunca antes pensadas.

Políticas de prevenção

A articulação apresentada anteriormente entre os três atores principais também deve estar prevista nas políticas de prevenção. Segundo Cerqueira (2018), é preciso uma intervenção social que garanta a sustentabilidade das ações repressivas, ou seja, deve-se ter em mente um sistema que se complemente a todo momento, sendo necessárias ações que vinculem todos os políticos principais dos diferentes níveis e esferas.

Entretanto, no quesito políticas de prevenção, embora essa relação seja primordial, ela acontece, basicamente, no que diz respeito à disponibilização de fundos, a exemplo do Fundo Nacional de Segurança Pública (FNSP) do Brasil, ofertado pelo Governo Federal, que financia projetos estaduais e, por consequência, projetos municipais. Isso acontece, também, porque o Governo Federal e os governos estaduais são responsáveis pela arquitetura das políticas de repressão, ao passo que os municípios ganham, sobretudo, o lugar de atuação principal, ao envolver-se diretamente com os programas preventivos.

> *Perguntas & respostas*
>
> Há alguma diretriz para que os governos municipais desenvolvam políticas de prevenção nas cidades, ou, ainda, algum apoio vertical que auxilie nessas questões, além do repasse de fundos?
>
> Sim, há inúmeros documentos que são fornecidos nesse sentido, visando, sobretudo, à sistematização de princípios básicos para orientar as autoridades municipais, como o *Guia para a Prevenção do Crime e da Violência* (Brasil, 2005).

Conforme já ressaltamos, o monopólio da estrutura de repressão está, antes de mais nada, na mão de outros atores. Além disso, os governos municipais estão em contato mais direto com os episódios de violência local, de forma que buscam aplicar ações como iluminação das ruas escuras da cidade, instalação de câmeras nos semáforos e em pontos essenciais da cidade, bem como o desenvolvimento de projetos sociais vinculados à sociedade. Esses projetos, que felizmente não dependem apenas de mandato político, têm maior probabilidade de continuidade, o que ajuda a garantir resultados previsíveis, embora não imediatos.

Essas ações ganham ainda mais eficácia quando compartilhadas com a vizinhança municipal, já que, na maioria das vezes, quando as ações locais funcionam, a criminalidade local tende a se refugiar nos municípios vizinhos. Assim, após a instalação de uma rede preventiva para o deslocamento criminal, essas organizações criminosas acabam por se diluir em vários lugares e, com isso, perdem a força original.

Como exemplo dessas ações partilhadas que visam ao cruzamento de dados e ao desenvolvimento da logística intermunicipal, podemos citar o Fórum Metropolitano de Segurança Pública de São Paulo. Nele, autoridades das secretarias municipais e representantes estaduais trabalham juntos e criam, com isso, uma rede de cruzamento de informações que tem se demonstrado muito eficaz.

Com relação ao desenvolvimento municipal, destacam-se as atuações das secretarias e outros órgãos que são criados para o auxílio da Segurança Pública, bem como a participação da sociedade local, visando, sobretudo, à quebra de um paradigma social violento e à inclusão do pensamento preventivo da gestão dos lares. Com essa formulação, podem ser criados, por exemplo, programas de prevenção primária para população em geral; de prevenção secundária, para aqueles que estão mais expostos ao crime; e de prevenção terciária, voltados à reinserção, na sociedade e no mercado de trabalho, do indivíduo que cumpriu sua pena.

Para saber mais

O artigo a seguir apresenta o papel dos municípios na Segurança Pública pela demonstração do impacto dos programas municipais na criminalidade. Para isso, os autores utilizam como referência 39 municípios da Região Metropolitana de São Paulo.

KAHN, T.; ZANETIC, A. O papel dos municípios na Segurança Pública. **Coleção Segurança com Cidadania.** v. 1: Subsídios para construção de um novo fazer Segurança Pública. p. 83-126. Disponível em: <https://www.novo.justica.gov.br/sua-seguranca-2/seguranca-publica/analise-e-pesquisa/download/estudos/sjcvolume1/papel_municipios_seguranca_publica.pdf>. Acesso em: 4 ago. 2021.

Agora que você já entende melhor as competências e atribuições das políticas de segurança, controle e repressão da violência e da criminalidade e consegue inter-relacionar essa atuação, vejamos quais são os substratos que a doutrina especializada nesses temas traz para o debate.

3.2 Violência, criminalidade e Segurança Pública: repressão × prevenção

Desde 1764, já havia quem se preocupasse com a questão do controle da violência e da criminalidade, como é o caso do iluminista do direito penal, Cesare Beccaria (2011), que buscou, em inúmeras obras, demonstrar como prevenir crimes era mais importante e mais eficiente do que os punir. Era uma tentativa de modificar as políticas públicas de repressão, as quais, de acordo com a crítica do autor, estavam fundamentadas nos privilégios de classes, bem como de lançar sobre o terreno da época percepções humanitárias.

Assim, Beccaria (2011, p. 150) questionou: "quais os melhores meios de prevenir os delitos? Serão as mesmas penas igualmente úteis em todos os tempos?". Para esse autor, era essencial que houvesse nas penas **moderação** e, especialmente, **proporcionalidade**.

Em uma de suas frases mais emblemáticas, o autor explica que a certeza de um castigo – ou, nos dias atuais, de uma pena – é muito mais eficiente do que a ideia de anos de enclausuramento, repressivo e desumano, que não virá a ocorrer devido à ineficiência da aplicação da pena. Assim, "a perspectiva de um castigo moderno, mas inevitável, causará sempre impressão mais forte do que o vago temor de terrível suplício, em torno do qual se oferece a esperança da impunidade" (Beccaria, 2011, p. 150).

Com isso, Beccaria (2011) quis dizer que a certeza de ser punido é muito mais eficaz do que leis duras e sistemas altamente repressivos. Ao incriminarem tanto, e por tão pouco, esses sistemas tornam-se sobrecarregados e pouco eficientes em cumprir a missão de punir, dando vazão ao revés da situação, ou seja, à impunidade, o que geraria um incentivo ao crime em vez da desmotivação que se buscou com isso.

Outra questão bastante atual é a criminalização de condutas como forma de reprimir o crime. Isso porque, atualmente, inúmeras condutas têm sido criminalizadas. Esse aumento das criminalizações, contudo, só faz aumentar a própria quantidade de crimes possíveis de serem cometidos; com isso, há o aumento do número de criminosos e do fenômeno da criminalidade, também chamado de *fenômeno do expansionismo penal*. Por outro lado, tal fenômeno é medido pelo número de crimes cometidos, a exemplo do coeficiente do número de homicídios a cada 100 mil pessoas, que é a métrica mais comumente utilizada.

Sobre isso, ressalta Beccaria (2011, p. 244):

> Ora, quanto mais se estender a esfera dos crimes, tanto mais se fará que sejam cometidos, porque se verão os delitos multiplicar-se à medida que os motivos de delitos especificados pelas leis forem mais numerosos, sobretudo se a maioria dessas leis não passar de privilégios, isto é, de um pequeno número de senhores.

O autor indaga, ainda, o seguinte:

> Quereis prevenir os crimes? Fazei leis simples e claras; fazei-as amar; e esteja a nação inteira pronta a armar-se para defendê-las, sem que a minoria de que falamos se preocupe constantemente em destruí-las. Não favoreçam elas nenhuma classe particular; protejam igualmente cada membro da sociedade; receie-as o cidadão e trema somente diante delas. O temor que as leis inspiram é salutar, o temor que os homens inspiram é uma fonte funesta de crimes. (Beccaria, 2011, p. 244)

Sem equívocos, Beccaria (2011) destaca a prevenção, e não a repressão. Perceba que o autor não visa, com isso, motivar tão somente a anarquia, mas trazer perspectivas diferentes para os modelos repressivos, que devem existir, porém apenas para casos específicos – em última instância. Além disso, a repressão deve ser acompanhada de penas que sejam, para o autor do crime, uma certeza, não uma possibilidade permeada por brechas, bem como por um sistema que, de tão lento, não cumpre o que impõe.

Além do mais, Beccaria (2011) chama a todo momento a atenção para as leis que são criadas com base em uma necessidade social, mas objetivando uma diferenciação de classes, de modo a funcionar somente para o enrijecimento de um sistema que não chega às classes mais altas, apresentando o vigor necessário apenas às classes mais baixas. Com isso, evidencia-se que não há novidade ou surpresa em ver políticos respondendo por crimes em liberdade, ao passo que outros criminosos, que inclusive podem apresentar menor risco social, estão presos e são julgados socialmente, antes mesmo de um justo processo e uma condenação proporcional.

Anos atrás, no Brasil, o cenário dos crimes políticos no qual muito se falava sobre a proteção dessas classes passou a sofrer interferência: crimes políticos passaram a ser julgados e, até mesmo, condenados. Dessa forma, vislumbra-se uma luz para a mudança desse paradigma, perante o qual a classe social, a cor da pele e o nível financeiro são questões que importam, em certo ponto, para responsabilização penal.

Beccaria (2011) trata dos temas repressão e prevenção com base nas leis, de modo a abordar políticas que utilizam os meios jurisdicionais para o controle e a mitigação da violência e da criminalidade. Sem dúvida, foi uma inovação para as novas perspectivas de utilização do sistema.

Entretanto, podemos utilizar ainda essa concepção para extravasar as esferas penal e judiciária e atacar a prevenção fora desses moldes, reconhecidos como *ultima ratio*, isto é, a última via que se deve acionar, o sistema que deve ser subsidiário a todos os sistemas e a todas as políticas, o último remédio a ser utilizado contra as sociedades e contra as pessoas.

> O que é?
>
> O que significa *ultima ratio*?
>
> Trata-se de uma expressão latina, um jargão do vocabulário jurídico que, segundo Dantas (2012), "literalmente [...] significa *última razão*" e só deve ser usada "quando for o último instrumento" para se tomar uma decisão. Trata-se de um conceito que se ergue sob o prisma do princípio de intervenção mínima do Estado, que norteia o ordenamento jurídico penal. De acordo com Roxin (1997), o direito penal tem de ser a última via pela qual se busca responsabilizar alguém, pois ele é o último instrumento do Poder Judiciário.

Vale destacar que a acepção de *ultima ratio* faz ainda mais sentido na realidade do sistema carcerário, que não visa à ressocialização do indivíduo, mas apenas ao aprisionamento do corpo, da alma e do espírito dentro de um sistema complexo e altamente eficaz em produzir pessoas piores e criminosos reais.

É necessário, portanto, prevenir que um indivíduo tenha de ser tratado com o remédio mais forte que há na atualidade, analogicamente falando; precisamos que a sociedade e a política penal e policial repressiva utilizem o sistema ambulatorial antes do sistema de unidade de terapia intensiva. É preciso compreender que cada crime precisa de uma solução, mas que, primeiramente, a solução pode ser a de que cada vida, cada realidade, precisa ser notada e tratada antes mesmo de gerar efeitos maiores para a comunidade.

Fala-se em medidas ambulatoriais no sentido da aplicação de medidas de análise singular, isto é, levando-se em conta as necessidades de cada realidade, assim como as causas e motivações para determinadas ações. Essa diretriz deve ser aplicada tanto a nível preventivo, no sentido de compreender a realidade de cada local – bairro, comunidade ou cidade –, quanto no nível repressivo, em que o tratamento deve ser a favor dos direitos humanos, assim como as penas devem ser proporcionais.

> *Exemplificando*
>
> Remédios considerados tarja preta, antibióticos mais fortes, potentes para o tratamento de microrganismos resistentes, bem como tratamentos mais evasivos, como as quimioterapias e cirurgias, são reservados, costumeiramente, àquelas doenças que, de tão avançadas e possivelmente mortais, não contam com outra forma de tratamento. São assim utilizados porque, embora tenham maior eficácia no tratamento, sabe-se que são soluções que trazem riscos enormes, e, por vezes, similares à própria doença. Além dos efeitos que isso pode ter na vida do paciente, existe uma preocupação secundária, relativa aos índices de mortalidade.
>
> Portanto, para indivíduos acometidos por doenças menos graves, que permitem tratamentos mais brandos e a longo prazo, são prescritos tratamentos menos agressivos. Há, ainda, a política de vacinação, que é uma visão antecipada de todo esse cenário. Com a vacina, previne-se que uma porcentagem da população fique doente, e apenas os remanescentes precisarão de tratamento hospitalar. Diminuem-se os sofrimentos pessoais, as taxas de mortalidade e também os gastos, atingindo-se, assim, maiores resultados positivos e o bem-estar ao qual o Estado foi eleito para garantir.

Nesse sentido, os estudos realizados pelo Núcleo de Estudos da Violência da Universidade de São Paulo (NEV-USP) demonstram que há outras soluções além do uso da violência e da repressão (Adorno, 2019).

De acordo com Beccaria (2011),

> é melhor prevenir os crimes do que ter de puni-los; e todo legislador sábio deve procurar antes impedir o mal do

que repará-lo, pois uma boa legislação não é senão a arte de proporcionar aos homens o maior bem-estar possível e preservá-los de todos os sofrimentos que se lhes possam causar, segundo o cálculo dos bens e dos males desta vida.

De acordo com Adorno (2019), o cenário brasileiro não depende de intervenções federais; em outras palavras, deve-se aplicar o vigor público nas políticas de repressão, mas é preciso, principalmente, enfrentar o problema complexo que existe atualmente, e que não se compara a outros momentos da história, qual seja, oferecer segurança para uma população composta por realidades tão distintas.

Para além das distinções comuns de uma sociedade, há a opressão do tráfico de um lado e a opressão policial de outro, comum em algumas comunidades, como as do Rio de Janeiro. Aqui, levanta-se a questão sobre as pessoas que vivem no centro desse furacão, as quais precisam ser libertadas para ter os mesmos direitos que todos nós temos, como o de ir e vir e o de trabalhar, por exemplo.

Como melhor solução para esse cenário, Adorno (2018) elege um plano estratégico, desenvolvido por sociólogos, policiais e pelos três poderes da União. Esse plano deve ser voltado para objetivos de curto, médio e de longo prazos, visando ao estabelecimento da sociedade que queremos ter daqui a alguns anos.

A razão desse argumento é pautada, sobretudo, nos aspectos contemporâneos que o crime detém, isto é, profissionalizado, organizado e internacional, um cenário em que as políticas intervencionistas de repressão e encarceramento e a pura lei e ordem não trarão mais resultados. Segundo Adorno (2018), as políticas de prevenção e repressão devem se complementar, por exemplo, por meio do investimento na polícia investigativa, bem como em inteligência capaz de alcançar o cerne do crime – que, certamente, não são os pequenos traficantes, bandidos e criminosos hodiernos.

Exercício resolvido

Em virtude dos altos índices de crimes registrados nos últimos meses na cidade de São Bernardo do Campo, região do ABC paulista, será preciso que, em conjunto com o Estado, sejam desenvolvidos planos de mitigação dos efeitos desse fenômeno que assola as cidades.

Para isso, você tem alguns instrumentos à disposição, quais sejam: repasse financeiro do Estado, apesar de um rol mediano de força policial; armamento não tão forte; proposta de algumas organizações não governamentais (ONGs); e apoio financeiro de empresários que visam implementar projetos sociais na cidade.

Considerando-se que uma das diretrizes dos Estados é diminuir as mortes e oferecer mais prevenção e menos repressão, assinale a alternativa correta:

a. Na qualidade de principal ator político, o prefeito deverá assumir o projeto, visto que seu entusiasmo é essencial. Para os fins a que se destina essa articulação, será preciso investir os repasses financeiros em maior contingente policial, bem como em um armamento mais eficaz, afinal, só se combate violência com violência.

b. Sendo você o principal ator político, seguirá as diretrizes do Estado, ouvirá as ONGs e a sociedade civil, bem como utilizará os fundos disponíveis para aprimorar medidas sociais, como a implementação de escolas de dança e cursos extracurriculares nas comunidades locais. Em síntese, empregará todo o dinheiro em prevenção.

c. Pensando como um gestor público conectado às diretrizes do Estado e à realidade de sua cidade, você aplicará uma parte da verba em projetos sociais que integrem cidadãos em seu corpo e que profissionalizem e eduquem, reservando, porém, certa parte para melhorar a forma e a qualidade de repressão, com cursos, renovação de armamento e aperfeiçoamento dos meios de investigação.

d. Como prefeito, você imaginaria que existem camadas superiores de hierarquia e, por isso, seguiria todas as diretrizes, sem, porém, avaliar a necessidade da sua cidade e do meio urbano.

> **Gabarito:** c
>
> ***Feedback* do exercício:** O investimento somente na política repressiva não é uma solução eficaz, da mesma forma que o inverso também é verdadeiro, isto é, o investimento apenas preventivo não resolve a questão. É preciso que a articulação desse sistema seja, de acordo com o que foi exposto, proporcional e equilibrada, de forma que ambas as políticas trabalhem e se complementem. É preciso que, antes de mais nada, investigue-se o caso em questão e, se houver crime, deve-se reprimi-lo e puni-lo, devendo-se encarcerar apenas aqueles indivíduos para os quais o sistema político criminal já não tem mais saída, a não ser sua *ultima ratio*.

Com base nessa dicotomia entre repressão e prevenção, surge o debate anacrônico sobre o potencial das armas de fogo no resultado do índice de crimes. Isso estabelece uma tensão entre duas correntes de pensadores que advogam em sentidos opostos.

Algumas teorias advogam e concluem que, quanto mais armas circulando, mais crimes são cometidos; por isso, falamos em mais armas e mais crimes. Contudo, há nesse ponto um embate frontal, com um segundo ideal que defenderá a ideia de que, quanto mais armas circulando, maior será a eficácia da repressão – mais armas, menos crimes.

Apresentaremos, nas próximas seções, breves considerações sobre as duas correntes, demonstrando a base argumentativa essencial de cada uma delas, a fim de que você possa se inserir nessa discussão, de forma a produzir uma análise que comece a ser mais prática.

Então, perguntamos: Mais armas geram mais crimes ou mais armas resultam em menos crimes? Existe essa relação na prática?

Vamos tentar entender essa relação?

3.3 A dicotomia brasileira da flexibilização da posse de armas como política de mitigação da violência

Desde a década de 1980, quando a criminalidade violenta ganhou lugar dentro do rol de fenômenos sociais crescentes no Brasil e nos Estados Unidos, inflamou-se o debate sobre o tema. Com isso, estabeleceu-se a necessidade de analisar quais eram as consequências das armas de fogo, elemento que se tornou presente nas cenas de crimes, fosse pelo porte dos policiais e autoridades, fosse pelo manuseio dos próprios criminosos.

Voltando esse debate para uma questão muito atual na sociedade brasileira, os ideais presidenciais de flexibilização para compra e porte de armas visando à mitigação da violência e da criminalidade, pode ser que você se encontre na posição de responder ao seguinte questionamento:

> Você é contra ou a favor à flexibilização do porte de arma como política de segurança e mitigação da criminalidade violenta?

Com base em tudo o que estudou até aqui, você não mais encarará essa pergunta como passível de uma resposta puramente ideológica, pois deverá, primeiramente, colocar em prática todos os ensinamentos apresentados neste livro, isto é, as perspectivas legais, criminológicas, sociais e ecológicas referentes ao tema. Lembra? A perspectiva ecológica, por exemplo, já pode diferenciar seu raciocínio e sua resposta das demais, que se fundamentam puramente em ideologias políticas ou em outras visões singularizadas da questão.

Por isso, esse questionamento passa agora de uma análise comum para uma análise crítica – e você já conquistou habilidades suficientes para adentrar o debate contemporâneo que acontece no campo científico.

Diante disso, apresentaremos a seguir visões favoráveis e contrárias a respeito dessa questão, demonstrando, com dados internacionais que corroboram as poucas pesquisas nacionais, as razões para que cada argumento vigore.

> *Para saber mais*
>
> Sobre as teorias que relacionam armas e homicídios, no que diz respeito à pesquisa voltada às peculiaridades brasileiras, ressaltamos autores que observaram dados municipais paulistanos.
>
> Hartung (2009) utilizou dados dos municípios paulistas entre 1997 e 2007, analisando as cidades do Estado de São Paulo como estudo de caso. Abras et al. (2014), por sua vez, examinaram o estado de Minas Gerais no período de 2000 a 2010. Já Oliveira e Rostirolla (2017) analisaram a cidade de Porto Alegre no período de 2007 a 2013.
>
> ABRAS, L. de L. H. et al. Mais armas, menos crimes? Uma análise econométrica para o Estado de Minas Gerais. **Revista de Ciências Empresariais da Unipar**, Umuarama, v. 15, n. 1, p. 5-24, jan./jun. 2014. Disponível em: <https://www.revistas.unipar.br/index.php/empresarial/article/view/5011/2921>. Acesso em: 5 ago. 2021.
>
> HARTUNG, G. C. O papel das armas de fogo na queda de homicídios em São Paulo. In: HARTUNG, G. C. **Ensaios em demografia e criminalidade.** Tese (Doutorado em Economia) – Fundação Getúlio Vargas, Rio de Janeiro, 2009. p. 41-75. Disponível em: <https://bibliotecadigital.fgv.br/dspace:/bitstream/handle/10438/6616/Tese%20de%20Doutorado%20-%20Gabriel%20Hartung.pdf?sequence=1&isAllowed=y>. Acesso em: 5 ago. 2021.
>
> OLIVEIRA, C. A. de; ROSTIROLLA, C. C. Mais armas de fogo, mais homicídios? Uma evidência empírica para a Região Metropolitana de Porto Alegre a partir de dados em painel. **Working Paper**, jun. 2017. Disponível em: <https://www.researchgate.net/publication/317846746_Mais_armas_de_fogo_mais_homicidios_Uma_evidencia_empirica_para_a_Regiao_Metropolitana_de_Porto_Alegre_a_partir_de_dados_em_painel>. Acesso em: 5 ago. 2021.

Mais armas, menos crimes

Há trabalhos que apresentam como conclusão essencial que o armamento pode diminuir o número de crimes. Segundo essa corrente de pensamento, "a difusão de armas na população faria diminuir a taxa de crimes (pelo menos os crimes contra o patrimônio), uma vez que o uso defensivo da arma de fogo (*defensive gun use*) pelas potenciais vítimas faria aumentar o custo esperado, para o perpetrador, de cometer crimes" (Cerqueira, 2010, p. 93).

O raciocínio é basicamente o seguinte: se a coletividade tem condições legais de armamento pessoal, isso se torna previsível para o criminoso, de forma que atingir as finalidades que persegue – conseguir vantagem financeira com o crime – se tornaria custoso, ou seja, aumentaria o custo para o criminoso. Esse possível dispêndio financeiro maior, então, desestimularia a maior parte dos crimes, de forma que chegaríamos ao resultado "mais armas, menos crimes".

Poucas são as pesquisas que utilizam como caso prático o Brasil e seguem um rigor metodológico (Odon, 2019). Em razão disso, Cerqueira (2010, p. 94) chama atenção para a necessidade de metodologias que facilitem a fundamentação em dados reais, dignos de serem considerados quando se busca uma solução mais efetiva. Por isso, o autor sugere uma forma diferente de se chegar a tais conclusões ao utilizar informações de 645 municípios de São Paulo, no período de 6 anos (entre 2001 e 2007), quando os índices de criminalidade por homicídio baixaram em 60,1%. O autor também comparou as taxas dos municípios paulistas com as de Nova Iorque e Bogotá, indicando outras experiências positivas internacionais de políticas que deram certo em um curto período de tempo.

Com esse método, Cerqueira (2010) buscou responder a duas questões:

- A disponibilidade de armas faz aumentar os crimes violentos?
- A disponibilidade de armas faz diminuir os crimes contra a propriedade?

Como resultado preliminar, o autor percebeu que o desarmamento efetuado no período de 2003 pelo Estatuto do Desarmamento gerou, de fato, a diminuição de crimes mortais; porém, isso não aconteceu com os crimes contra o patrimônio (Cerqueira, 2010).

Em resultados avançados que consideraram a análise de efeitos causais, correlação entre armas e crimes, entre outros, Cerqueira (2010) percebeu que, em relação aos crimes violentos contra pessoas, menos armas resultam em menos homicídios, o que permite dizer "menos armas, menos homicídios", ainda que as lesões corporais com dolo tenham aumentado como forma de resolução de divergências interpessoais. Em outras palavras, foi sentida uma diminuição do uso de armas de fogo e um aumento do emprego da força, do vigor físico, algo considerado menos letal.

No que diz respeito aos crimes com finalidades financeiras, o resultado alcançado foi o de que a coletividade armada não tem relação direta com as estatísticas crescentes de crimes, de modo que a teoria de que as armas refletiriam menos crimes foi irrelevante. Dito de outra forma, o criminoso não deixa de cometer crimes pelo fato de a população ter condições proporcionais de defesa.

Aliás, há quem ainda defenda, sobre a relação "mais armas, menos crimes", que, relativamente aos crimes contra o patrimônio, existe uma relação direta e oposta às que foram aqui mencionadas. Oliveira e Rostirolla (2017) defendem que menos armas geram mais crimes patrimoniais e menos crimes contra as pessoas.

Entretanto, a pesquisa de Cerqueira (2010, p. 151) chama a atenção ao concluir que, apesar de mais armas não diminuírem os níveis de criminalidade patrimonial, "a difusão das armas de fogo nas cidades, entretanto, é um importante elemento criminógeno, para fazer aumentar os crimes letais contra pessoa", desviando-se, assim, do fator conclusivo, mas adentrando em fatores que motivam o crime.

> *Para saber mais*
>
> Com base na visão de que mais armas resultam em menos crimes, especialistas de várias áreas produziram trabalhos analisando a criminalidade. Nesse sentido, Sherman, diretor do Centro Jerry Lee de Criminologia Experimental da Universidade de Cambridge, em entrevista para o jornal BBC News Brasil, também concluiu que flexibilizar o uso de armas de fogo acarretará, como consequência direta, no aumento do índice de mortalidade por armas de fogo. Além disso, ele foi bastante objetivo ao explicar que armas são letais: "Quem disser que [mais armas] são efetivas, não olhou de perto as evidências".
>
> ODILLA, F. 'Se há mais armas, há mais crimes', diz criminologista americano. **BBC News Brasil**, 1º ago. 2019. Disponível em: <https://www.bbc.com/portuguese/brasil-49165671>. Acesso em: 5 ago. 2021.

Mais armas, mais crimes

Nesse debate, alguns argumentos são sempre colocados à mesa, como bem destacam Cerqueira e Mello (2012, p. 93):

> (i) o indivíduo que possui uma arma de fogo fica encorajado a dar respostas violentas para solução de conflitos interpessoais; (ii) o possuidor de armas fica com poder para coagir; (iii) do ponto de vista do criminoso, a posse de arma de fogo faz aumentar a produtividade e diminuir o risco de o perpetrador cometer crimes; e (iv) o aumento da facilidade e do acesso às armas significa diminuição do custo da arma pelo criminoso no mercado ilegal.

Como indicamos na última seção, Cerqueira (2010, p. 151) conclui que armas são fatores criminógenos. Você recorda o que são esses fatores?

O que é?

A expressão *elementos criminógenos* deriva do termo utilizado na esfera das ciências criminológicas, *criminogênese*, que significa a análise da arquitetura do crimes, das causas e das razões que levam alguém à delinquência.

São aqueles elementos que, embora não sejam fatores determinantes, como alguns acreditavam, impulsionam e, de certa forma, podem motivar um indivíduo em determinado momento da vida a praticar ações criminosas ou violentas contra terceiros.

Exemplificando

São exemplos de motivadores para o crime e a violência um conjunto de elementos que podem estar dispostos em esferas distintas da vida de uma pessoa, os quais se correlacionam, sendo previsíveis para uma análise ecológica.

Assim, uma pessoa que sempre conviveu com violência doméstica, com o uso da força e outros tipos de agressão, inserida em um contexto de fatores históricos, econômicos e sociais desfavoráveis, como a desigualdade, pode vir a servir como um insumo fácil para o crime.

Com base nesse breve retrospecto sobre elementos criminógenos, você pode compreender por que Cerqueira (2018) aufere que mais armas resultam em crimes contra a pessoa, mas não necessariamente contra o patrimônio; entretanto, difundir armas de fogo pela sociedade é algo que potencializa o crime.

Há ainda outras pesquisas que evidenciam resultados mais precisos sobre mais armas gerarem mais crimes, uma vez que nessas pesquisas foram aplicados métodos distintos. Contudo, muitas chegaram a resultados que se encaixam dentro da mesma resposta, ou seja, que os crimes são potencialmente motivados pelas armas, seja por fatores criminógenos, seja pura e simplesmente em razão da compreensão de que armas causam homicídios, e que essa relação é pura e singular.

A pesquisa de Oliveira e Rostirolla (2017), que examina a realidade da cidade de Porto Alegre, por exemplo, demonstra que mais armas circulando no seio da comunidade civil apresenta um resultado ambíguo, quer dizer, pode gerar mais mortes ou não. Entretanto, essa mesma análise voltada para a circulação de armas, na perspectiva de circulação no meio criminoso, tem como resultado mais mortes, o que se traduz em "mais armas, mais crimes".

Abras et al. (2014) buscaram igualmente testar a relação quanto ao número de armas de fogo disponíveis e o índice de crimes no estado de Minas Gerais. Como resultado, obteve-se uma relação de causa entre a minimização de armas disponíveis e os crimes cometidos com requinte de violência em face de pessoas.

Por fim, o que estes autores concluíram foi que essa relação causal – mais armas mais crimes – é flagrante para determinados crimes, como homícidios e estupros.

Como explica Odon (2019, p. 9), isso ocorre porque "(a) a arma de fogo é meio importante para a execução desse tipo de crime, (b) a elevação na difusão de armas pode ser mais concentrada sob domínio de criminosos do que de não criminosos, que, de acordo com esse autor, acontece "devido ao 'efeito preço' (mais armas reduzem o preço das armas no mercado informal) e (c) tal elevação aumenta a probabilidade de conflitos interpessoais serem resolvidos com uso de armas de fogo".

Já Hartung (2009), ao analisar os dados municipais paulistas, concluiu que o desarmamento acontecido no ano de 2003, devido à aprovação do Estatuto do Desarmamento, gerou a redução de 60% dos estoques de armas, fato que pode ter consequência a diminuição de 9% a 12% de homicídios no período de 2000-2007. Quer o autor dizer com isso que a redução dos estoques de armas foi dado relevante na diminuição dos homicídios em São Paulo; portanto, "menos armas, menos crimes", que, por óbvio, é o mesmo que dizer, "mais armas, mais crimes".

Diante do que foi exposto, corroboramos as palavras de Odon (2019) de que, primeiro, é preciso ter em mente que leis de controle de armas não são instrumentos efetivos de política de segurança. Por isso, "não se espera reduzir os crimes em geral com leis de controle de armas, pois não há evidências empíricas para isso" (Odon, 2019).

De maneira geral, as pesquisas demonstram que, se o intuito é a mitigação dos efeitos desses fenômenos sociais, armar ou desarmar a população não alcança soluções confiáveis, em virtude de uma série de fatores, entre eles, os metodológicos, razão que faz com que alguns autores justifiquem não ser essa a melhor forma de desenvolver políticas de segurança.

Você provavelmente deve estar se questionando sobre quais são, então, os melhores métodos para desenvolver políticas de segurança. Alguns autores instituem ideias que podem ser consolidadas em três pilares diferentes, conforme demonstraremos a seguir.

3.4 Pilares essenciais para uma política de Segurança Pública eficaz

Como já salientamos, existem algumas formas de desenvolvimento de políticas de Segurança Pública que visam diminuir a criminalidade violenta. Em entrevista concedida ao Jornal *Nexo*, Adorno (2017a) ressalta que o Brasil, embora tenha tido governos que propuseram bons planos de mitigação da criminalidade e da violência, não os implementou, ou tais planos foram implementados parcialmente, de forma que, ao final, todos chegaram aos mesmos mecanismos: mais força policial, mais armamento, mais modernização no equipamento de contenção e expansão de oferta de vagas no sistema penitenciário.

Ainda de acordo com o sociólogo, isso acontece porque o ciclo de violência e criminalidade é formado por mais criminalidade, mais repressão, mais armamento, mais endurecimento da legislação e mais encarceramentos, de forma que nunca é rompido – pelo contrário, vai se desenvolvendo. Concordamos ainda com Adorno (2017a) no sentido de que uma democracia não nasce pronta, ela vai se desenvolvendo, razão por que é necessária a mudança de paradigma, para que possamos alcançar níveis mínimos de condição de vida segura.

Para saber mais

Você pode assistir à entrevista de Sérgio Adorno no *link* indicado a seguir. O vídeo faz parte de uma série de fragmentações de uma entrevista completa, que cita outros aspectos da violência e da criminalidade.

ADORNO, S. Os diferentes governos e suas políticas de Segurança Pública. **Nexo Jornal**, 12 jan. 2017. 4 min. Disponível em: <https://www.youtube.com/watch?v=V2Vt_cKH9Vk>. Acesso em: 5 ago. 2021.

A maioria dos autores citam ainda que, embora sejamos uma sociedade democraticamente jovem, alguns aspectos podem e têm nos deixado mais distantes de êxitos no que diz respeito à Segurança Pública, uma vez que muitos desses fatores demonstram distanciamento de um saldo positivo, já que há dados de políticas públicas de segurança ineficazes, fomentados por decisões desarrazoadas e sem embasamento científico de qualidade, a exemplo do amplo desenvolvimento do sistema repressivo ante o abandono do sistema preventivo.

O sistema vigente que atua, sobretudo, de forma militarizada e voltada para a repressão não funcionou no passado, não funcionou em outras nações, não funciona no presente e também não alcançará os resultados esperados para o futuro.

Nesse sentido, alguns pilares de sustentação da arquitetura da Segurança Pública não podem ser esquecidos ou enfraquecidos pelo Estado, bem como por suas instituições. Por isso, é preciso investir na sustentação da segurança social, para que o desenvolvimento possa adentrar o espaço que vem galgando.

Quando falamos em pilares, recordamos a imperiosa articulação de um sistema composto pelos três poderes (Executivo, Legislativo e Judiciário), com atuação engajada do âmbito político, bem como dos institutos de pesquisas sobre o tema, como o NEV-USP, que projetam planos de curto, médio e longo prazos voltados para ações que sejam ecologicamente pensadas, elaboradas e fundamentadas em informações de qualidade e em evidências.

Sobre o tema polícia e inteligência, aconselha Cerqueira (2018) que os investimentos devem se voltar para a prevenção investigativa, ou seja, para o investimento de um policiamento que investigue mais e que investigue melhor. Nas palavras do autor, há outro elemento fundamental: a mudança do sistema de repressão reativo, fundamentado apenas no policiamento tradicional. Segundo o autor, há muito já se sabe que medidas como a colocação de polícias nas ruas com o objetivo de ostentar segurança, de modo a dar respostas rápidas para investigações posteriores, não funcionam, e que o cerne do trabalho repressivo deve ser a investigação eficaz, com informações que possam mapear os grupos criminosos que de fato causam danos.

Ainda de acordo com Cerqueira (2018), grandes criminosos não serão presos por policiamento ostensivo, mas por inteligência, investigação e obtenção de informação qualificada. Um exemplo é a teoria de Sherman (Odilla, 2019) sobre policiamento baseado em evidências científicas, que, na prática, seria estipular alvos (*targeting*), testar (*testing*) e rastrear (*tracking*).

Segundo Sherman (Odilla, 2019), isso garantiria que a polícia tivesse uma prioridade investigativa e não perdesse tempo apenas apagando certos "incêndios" que não trouxeram resultados a longo prazo. Diante disso, a polícia priorizaria as zonas de alto risco de crime, as principais vítimas e lugares, o crime organizado; faria um policiamento fundamentado em evidências, e não apenas uma ronda despropositada. Seria o mesmo que dizer que é preciso, neste momento, a reformulação das políticas repressivas a fim de tornar as ações qualificadas, ou seja, investigar antes de instituir medidas policiais ou penais.

Ao contrário do que se vem desenvolvendo nos últimos anos, o combate violento não resultará em diminuição da criminalidade, ao menos, não se a atenção não estiver voltada para os pontos fulcrais passíveis de desestabilização dos sistemas de criminalidade modernos e desenvolvidos, os quais são utilizados pelos próprios criminosos.

Por isso, se a famosa promessa de campanha do atual presidente da República, Jair Bolsonaro, continuar sendo elaborada e, em certa medida, cumprida, não alcançará satisfação nos níveis de sentimento de segurança social; ao contrário, aterrorizará ainda mais a população. Isso, porém, não deve ser pensando com base em fundamentos de ideologia política, mas tendo em vista o que a ciência diz a respeito desse tema tão sensível que é a violência e a criminalidade na sociedade brasileira.

Outro pilar de extrema relevância, que vem igualmente conectado à repressão qualitativa, são as técnicas de caráter preventivo, que visam garantir a sustentabilidade das possíveis quedas de crimes. Nesse caso, o cessamento da produção de jovens criminosos é um dos fatores globais de maior pertinência:

> [A produção de criminosos é] forjada no abandono de algumas comunidades, onde crianças muitas vezes são criadas sem a menor condição de desenvolvimento socioemocional, criadas em um ambiente doméstico [de] violência comunitária, violência institucional, às vezes perpetrada pela própria polícia. São crianças que já chegam sem condições de aprendizado na escola e também

> não vão ter acesso a uma boa escola. Lá na frente, é essa criança que não vai ter, como jovem, uma oportunidade no mercado de trabalho. O que estamos fazendo é criar crianças que serão os bandidos de amanhã, e temos que mudar esse processo. (Cerqueira, 2018)

A análise de Cerqueira (2018) suscita o que abordamos tanto no capítulo sobre violência, em que apresentamos suas principais motivações, quanto no capítulo sobre criminalidade. Isso tudo colabora para o entendimento de que não existem soluções simples para problemas complexos; aliás, para cada uma dessas soluções simples existem inúmeros fatores com potencial de induzir qualquer pessoa ao erro.

Embora seja mais atraente pensar em medidas ilusórias que resolveriam os nossos maiores problemas sociais, essas medidas não tiveram eficácia comprovada; ao contrário, perpetuam-se na história de muitas famílias que perdem entes queridos para o crime.

Medidas repressivas são medidas de curto prazo – trata-se do remédio para aquela parcela da população que não se vacinou; logo, a exceção à regra. Já as políticas preventivas, como o fortalecimento do sistema de educação, que aproxima níveis de sociabilidade e condições emocionais estáveis, permitindo melhor convívio e responsabilidade social, bem como o acesso a empregos, são medidas que, embora com resultados perceptíveis apenas a médio e a longo prazo, têm maior potencial de se solidificarem e de mudar o cenário atual.

Nesta obra, abordamos bastante o envolvimento das autoridades e a articulação política, entre muitos fatores; porém, o que se pode compreender de toda a análise realizada pela *expertise* de pesquisadores da área trazidos ao longo deste material é que as políticas de prevenção devem vir à frente de qualquer outra medida.

Assim, há três pilares que o Governo Federal deve levar em consideração (Cerqueira, 2018):

1. polícia inteligente;

2. medidas de prevenção que tirem potenciais vítimas do foco do crime, oferecendo para essa população, para esse jovem, condições e oportunidades;
3. mecanismos que administrem tudo isso, que façam a gestão dos mecanismos que funcionam na base da improvisação e das urgências sociais – a exemplo das intervenções federais.

É válido ressaltar que essa gestão deve ser feita com base em diagnósticos, planejamento, monitoramento e avaliação constante dos programas e das políticas lançadas, para que se possa auferir efetividade ou não.

> *Para saber mais*
>
> Na entrevista a seguir, Daniel Cerqueira informa três dos principais setores que devem ser repensados e desenvolvidos para melhorar a segurança no Brasil.
>
> CERQUEIRA, D. O que fazer para melhorar a segurança no Brasil. **Instituto de Pesquisa Econômica Aplicada**, 3 maio 2018. 3 min. Disponível em: <https://www.youtube.com/watch?v=Uq9kWontlıI>. Acesso em: 5 ago. 2021.

Recordando os ensinamentos de Shecaira (2014, p. 168): "A eficaz prevenção do crime não depende tanto da maior efetividade do controle social formal, senão da melhor integração ou sincronização do controle social formal e informal". Com isso, o autor quer dizer que não há potencial para as políticas que não conectam melhores incentivos de vida social a políticas de repressão inteligente. Assim, é necessário fazer com que as duas, políticas de repressão e políticas de incentivo de vida social, estejam alinhadas e possibilitem que os cidadãos possam se desenvolver, ter acesso ao trabalho e a condições de sobrevivência dignas, algo que sempre figurou como meio informal de controle social. Também é importante enfatizar que "políticas preventivas ou repressivas sem exames prévios da realidade podem criar uma disfunção prejudicial aos interesses da comunidade, com investimentos de recursos da comunidade de uma forma incompatível com os interesses dos habitantes da cidade" (Shecaira, 2014, p. 169).

Ademais, Gomes, Molina e Bianchini (2000, p. 334) também apontam que:

> a prevenção deve ser contemplada, antes de tudo, como prevenção "social", isto é, como mobilização de todos os setores comunitários para enfrentar solidariamente um problema "social". A prevenção do crime não interessa exclusivamente aos poderes públicos, ao sistema legal, senão a todos, à comunidade inteira. Não é um corpo "estranho", alheio à sociedade, senão mais um problema comunitário.

Por isso, esteja atento, pergunte, questione, busque saber mais sobre como o governo atual, em todas as esferas (federal, estadual e municipal), tem agido em relação à defesa de um direito que é seu, mas que também é de sua responsabilidade.

Para saber mais

Confira a seguir o Plano Nacional de Segurança Pública e Defesa Social, o que poderá ser uma ótima oportunidade para você colocar seu conhecimento em prática e analisar o que tem potencial efetivo e o que não tem.
BRASIL. Ministério da Segurança Pública. Secretaria Nacional de Segurança Pública. **Plano e Política Nacional de Segurança Pública e Defesa Social.** Brasília, 2018. Disponível em: <https://www.justica.gov.br/news/copy_of_PlanoePolticaNacionaldeSeguranaPblicaeDefesaSocial.pdf>. Acesso em: 5 ago. 2021.

Síntese

Conforme vimos neste capítulo, a Segurança Pública, de acordo com o art. 144 da Constituição Federal (Brasil, 1988), é um dever do Estado e uma responsabilidade da sociedade, bem como da sociedade civil organizada. O Estado executa essa obrigação por meio de planos de política pública de segurança, os quais são desenvolvidos nos âmbitos federal, estadual e municipal.

Vimos ainda que as ações de Segurança Pública podem ser preventivas e repressivas. As medidas repressivas são realizadas por meio da polícia investigativa e da polícia ostensiva. Na esfera federal, são realizadas pela Polícia Federal; nas esferas estaduais, pelas Polícias Militar e Civil; e nas esferas municipais, pelas guardas municipais. Os municípios têm papel imprescindível no que se refere à segurança, visto que desenvolvem de maneira mais contundente a política preventiva de Segurança Pública.

Como você pôde observar em nosso estudo, a dicotomia entre políticas preventivas e políticas repressivas sempre foi uma discussão social. As teorias "mais armas, menos crimes" e "mais armas, mais crimes" foram desenvolvidas em muitos trabalhos. Os resultados indicam que mais armas produzem mais crimes contra a pessoa, mas menos crimes contra o patrimônio. No entanto, é válido destacar que as armas são essencialmente reconhecidas como elementos criminógenos, ou seja, motivadores de criminalidade.

Concluímos, então, neste capítulo, que a facilitação da compra e do porte de armas não é reconhecida como política pública, visto que dela não resulta a diminuição da criminalidade e da violência; portanto, não restabelece a segurança. Nesse sentido, antes de tudo, devem ser desenvolvidas políticas de prevenção, pois resultam em maiores índices de resultados positivos, ao passo que as políticas de repressão ostensivas, sem investigação de qualidade, só alimentam o ciclo do crime.

✦ ✦ ✦

capítulo quatro

Impacto econômico e social da violência e da criminalidade no Brasil

Conteúdos do capítulo:

- A relevância de se estimar o custo do crime.
- O custo social do crime e da violência e os métodos para sua aferição.
- O custo do crime no Brasil: gastos públicos e privados em segurança.
- Custos diretos da criminalidade e da violência.
- Qualidade dos gastos públicos e bem-estar social.

Após o estudo deste capítulo, você será capaz de:

1. perceber a relevância de se estimar o custo do crime;
2. analisar quais são os elementos que compõem a soma dos gastos com o crime;
3. explicar por que o Brasil tem gastos exacerbados com o crime, mas, ainda assim, continua sendo um país de insegurança;
4. identificar o impacto desses gastos na economia e no âmbito social;
5. compreender o cenário brasileiro.

Os estudos voltados aos fenômenos da violência e da criminalidade no Brasil, além de mensurarem os altos índices e demonstrarem que estamos diante de um grande problema, também destacam os gastos exacerbados com crime e violência que o Estado brasileiro despende anualmente.

Essa é uma das questões mais pertinentes que circundam essa discussão. Isso porque existe uma incoerência incontestável, já que o Brasil é um dos países que mais investe recursos em medidas de contenção da criminalidade violenta e, na mesma proporção, um dos mais violentos.

De acordo com as estimativas de Cerqueira et al. (2007), o Brasil gasta cerca de 6% de seu produto interno bruto (PIB) em políticas de Segurança Pública. Transformando essa medida em valores, gasta-se, proporcionalmente, o mesmo que se investe em educação. Entretanto, a criminalidade continua a avançar em um ritmo vertiginoso.

É diante deste cenário que compreender o custo da violência e da criminalidade permitirá a você, além de analisar como tem sido esses investimentos no decorrer dos anos, compreender no que exatamente se tem investido e quais as consequências dos investimentos equivocados. Tal compreensão auxiliará na análise global da realidade brasileira referente a esses fenômenos.

4.1 *A relevância de se estimar o custo do crime*

Na América Latina e no Caribe, entre os anos de 2004 e 2014, foram apresentados grandes avanços no que diz respeito às temáticas socioeconômicas. De acordo com os estudos de Jaitman e Keefer (2017, p. 1), nesse período, várias metas foram alcançadas, como a redução pela metade da pobreza, o que foi alcançado com antecedência de sete anos, tendo em vista o que foi proposto nos Objetivos de Desenvolvimento do Milênio (ODM) para 2015.

Apesar desses progressos, a criminalidade nessas áreas territoriais aumentou acima do esperado, tanto que esse perímetro passou a ser considerado o mais violento do planeta Terra, de modo que foi denominado pela Organização Mundial da Saúde (OMS) de *regiões epidêmicas*.

A região das Américas e do Caribe apresenta uma taxa alarmante de homicídios a cada 1 000 habitantes, concentrando 33% do total restante de homicídios do mundo, o que se torna chocante, se considerarmos que nessa região vivem apenas 9% de toda população global, elevando o nível de insegurança a um patamar superior.

Diante dessa realidade, muitas são as considerações relevantes, a exemplo das taxas de encarceramento que aumentaram e, consequentemente, geraram a superlotação dos cárceres nos últimos anos. No Brasil, essa afirmação se justifica, por exemplo, pelos números atualizados em 2020, disponibilizados pelo Núcleo de Estudos da Violência da Universidade de São Paulo (NEV-USP) em parceria com o Fórum Brasileiro de Segurança Pública, os quais, traduzidos em números absolutos, mantêm nosso país na terceira posição no *ranking* prisional, atrás apenas da China e dos Estados Unidos.

> *Para saber mais*
>
> O Monitor da Violência é uma parceria do NEV-USP com o Fórum Brasileiro de Segurança Pública e tem como objetivo chamar a atenção para o problema da criminalidade violenta e fomentar a discussão no país sobre a violência, buscando facilitar o acesso da população a diferentes dados, como número de mortes por mês em cada estado, efeitos colaterais da pandemia de Covid-19, crescimento da letalidade policial, entre outros números que são capazes de quantificar o gasto do crime no Brasil.
>
> G1. **Monitor da Violência**. Disponível em: <https://g1.globo.com/monitor-da-violencia/>. Acesso em: 6 ago. 2021.

Essa realidade faz com que os países que apresentam altos níveis de criminalidade e de população carcerária, como o Estado brasileiro, precisem despender esforços e altos valores, sobretudo em construções de presídios.

Para auferir estatisticamente tais dados, são necessárias diferentes tecnologias de ponta, assim como ocorre com tudo o que envolve a Segurança Pública, o que limita o desenvolvimento desses países em outras áreas, como educação, saúde e economia. Ademais, problemas como desemprego e outras disfunções sociais permanecem na fila de urgências dessas nações, o que acaba postergando o desenvolvimento social. Além disso, toda tensão advinda da criminalidade existente nessas regiões reflete socialmente em uma realidade altamente violenta, forçando tais populações a alterar seu comportamento natural para minimizar os riscos do crime.

Nesse sentido, os indivíduos acabam direcionando seu capital – que deveria ser disponibilizado para investimentos empresariais e produtividade, algo que permitiria o aquecimento da economia – para investimentos em casas, carros, escolas e outros setores que visam especialmente à segurança privada.

O corolário dessa situação é o eterno ciclo vicioso do Brasil da promessa de crescimento que nunca se cumpre, porque, objetivamente, tanto o governo não consegue quebrar esse ciclo quanto os particulares também passam a alimentá-lo quando são obrigados a alocar riquezas em outros setores. Como consequência, temos a desaceleração da economia, a baixa nos níveis de educação, o caos na saúde e níveis elevadíssimos de desemprego.

O ciclo vicioso apresentado na Figura 4.1 demonstra que as riquezas estão sempre girado em torno do mesmo fim, aquecendo apenas o setor de Segurança Pública, sem que outros potenciais solucionadores da questão, como educação, saúde e economia, possam ser acionados, de modo a fazerem parte desse ciclo.

Figura 4.1 – Ciclo vicioso da criminalidade

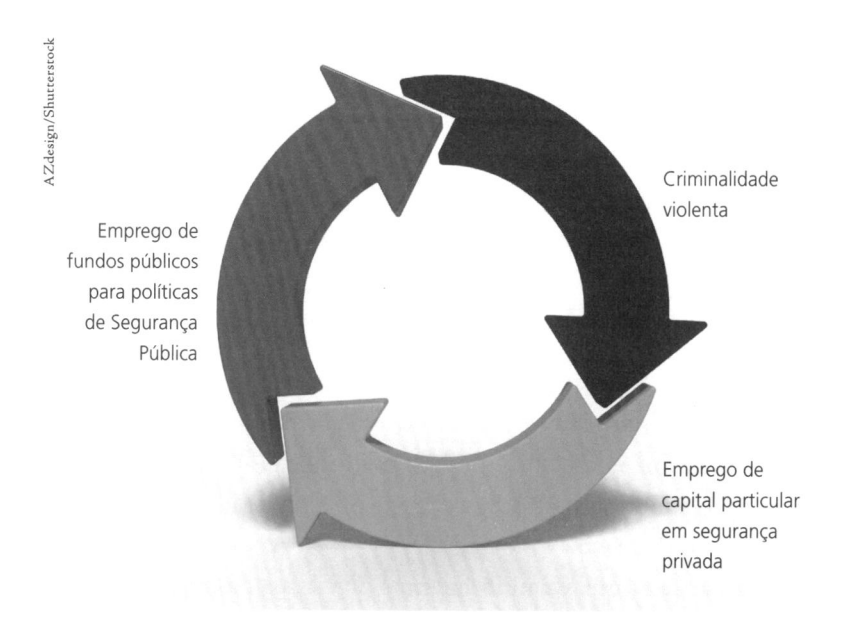

Criminalidade violenta

Emprego de fundos públicos para políticas de Segurança Pública

Emprego de capital particular em segurança privada

Em outras palavras, não ultrapassar os altos custos com violência e criminalidade é o principal fator que afasta o Brasil e os demais países da América do Sul da ascensão.

Diante dessa realidade, Kahn (1999, p. 43) levanta os seguintes questionamentos: "Qual é o preço que a sociedade paga por este crescimento dos índices de criminalidade? Estes investimentos têm se revelado compensadores para a sociedade? Haveria outras formas de investir estes mesmos recursos mais eficazmente?".

Nesse caso, mais do que compreender as políticas de Segurança Pública, devem ser feitos questionamentos sobre as estimativas dos gastos com a questão, isto é, verificar se elas são convenientes ao oferecerem uma visão do problema e facilitar a identificação dos setores que demandam melhores políticas e investimentos, seja por prevenção, seja por repressão, tanto de fundos privados quanto de fundos públicos.

De acordo com Kahn (1999, p. 43), "foi para responder estas perguntas que se criaram diferentes fórmulas e metodologias para estimar os custos da violência", permitindo-se, com isso, o desenvolvimento e a solução de certos problemas que poderiam passar despercebidos.

4.2 O custo social do crime e da violência e os métodos para sua aferição

Todas as ações desenvolvidas no âmbito das políticas públicas são norteadas ordinariamente pelo objetivo de melhorar o bem-estar do cidadão. Assim, falar de políticas de Segurança Pública é o mesmo que falar de políticas que assegurem o bem-estar do indivíduo diante da criminalidade e da violência.

Por conseguinte, quando falamos de custos da criminalidade, o que você deve ter em mente é a seguinte preocupação: Quanto a criminalidade tem afetado o bem-estar do cidadão?

Melhor dizendo, a preocupação se deve à relação entre custos e bem-estar (Jaitman; Keefer, 2017). Entretanto, estimar o bem-estar dos indivíduos na sociedade não é tarefa simples, sendo necessária a utilização de dados estatísticos para que se possa chegar o mais próximo possível do custo que esse bem-estar obriga o setor público a solver.

Ainda assim, para que possamos compreender o cruzamento, bem como o tratamento dessas informações ou desses dados, que são complexos e essenciais, eles devem ser processados por meio de algumas metodologias, que podem ser diferentes entre si.

Há hipóteses metodológicas que podem ser empregadas na análise de todos os decréscimos sociais. Algumas delas vão se diferenciar na prática, por integrar o cálculo de fatores distintos, e, assim, proporcionarão análises distintas. Nesse sentido, explica Kahn (1999, p. 43):

> Não há consenso sobre a melhor fórmula, o que se deve incluir ou deixar de fora dos cálculos, qual o peso de cada fator. Os custos podem ser classificados em preventivos e curativos, diretos e indiretos, perdas materiais e perdas humanas, tangíveis e intangíveis, econômicos e financeiros, custos para a sociedade ou para o cidadão, de curto ou de longo prazo, perdas pelo que se gasta ou pelo que se deixa de ganhar e assim por diante.

Essa situação metodológica díspar tem como resultado estimativas de custos com bem-estar que não apresentam consistência, diferindo de pesquisa para pesquisa, bem como de país para país. Por isso, neste capítulo, demonstraremos alguns métodos possíveis e, com eles, resultados diferentes de análise, mas que se demonstraram coerentes com o que se busca compreender, que é o custo do bem-estar do cidadão.

Entre as inúmeras metodologias para a estimativa do custo do crime, a mais utilizada habitualmente é a chamada ***metodologia contábil***. Há também a **metodologia de valoração de contingentes e de preços hedônicos**, que abarca o custo do crime em geral (Jaitman; Keefer, 2017).

Quanto ao **método contábil**, ele agrega somente alguns custos totais do crime, como os diretos e, até certo ponto, os indiretos, o que gera na doutrina um entendimento de ser esse um método mais conservador. Contudo, ele é capaz de agregar tanto custos reais quanto custos que são derivados de perdas econômicas que são puramente decorrentes do crime, ou seja, que não existiriam sem o método contábil. Tais perdas são consideradas nessa análise para satisfazer o dado "perdas diretas de bem-estar".

> *Para saber mais*
>
> Inúmeros autores utilizam o método contábil. Assim, destacamos aqui estudiosos que analisaram esse tema em diferentes cidades e países do mundo.
>
> Rondon e Andrade (2017) abordam a realidade brasileira mediante a análise do cenário de Belo Horizonte. Já Londoño e Guerrero abordam a realidade da América Latina, analisando cidades como Rio de Janeiro, Caracas, Lima, El Salvador e Cidade do México. Por sua vez, Mayhew analisa a realidade da Austrália e Brand e Price analisam a Inglaterra e o País de Gales.
>
> BRAND, S.; PRICE, R. **The Economic and Social Costs of Crime**. London: Home Office, 2000. (Home Office Research Study 217).
>
> LONDOÑO, J. L.; GUERRERO, R. **Violência en America Latina**: epidemiologia y costos. Washington, DC: Banco Interamericano de Desenvolvimento, 1999.
>
> MAYHEW, P. Counting the Costs of Crime in Australia: Technical Report. Australian Institute of Criminology Technical and Background Paper Series, n. 4, 2003.
>
> RONDON, V. V.; ANDRADE, M. M. V. Custos da criminalidade em Belo Horizonte. **Economia**, Niterói, v. 4, n. 2, p. 223-259, jul./dez. 2003. Disponível em: <https://www.ufrgs.br/ppge/giacomo/wp-content/uploads/2019/03/Custos-da-criminalidade-em-Belo-Horizonte.pdf>. Acesso em: 23 out. 2021.

Ainda que utilizando a mesma metodologia contábil, os estudos podem estimar resultados diferentes, visto que, embora seja uma regra a utilização de um conjunto de elementos, nem sempre são integrados os mesmos conjuntos.

Como exemplo, é possível mencionar alguns elementos que podem integrar a análise, como os gastos com a Segurança Pública; a renda não auferida pela população carcerária, pelos falecidos em decorrência do crime ou pelos que se tornaram incapazes; e os custos com saúde em decorrência de ferimentos ou aqueles considerados subjetivos, como o sofrimento.

Jaitman e Keefer (2017, p. 3), aplicando um modelo contábil sistemático, puderam comparar 17 países diferentes considerando um mesmo subconjunto, utilizando-se de um modelo econômico de estimativa de custos com o bem-estar. Para tais estudos, foram levados em conta gastos governamentais de segurança; probabilidade de vitimização; média das perdas das vítimas; período médio das sentenças; e custo do encarceramento.

Há também outras metodologias, como a de valoração contingente, que opera elementos subjetivos para alcançar a percepção do valor que um indivíduo dá a um bem público específico. Nesse caso, questiona-se a disposição a pagar, referente a determinados programas sociais e outras práticas que visem garantir a mitigação do crime.

Dessa forma, como o método parte de uma valoração de determinado bem, não demanda a integração de outros custos do crime referentes ao bem-estar. Jaitman e Keefer (2017, p. 3-4) resumem

> em um único número todas as dimensões que são relevantes do ponto de vista dos indivíduos, estejam elas relacionadas ao medo *ex ante* da vitimização e à mudança de comportamento ou às perdas ex post devido a ferimentos ou trauma. Esse método não requer conhecimento das especificidades de um determinando contexto para proporcionar estimativas e, portanto, produz informações comparáveis entre países ou ao longo do tempo.

Para saber mais

O modelo de valorização contingente tem sido utilizado em diversas áreas voltadas aos aspectos sociais, a exemplo da saúde, da cultura e da economia ambiental. Mais recentemente, tem sido aplicado à criminologia por Zarkin, Cates e Bala (2000), que buscam estimar o plano contra uso de drogas, e por Cook e Ludwig (2001), que o aplicam à análise de programas de desarmamento. Nagin e Piquero (2006), por sua vez, utilizam o método para examinar os resultados dos planos de recapacitação de jovens delinquentes, por meio de consultas à população via telefone. Por fim, Cohen et al. (2004) aplicam o método à análise do custo das políticas de prevenção da criminalidade violenta.

COHEN, M. A. et al. Willingness-to-Pay for Crime Control Programs. **Criminology**, v. 42, n. 1, p. 89-110, Feb. 2004.

COOK, P. J.; LUDWIG, J. The Benefitis of Reducing Gun Violence: Evidence from Contingent-Valuation Survey Data. **Journal of Risk and Uncertainty**, v. 22, n. 3, p. 207-226, May 2001.

NAGIN, D. S.; PIQUERO, A. R. **Public Preferences for Rehabilitation versus Incarceration of Juvenile Offenders**: Evidence from a Contingent Valuation Survey. Charlottesville: University of Virginia Law School, 2006. (The John M. Olin Program in Law and Economics Working Paper Series, n. 28).

ZARKIN, G. A.; CATES, S. C.; BALA, M. V. Estimating the Willingness to Pay for Drug Abuse Treatment: a Pilot Study. **Journal of Substantive Abuse Treatment**, v. 18, n. 2, p. 149-159, 2000.

O método de valoração contingente é bastante criticado em razão de as perguntas subjetivas a respeito de como as pessoas se sentiriam em certas intervenções ou condições não garantirem resultados fiáveis e precisos. A resposta do indivíduo pode não "corresponder ao seu comportamento quando se virem confrontados com eventos semelhantes", chamado por alguns autores de "ônus cognitivo" (Jaitman; Keefer, 2017, p. 4).

Além disso, o método de preços hedônicos também pode ser uma terceira forma de análise, que estimará o custo do crime pago com o bem-estar social por meio da disposição de uma pessoa em pagar por delitos considerados de classes inferiores.

Em outras palavras, e utilizando um exemplo prático, quando uma pessoa está predisposta a gastar para que determinado bairro com alta probabilidade de ser violento não venha a existir, o bônus a ser obtido para promover o bem-estar da não construção e, com isso, a diminuição da criminalidade pode ser tão grande quanto o gasto que esses indivíduos dispenderiam.

O modelo de preços hedônicos é muito utilizado pelo setor imobiliário, muitas vezes, para estimar a desvalorização do imóvel em virtude da criminalidade que circunda o perímetro onde ele está instalado.

> *Para saber mais*
>
> Thaler (1978) foi o primeiro autor a utilizar o método de preços hedônicos para mensurar o impacto da criminalidade na desvalorização de imóveis em determinando local de Nova Iorque, em virtude do alto índice de crimes contra o patrimônio e, mais especificamente, contra a propriedade.
>
> Depois disso, outros autores, como Hellman e Naroff (1979), Clark e Cosgrove (1990) e Lynch e Rasmussen (2001), fizeram uso do mesmo substrato para estimar a desvalorização de imóveis.
>
> CLARK, D. E.; COSGROVE, J. C. Hedonic Prices, Identification, and the Demand for Public Safety. **Journal of Regional Science**, v. 30, n. 1, p. 105-121, Feb. 1990.
>
> HELLMAN, D. A.; NAROFF, J. L. The Impact of Crime on Urban Residential Property Values. **Urban Studies**, n. 16, p. 105-112, 1979.
>
> LYNCH, A. K.; RASMUSSEN, D. W. Measuring the Impact of Crime on House Prices. **Applied Economics**, 33, p. 1.981-1.989, 2001.
>
> THALER, R. A Note on the Value of Crime Control: Evidence from the Property Market. Journal of Urban Economics, v. 5, n. 1, p. 137-145, Jan. 1978.

Com base nisso, o modelo de preços hedônicos garante uma mensuração indireta sobre o quanto as pessoas estão dispostas a pagar pelas políticas de mitigação da criminalidade, o que, dito de outra forma, significa o quanto certos indivíduos preferem dispender pela mitigação da perda do bem-estar.

Assim, tanto o método de valoração contingente quanto o de preços permitem analisar o quanto as pessoas estão dispostas a custear esses processos de mitigação. Isso também quer dizer que, em relação ao método contábil, é possível captar de forma mais eficaz os custos indiretos da criminalidade.

Além disso, foi utilizada por Cerqueira e Soares (2011, p. 10) outra hipótese de metodologia inspirada na teoria de Rosen (1988), segundo a qual procura-se "apreciar o valor do aumento da expectativa de vida para o indivíduo, ocasionado pela contrafactual eliminação da violência letal".

Pode-se ainda incrementar essa análise com outras características individuais, entre elas escolaridade, local de residência e gênero, objetivando-se calcular a renda e as hipóteses de sobrevivência, para finalmente calcular a disposição marginal a ser paga pela sociedade para diminuir a violência.

Há muitas outras metodologias que podem ser aplicadas para estimar o custo da violência e da criminalidade. Algumas são mais conservadoras, por considerarem apenas os custos diretos, ao passo que outras são menos, por incluírem nesse cálculo aspectos subjetivos do valor pago pelo bem-estar (custos indiretos). Contudo, é essencial que você tenha em mente que, a depender da metodologia utilizada, os resultados estimados podem não ser comparáveis.

Por essa razão, quando se analisa uma pesquisa que apresenta o custo do crime em determinada população, é preciso, antes de mais nada, saber quais são os métodos utilizados para a referida estimativa. Só assim você poderá conceber um juízo de valor sobre a confiabilidade desses dados e compreender o porquê – a depender da notícia que você leu ou do estudo que você utilizou como base – de os números serem tão divergentes, e poderá escolher aquele que traduzir melhor o custo do crime no Brasil.

4.3 O custo do crime no Brasil: gastos públicos e privados em segurança

A questão dos custos com o financiamento de qualquer política pública deve ser ponto fulcral do debate. E isso não é diferente com as políticas de Segurança Pública, já que, embora os gastos com esse tema só tenham apresentado crescimento, a população brasileira continua a sofrer com as mazelas da criminalidade, sem que qualquer progresso – especialmente no que se refere ao sentimento de segurança – seja verdadeiramente notado. Em outras palavras, trata-se de um gasto que, muitas vezes, é julgado como um verdadeiro investimento sem retorno, já que a criminalidade continua a crescer na medida em que os cidadãos continuam a doar mais do seu bem-estar e da economia produzida.

De acordo com notícia veiculada pela Secretaria-Geral da Presidência da República, entre 1996 e 2015, o gasto do crime saltou de uma plataforma de R$ 32 bilhões de reais, chegando a atingir outra muito superior, de R$ 90 bilhões de reais por ano (Brasil, 2018b).

Nesses montantes, estão computados tanto os gastos públicos em políticas públicas de repressão e prevenção quanto outros fatores, como os gastos com segurança privada. Em razão disso, são inúmeras as pesquisas voltadas à compreensão de períodos distintos de gastos, a fim de alcançar uma progressão histórica mais completa.

Gastos públicos dos entes federados: União, estados, Distrito Federal e municípios

O Fórum Brasileiro de Segurança Pública (2019, p. 14), analisando os gastos públicos com segurança entre 2002 e 2017, pôde apurar que, nesse período, os três entes federativos apresentaram crescimento de dispêndio: a União apresentou crescimento de 105%; os estados, de 64%; e os municípios, de 258%.

Nesse mesmo sentido, o relatório de conjuntura Custos Econômicos da Criminalidade no Brasil apresentou os impactos econômicos de 1996 a 2015, obtendo conclusões principalmente sobre o crescimento exorbitante. Nesse sentido, noticiou-se que:

> As principais conclusões do estudo são que os custos econômicos da criminalidade cresceram de forma substancial entre 1996 e 2015 – de 113 bilhões de reais para 285 bilhões de reais, já descontada a inflação no período, com um aumento de 170% nos custos públicos do setor e o incremento de 135% nos custos do setor privado no período. Apesar do significativo aumento real dos dispêndios em segurança pública nos últimos vinte anos, o relatório da SAE mostra que o retorno social no período foi limitado, com uma elevação nos índices de homicídio no país, de 35 mil para 54 mil. O total de homicídios no período de vinte anos em análise aponta uma perda de 450 bilhões de reais na capacidade produtiva do país. (Brasil, 2018c)

Ainda de acordo com a Secretaria-Geral do Governo Federal (Brasil, 2018c), integram os gastos da Administração Pública, com políticas de Segurança Pública, os custos de manutenção das guardas civis, municipais e militares, do corpo de bombeiros, das polícias federais (entre elas a polícia rodoviária), bem como os fundos nacionais e a força nacional.

Os gastos computados no período de 1996 a 2015, como o combate da criminalidade, são majoritariamente computados na parcela de custos dos Estados e do Distrito Federal que suportam 80%, tendo no período entre 2002 e 2017 apresentado um crescimento de 64%.

Já a União tem arcado com um média de 10% a 19%, tendo apresentado nos anos de 2002 a 2010 um crescimento que triplicou, chegando a uma estimativa de R$ 11,5 milhões de reais (Fórum..., 2019).

Já os municípios, que assumiam cerca de 3% dos gastos em 2002, saltaram para uma média de 6% da totalidade do dispêndio em 2017, o que, de acordo com o Fórum Brasileiro de Segurança Pública (2019), não só evidencia que os municípios têm passado a fazer parte da conta dos gastos, como também o valor dispendido tem crescido.

Sobre as despesas com Segurança Pública atribuídas aos entes federativos, o relatório demonstra que cada uma das unidades da federação findou o período entre 2013 e 2016 com altos índices de endividamento, o que não só pode ser considerado da perspectiva de impacto econômico, como também pode ser visto como uma barreira criada (Fórum..., 2019). Com a mitigação da criminalidade violenta, é possível estipular novos investimentos vindouros.

Avaliando os dados com base em uma ótica de representação estadual, chega a 60% a soma dos gastos em Segurança Pública de alguns estados brasileiros. Eles estão distribuídos da seguinte forma: São Paulo com 22,2%, Minas Gerais com 15,2%, Rio de Janeiro com 13,1% e Rio Grande do Sul e Bahia com cerca de 5,1%. Trata-se de valores que, apesar de considerados coerentes com relação à arrecadação estadual que possuem, à proporcionalidade e à guarda policial existente, não deixam de ser um número expressivo (Fórum..., 2019).

No que diz respeito aos municípios, o gasto tem demonstrado um avanço ininterrupto em relação aos gastos com Segurança Pública, tendo, no intervalo entre 2002 e 2017, crescido 245%. Esse aumento pode ser medido em municípios de diferentes dimensões populacionais. Nos menores, entre 5 000 e 10 000 habitantes, apesar de apresentarem o menor índice, entre 5% e 6%, essa curva não apresentou redução, e sim ascendência. Por sua vez, os municípios que continham entre 10 001 e 20 000 habitantes, bem como aqueles cuja população varia de 20 001 a 50 000, demonstraram um crescimento elevado, isto é, em torno de 200%. Da mesma forma, as localidades com população entre 100 001 e 500 000 habitantes chegaram ao índice de 350%, e os acima dessa média a 195% (Fórum..., 2019).

De acordo com a análise média *per capita* de despesas declaradas pelos munícipes conforme a faixa populacional – que, segundo o Fórum Brasileiro de Segurança Pública (2019), é uma função importante de ser relacionada por possibilitar a hipótese de comparação das populações –, no recorte de 2002 a 2017, a média *per capita* cresceu 115%, ou seja, de R$ 8,46 no ano de 2002 para R$ 18,15 em 2017.

> *O que é?*
>
> Renda *per capita*, ou renda pessoal, condiz com o total de renda auferida por indivíduos de uma comunidade, seja por salário, seja por aposentadoria, pensão ou outras formas de rendimento, que são contabilizadas em seu valor bruto, ou seja, antes de qualquer desconto público ou pessoal.
>
> Trata-se de um elemento de cálculo que busca auferir o nível de engajamento econômico de um país ou de uma região. Esse valor (renda *per capita*), então, pode ser auferido pela divisão da renda nacional ou, ainda, do produto nacional bruto (PNB) pelo número de habitantes. Esse é um indicador muito utilizado para a definição do padrão social de determinada população.

Além disso, é possível considerar, na soma dos gastos públicos, uma série de programas do Ministério da Justiça, referentes, por exemplo, à manutenção da Administração Pública, à previdência e a outros programas que ostentaram um incremento de 56% no intervalo entre 2002 e 2017. Isso significa que 70% dos gastos que o Ministério da Justiça dispende são referentes às despesas com guarda, sobretudo no âmbito do policiamento federal e do sistema rodoviário federal (Fórum..., 2019).

Além desses, outros programas relacionados às Operações Especiais incrementam tais números, bem como as despesas em fundos vinculados ao Ministério da Justiça, como o Fundo Nacional Antidrogas, o Fundo para Aparelhamento e Operalização das Atividades da Polícia Federal, o Fundo de Defesa de Direitos

Difusos e o Fundo Penitenciário Nacional, que foram demonstrados um a um no relatório do Fórum Brasileiro de Segurança Pública (2019), os quais, somados, traduzem 11,8% de todo o custo do ministério com Segurança Pública.

O gasto com Força Nacional também chama a atenção, visto que o Fórum Brasileiro de Segurança Pública (2019) auferiu que 63% da totalidade do montante disponível no único Fundo Nacional de Segurança Pública, em números, isto é, 445 milhões, evidenciam, sobretudo no ano de 2016, um aumento expressivo.

Ademais, sobre as ações do Ministério da Justiça, o relatório informa a "distribuição dos recursos", bem como a "limitada capacidade do órgão de estimular políticas nos Estados e nos Municípios" (Fórum..., 2019, p. 29), visto que, geralmente, a maioria dos recursos acaba sendo destinada apenas às Polícias Federais, não introduzindo, com isso, políticas nos demais entes federativos. Falamos, portanto, de uma estimativa referente ao ano de 2017, demonstrando que 76% das despesas foram direcionadas às Polícias Federais, contra 24% destinadas a outros setores (Fórum..., 2019).

> *Perguntas & respostas*
>
> Se o Ministério da Justiça fica limitado ao incentivo financeiro das polícias, seus recursos são limitados às ações reativas?
>
> Não. Entretanto, embora o Ministério da Justiça promova inúmeros programas vinculados a outras modalidades de políticas públicas que não aquelas voltadas apenas à repressão, a maior parte de seu orçamento é, desproporcionalmente, direcionado para as Polícias Federais, deixando de chegar aos âmbitos estadual ou municipal, como deveriam, para fomentar outros programas que atacam realidades mais particulares de cada localidade.
>
> O relatório do Fórum Brasileiro de Segurança Pública (2019, p. 29) identifica, nessa realidade, uma "dificuldade de o Governo Federal induzir políticas nos Estados, DF e municípios". Além disso, é preciso buscar

> compreender se, dentro desses repasses para o policiamento federal, as verbas são direcionadas ao policiamento científico ou se há também um repasse desproporcional.

Assim, o relatório chama a atenção para um relevante aspecto das despesas públicas com segurança:

> Embora a União seja o principal ente arrecadador, não é ela quem financia, sistematicamente, as políticas da área. Sua participação nas despesas do setor está relacionada ao financiamento de projetos pulverizados, seja em ações realizadas pelo próprio Ministério da Justiça, seja por meio de convênios com os entes federados, sem a obrigatoriedade de obediência às diretrizes e estratégias comuns para o atingimento de objetivos predefinidos. (Fórum..., 2019, p. 32)

Fica comprovado, dessa forma, que as políticas fomentadas pela União não necessariamente fortaleceram aquelas elaboradas e executadas por estados e municípios, o que, de certa forma, demonstra uma falta de alinhamento e de foco: "Alia-se a este aspecto o fato de que as escolhas programáticas do período são marcadas pela descontinuidade de ações e ausência de foco" (Fórum..., 2019, p. 32).

A realidade das relações intragovernamentais ganha acentuadas críticas, no sentido de compreender que, embora seja a União que obtenha a maior arrecadação de receitas, são os estados e o Distrito Federal que custeiam a maior parte dos gastos com Segurança Pública. Contudo, ainda sendo esses os entes que, por mais despenderem, mas precisem das verbas, ainda assim ficam à mercê da União.

Em razão disso, é necessário que a capacidade de coordenação das ações para Segurança Pública seja executada pela União de forma nacional e alinhada com os outros entes federativos, de forma a atender às peculiariedades dos distintos ambientes sociais estabelecidos no Brasil, não apenas se limitando a ações gerais, as quais não consideram a heterogeneidade dos estados e, principalmente, dos municípios.

Agora que você já conhece a divisão pública de receitas e gastos com o combate à violência e à criminalidade, mostraremos quais os elementos que compõem essa soma. Assim, dividiremos esses custos em diretos e indiretos, ou seja, em custos que resultam dos ferimentos e das perdas e danos causados diretamente pelo crime e pela violência e em custos ligados às questões subjetivas, como a mudança de hábitos e do comportamento das pessoas devido aos riscos que a criminalidade apresenta.

> *Para saber mais*
>
> O artigo a seguir aborda o tema dos custos diretos e indiretos no contexto econômico da América Latina.
>
> PLOTNIKOV, D. O alto custo da criminalidade na América Central. **IMF**, 16 jan. 2020. Disponível em: <https://www.imf.org/pt/News/Articles/2020/01/15/blog-the-high-cost-of-crime-in-central-america>. Acesso em: 6 ago. 2021.

Custos diretos da criminalidade e da violência

Como falamos anteriormente, os custos diretos do crime têm a ver com gastos realizados em consequência direta da ação criminosa, os quais podem ocorrer devido aos ferimentos, aos danos e às perdas das pessoas, devido aos próprios gastos com a segurança, tanto pública quanto privada, ou, ainda, a outros gastos efetuados em consequência da necessidade de responder ao crime, como os custos judiciais penais.

Para essa estimativa, Soares (2007) utilizou uma estratégia aparentemente simples sobre o custo do crime. De acordo com sua teoria, esse valor pode ser auferido por meio de uma relação da sociedade sem crime e com crime. Esse método, reconhecido como *método contábil*, também foi uma estratégia utilizada por Jaitman e Torre (2017) na análise da América Latina e Caribe.

Esse método, segundo os autores citados, é justificado por duas perspectivas: (1) "há custos incorridos pelas economias e perdas que elas sofrem que não seriam observadas na ausência da criminalidade"; e (2) "esses custos representam perdas diretas de bem-estar que não deveriam ocorrer e de recursos que poderiam potencialmente ser usados para outros fins" (Jaitman; Torre, 2017, p. 22).

Nesse mesmo estudo, os autores consideraram três categorias para a estimativa final. São elas:

> **Custos sociais do crime**, que incluem os custos de vitimização em termos de perda de qualidade de vida, devido a homicídios e outros crimes violentos e de renda não gerada da população encarcerada.
>
> **Custos incorridos pelo setor privado**, que incluem as despesas de empresas e domicílios com prevenção do crime, especificamente gastos com serviços de segurança.
>
> **Custos incorridos pelo governo**, que incluem despesas públicas com o sistema judicial, serviços policiais e administração de prisões. (Jaitman; Torre, 2017, p. 22, grifo do original)

Essa análise permitiu aos autores fazer uma estimativa voltada aos custos da criminalidade que afetam a economia. Entre eles, os que mais importam são os que se referem à vitimização, porque são entendidos como "renda não gerada" pelas pessoas que foram vítimas do delito.

Tal soma poderia ser avaliada por meio da identificação de anos de vida saudável que determinada pessoa, vítima de homicídio, teria, mas dos quais foi privada, exercício que também pode funcionar no caso não apenas da morte, mas das incapacidades decorrentes de uma ação violenta.

Essa perspectiva de renda não gerada pode ser também transposta para a renda não gerada pela população carcerárea, ou seja, o buraco deixado na economia da sociedade. Trata-se de uma perspectiva que, apesar de não ser muito utilizada como elemento de cálculo no Brasil, poderia ser somada aos gastos efetivos com o encarceramento.

Assim, se analisados na América Latina, os custos associados ao crime chegam a somar 1% ou mais do PIB, sendo que 0,7% desse valor está relacionado aos gastos com homicídios. No que diz respeito às rendas não auferidas em virtude de homícido, a porcentagem chega a 0,32% do PIB, ao passo que os custos de crime não letais ficam na média de 0,12% do PIB (Jaitman; Torre, 2017).

> *O que é?*
>
> Produto Interno Bruto (PIB) é o resultado de bens e serviços finais obtidos por uma comunidade (país, estado ou cidade) durante o período de um ano.
>
> Geralmente, esse número é calculado com base na moeda nacional, levando-se em conta dados fornecidos pelo Instituto Brasileiro de Geografia e Estatística (IBGE) e outros elementos, como o Balanço de Pagamentos disponibilizado pelo Banco Central, a Produção Agrícola Municipal, além de outras pesquisas, entre elas, a Pesquisa Anual de Serviços e a Pesquisa Mensal de Comércio.
>
> Com base nesse índice, pode-se compreender a realidade econômica de um país comparando sua linha histórica.

Rendas não geradas pela população prisional e gastos dispendidos com ela

O trabalho de Jaitman e Torre (2017) demonstrou que a renda não auferida pelas pessoas encarceradas nos 17 países analisados diz respeito a um montante de US $ 8,4 bilhões ao longo do ano de 2014.

Como dissemos, esse não é um método comumente utilizado pelas doutrinas especializadas na estimativa dos custos do crime no Brasil, embora o próprio Governo Federal reconheça que "a criminalidade no Brasil impõe perdas diretas na capacidade produtiva decorrente da redução de força de trabalho disponível", nos casos de jovens que morrem em decorrência de homícidios, gerando uma perda de produtividade que, por vezes, se traduz em uma redução de R$ 550 mil reais por ano (Brasil, 2018b). O que queremos dizer com isso é que, embora não haja muitas análises nesse sentido, em analogia à consideração da perda de produtividade por homicídios, parece-nos necessário estimular o pensamento sobre o que se perde, tanto em relação à mortalidade quanto em relação ao encarceramento.

Em palavras mais claras, Jaitman e Torre (2017, p. 43) reconhecem que o efeito incapacitante do cárcere vai além da atividade criminosa, já que "a supressão da atividade criminosa consiste também na supressão de uma fonte de renda na economia".

No caso do encarceramento, falando especificamente do Brasil, a maior parte do dia de um detento é inutilizado, tanto no sentido da ideia de reinserção social, mais comumente considerada, quanto no que diz respeito à produção e ao contributo para o aquecimento econômico.

É certo que não se pode limitar a perda pecuniária propriamente dita, já que, obviamente, perde-se mais do que isso quando alguém vai preso. Ainda assim, é importante considerar que não somente os envolvidos perdem com a morte e o encarceramento, visto que isso atinge tanto a economia quanto a sociedade.

> Você poderá adicionar à perspectiva de avaliação econômica o que se perde com a população encarcerada, contribuindo igualmente para aquela análise preventiva que fizemos no capítulo anterior, voltada à prevenção de que pessoas sejam presas em casos em que não há necessidade de aplicação de pena de reclusão.

Há também o próprio custo do encarceramento, que pode ser avaliado pelo método avaliativo. Para seu relatório, o Fórum Brasileiro de Segurança Pública (2019) utilizou como componente de cáculo os valores pagos às famílias de presos entre 1996 e 2015, referentes ao Auxílio Reclusão da Previdência Social, valores que cresceram em 318%; enquanto, em relação aos valores pagos, a título salarial para funcionários públicos do setor, o aumento foi estimado em 141%.

> *O que é?*
> Auxílio Reclusão é um benefício do sistema previdenciário do Brasil que tem como objetivo garantir o bem-estar da família de baixa renda de uma pessoa segurada da Previdência Social.
>
> Esse benefício encontra previsão no art. 201 da Constituição Federal de 1988 (Brasil, 1988). Trata-se de um direito dos dependentes dos segurados de baixa renda, entendendo-se por "baixa renda" aqueles que tiverem como último salário recebido o valor de R$ 1.319,18, (embora esse valor sofra reajuste anual, a depender da Portaria do Governo).
>
> O cálculo do Auxílio Reclusão é feito por meio de uma média aritmética das contribuições previdenciárias feitas pelo segurado, eliminando dessa conta as 20% que tenham sido menores, tendo por finalidade a manutenção das condições dos dependentes do segurado.

Somando os valores de Auxílio Reclusão com o aumento das rendas salariais do funcionalismo público, foi contabilizado, em 1995, um total de R$ 6 bilhões, valor que subiu para R$ 16 bilhões nos últimos anos avaliados. Isso representa um crescimento de 142% do dispêndio financeiro com o crime em 20 anos.

Podemos ainda presumir, pelas estimativas que consideram grandes períodos de tempos, que esses números não encontrarão, tão cedo, algum nível de abrandamento, como é o caso dos números levantados pelo Departamento Penitenciário Nacional (Depen) em 2020, os quais apontam que, nos últimos 20 anos, a população carcerária no Brasil triplicou, chegando a um número de 773 151 mil pessoas nos primeiros seis meses de 2019 (Brasil, 2020).

Conforme o Depen, o índice de pessoas presas, contabilizadas a cada 100 000 mil habitantes nesse período, ficou assim: de 61 indivíduos a cada 100 mil em 1990 saltou para 367,91 indivíduos a cada 100 mil em junho de 2019, o maior índice da história do Brasil (Borges, 2020).

Com isso, o Brasil detém, segundo o Depen (citado por Borges, 2020), uma das maiores populações encarceradas do mundo, estando nas primeiras linhas dessa contagem os seguintes estados:

- São Paulo, que mantém 233 755 presos (estado com o maior número nacional de encarcerados);
- Minas Gerais, que detém 78 003 dos presos do país;
- Rio de Janeiro, com 59 966 dos presos do país;
- Rio Grande do Sul, com 40 687 dos presos do país;
- Pernambuco, com 33 555 dos presos do país.

Nesse sentido, é alarmante a situação da Bahia, onde 50,69% da população carcerária não foi sequer julgada, definitivamente (Borges, 2020).

Além disso, de acordo com a estimativa feita por Jaitman e Torre (2017) nas Américas e no Caribe, no que se refere aos custos globais do encarceramento (gastos públicos com a administração carcerária) e às perdas decorrentes do cerceamento de liberdade da população prisional, o Brasil é o terceiro país, entre 17 países, que mais perde, com aproximadamente 0,20% de seu PIB destinado a minimizar essas perdas.

Assim, esse cenário permite justificar nossa afirmação de que, possivelmente, você continuará a ver essa modalidade de gastos que é tão ineficaz e, ainda, impacta tanto os setores econômicos quanto os sociais.

> ## Exercício resolvido
>
> Tendo em vista os impactos dos números sobre a população prisional, tanto no sentido econômico quanto no sentido social, classifique as proposições a seguir como verdadeiras (V) ou falsas (F).
>
> ( ) O gasto com a população carcerária não pode integrar um custo direto do crime, pois eles não apresentam nexo de causalidade, ou seja, não são consequências visíveis, e sim subjetivas.
>
> ( ) O gasto com a população carcerária se enquadra no custo direto do crime, pois sem o crime o gasto não existiria; logo, há aqui um nexo de causalidade. Além disso, considerando o elemento renda não gerada, se não houvesse o crime, alguma renda, ao menos, poderia ser esperada.
>
> ( ) Custos diretos dizem respeito aos custos provenientes, por exemplo, de perdas e danos, ferimentos e mortes em razão do crime. Já os custos indiretos carregam consigo uma carga de subjetividade: pode ser, por exemplo, uma alteração no comportamento de certos habitantes de determinado país, a qual pode ser imaterialmente considerada um efeito da criminalidade e do risco de vitimização daquele espaço.
>
> ( ) Custos indiretos dizem respeito àqueles gastos que ocorrem essencialmente de forma subjetiva; porém, esses custos são estimados por uma análise guarnecida de complexidade. Por exemplo, considera-se o aspecto medo do crime ou da violência e outros que não apresentam um nexo de causalidade completamente visível, assim como inúmeras outras consequências do crime e da violência que não são palpáveis.
>
> Agora, assinale a alternativa que apresenta a sequência correta:
> a. V; V; F; F.
> b. F; V; V; V.
> c. V; F; V; F.
> d. V; V; V; V.

> **Gabarito:** b
>
> ***Feedback* do exercício:** Os gastos diretos, como a própria denominação sugere, são aqueles que apresentam nexo de causalidade passível de mensuração. Do mesmo modo, pode-se dizer que são gastos que apresentam nexo de causalidade, ou seja, são diretos. Conforme Silva (2015) ressalta, são gastos que não existiriam se não houvesse crime; por isso, são consequências diretas.
>
> São exemplos comuns de custos diretos perdas e danos, dispêndio de recursos financeiros com saúde pública, homicídios, entre outros. Ao contrário dos gastos diretos, os *indiretos* ou *intangíveis* são assim chamados por serem subjetivos – por exemplo, o medo que a população tem em virtude dos baixos investimentos em determinada área da cidade, os quais resultam em altas taxas de criminalidade. Nesses casos, o nexo de causalidade está presente, porém não é visível nem palpável.

Sistema de Saúde Pública

Outro elemento muito utilizado para o cálculo dos gastos públicos com a criminalidade vem dos custos com a rede pública de saúde. Por isso, muitas vezes, a violência e a criminalidade são encaradas como uma epidemia pela Organização Mundial da Saúde (OMS), como no caso da Prevenção de Lesões no Trânsito, realizada em 2004. Isso acontece porque, assim como as epidemias, a violência e a criminalidade geram para a saúde pública um impacto econômico e social importante de ser considerado, em razão de sua extrema prejudicialidade.

Entre 1998 e 2004, ao considerar elementos como os custos associados às internações no Sistema Único de Saúde (SUS) e os custos relativos aos tratamentos ambulatoriais, além de outras despesas governamentais e fiscais, Cerqueira et al. (2007) constataram que o custo para o tratamento das vítimas de causas externas, de agressões e de acidentes de transporte correspondiam, respectivamente, a 3,8 bilhões, 206 milhões e 769 milhões de reais.

> ### Perguntas & respostas
>
> Existe alguma forma de monitoramento da violência e dos acidentes para que sejam contabilizados além dos registros do SUS?
>
> Sim. Em 2005, a partir do Departamento de Análise de Situação da Saúde da Secretaria de Vigilância da Saúde, pertencente ao Ministério da Saúde, criou-se o relatório para Vigilância de Violências e Acidentes (Viva).
>
> Assim, foi criada uma rede com o intuito de identificar, com base em números, as características das violências que chegavam até os atendimentos pré-hospitalares, sendo que dentro desse sistema, além do Viva inquérito, ainda existia o Viva contínuo, que era um relatório sobre as notificações da violência.
>
> O primeiro relatório foi elaborado em 4 anos consecutivos, a partir de 2006, e em 2014. Já o Viva Contínuo passou a ser uma obrigatoriedade de todos os serviços de saúde do país, que passaram a notificar a violência às autoridades. No ano de 2011, esses dois relatórios incorporaram o sistema Viva como ele é conhecido hoje: um órgão responsável por esse monitoramento na saúde pública.

Se, por um lado, esses custos ainda são difíceis de ultrapassar, pelo simples fato de que falamos de valores altíssimos, por outro, comparados com outras regiões, torna-se ainda mais complexo quando nos recordamos que tratamos apenas dos gastos públicos. Somam-se aos custos da saúde pública os gastos dos particulares com a saúde privada, para os casos que fogem à regra dos gastos ambulatoriais naturais.

Em síntese, os gastos públicos com a criminalidade são grandes, porém nunca suficientes e sempre ineficazes, por inúmeras razões. Por isso, trata-se de uma questão que não estamos próximos de alcançar, e se nos dispersarmos de fatos e dados como expostos até aqui, continuaremos em meio ao caos, porém sem fundamentos prévios para pleito de soluções eficazes.

Você poderá notar isso analisando, ainda que brevemente, os índices de gastos privados com segurança ao longo da história.

Gastos privados com segurança

No intuito de alcançar o sentimento de segurança em relação à manutenção da vida, bem como do patrimônio, as pessoas em comunidades onde a criminalidade é presente têm buscado, cada vez mais, bens e serviços que possam garantir esse retorno, o que, por consequência, também fomenta a indústria de segurança privada.

Esse artifício privado é considerado pela legislação brasileira como um tipo de segurança orgânica legítima. Entretanto, o que vem chamando a atenção ultimamente é que, cada vez mais, cidadãos são obrigados a abrir mão do bem-estar social que poderia ser financiado pelos rendimentos auferidos pelo labor próprio.

A segurança privada, na atualidade, é uma realidade da vida em comunidade. Falamos de segurança, por exemplo, quando nos referimos à necessidade de contratação de serviços como blindagem de carros e instalação de alarmes, câmeras e cercas elétricas em residências privadas e empresas, algo que, em sociedades em que o monopólio da violência está distribuído nas organizações criminosas e na criminalidade, são condições que extrapolam o luxo, passando a ser uma necessidade, embora não seja essa uma realidade possível para todos os cidadãos.

Figura 4.2 – O investimento do particular em segurança

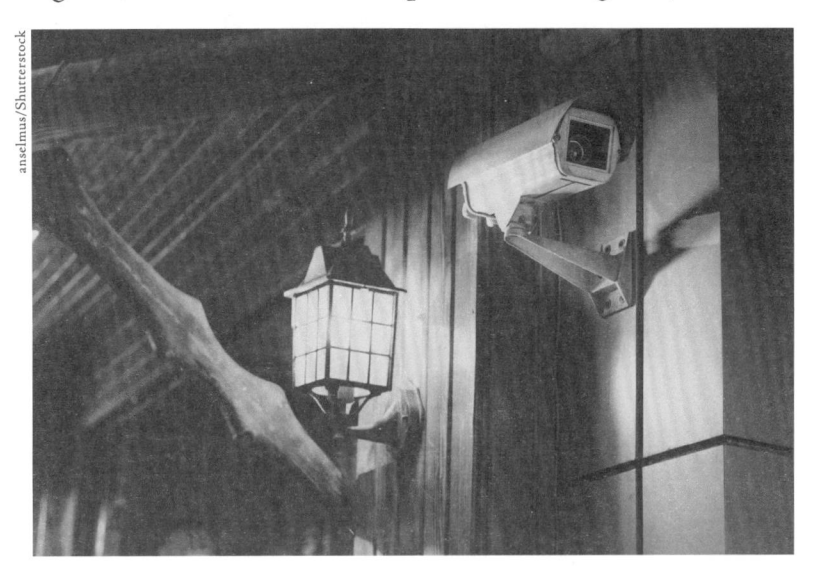

Nesse quesito, considerando apenas os custos com a prevenção do crime por meio de dados produzidos por empresas de segurança, sem considerar os bens roubados e outros que, por vezes, entram como elementos de cálculo do custo do crime, as estimativas de Jaitman e Torre (2017, p. 25) concluíram que o gasto com segurança privada, nas Américas e no Caribe, é elevado, estando estimado entre 0,81% e 1,37% do PIB.

Considera-se que o Brasil, nessa conta, transita entre um percentual de 1% a 1,9% do PIB geral, ao passo que o Uruguai, por exemplo, é considerado um dos países com os mais baixos índices das Américas (Jaitman; Torre, 2017).

O relatório da Secretaria-Geral da Presidência da República, computando os valores desembolsados pelos brasileiros com segurança privada, avaliou que esses gastos "triplicaram de cerca de 20 bilhões de reais para 60 bilhões de reais, o que representa 0,94% do PIB do país" (Brasil, 2018c).

Alguns autores, como Zedner (2006) e Fenavist (2019), evidenciam nesse cenário uma transferência dos gastos que, *a priori*, seriam dever público para a competência privada. Contudo, embora os autores vislumbrem nisso uma eventual diminuição dos gastos públicos, essa sequer é uma realidade brasileira, visto que aqui os cidadãos são obrigados a garantir o financiamento duplamente, seja por pagamento de impostos, taxas e contribuições, seja por contratação de serviços de segurança privada.

Um elemento que fez parte do cálculo de Cerqueira et al. (2007) a respeito dos gastos privados com segurança, que inclusive foi desconsiderado nas análises da América Latina e do Caribe, foram as perdas de bens materiais decorrentes dos crimes de roubo ou furto. Utilizando um método um tanto diferente dos outros países, que buscam o resultado dessas estimativas nas pesquisas nacionais de vitimização, os autores elaboraram uma análise com base no valor médio dos bens perdidos.

Tais perdas são uma realidade na sociedade brasileira e impactam negativamente as condições socioeconômicas da população. Ao considerarmos os altos índices de perda de bens materiais, como os estimados no ano de 2003, que ficaram na ordem de R$ 5,4 bilhões, compreendemos que é preciso incrementar a conta desses custos, razão pela qual indicamos que você esteja atento a isso.

Exemplificando

É dever do Estado garantir a segurança e a saúde pública. Então, quando o cidadão necessita aumentar os muros de sua casa, contratar outros serviços prestados a título de vigilância patrimonial ou mesmo seguros de perdas e danos – segundo Cerqueira et al. (2007), entre 1995 e 2005, a sociedade havia investido R$ 14,5 bilhões em seguros –, o particular está tomando para si o dever público.

Podemos encarar isso como uma transferência de obrigações do público ao privado, já que, embora a segurança seja uma responsabilidade

> de todo cidadão, ela é um dever do Estado. Assim, é um exemplo dessa delegação de função, ainda que de forma parcial, o poder de ação contra a criminalidade com a utilização das armas de fogo por aqueles que, originariamente, não teriam essa responsabilidade.

Os resultados dessa situação impactam, por exemplo, os níveis de rentabilidade, visto que, no momento em que o particular opta por alocar seu capital em determinados setores, como a segurança privada, deixam de investir em outras áreas de melhor aproveitamento financeiro, com potenciais resultados de lucro (Williams, 2005). Cabe ainda mencionarmos que esse setor também movimenta, de alguma forma, a rotatividade de armas de fogo na sociedade, colaborando negativamente para os desfechos violentos, como já mencionado.

Também são considerados custos os gastos particulares com serviços médicos e terapêuticos em decorrência da criminalidade, como os estimados pelas investigações da Secretaria Especial de Assuntos Estratégicos (Brasil, 2018c).

A partir de indicadores que são utilizados igualmente pelo Ministério da Saúde do Brasil, quais sejam, o Sistema de Informações Hospitalares (SIH-SUS) e o Sistema de Informações Ambulatoriais (SIA-SUS), adicionando ainda a eventual perda de capacidade de produção da vítima em razão de ferimentos não fatais, o mencionado relatório auferiu que esse custo teve uma variação relevante entre os anos de 1996 e 2015, quando saltou de 1,8 bilhões para 2,6 bilhões de reais, o que, de acordo com o relatório, corresponde a 0,05% do PIB nacional nesse intervalo de tempo (Brasil, 2018b).

Kahn (1999, p. 43), avaliando os "gastos feitos diretamente pelos indivíduos ou empresas para a compra do bem 'segurança' ou perda de patrimônio direta em função do crime", conclui que os custos com crimes de colarinho branco – embora pareçam de menor relevância quando comparados aos homicídios – perfazem atualmente, no Brasil, grandes perdas sociais e um enorme impacto socioeconômico.

Exercício resolvido

De acordo com o que foi demonstrado até aqui, alguns impactos, tanto no sentido econômico quanto no social, já podem ser estimados. Dessa forma, analise as afirmações a seguir e classifique-as como verdadeiras (V) ou falsas (F).

( ) O gasto em relação à população carcerária tem um impacto econômico e social direto, visto que os recursos públicos que poderiam ser alocados em outros setores, possibilitando o bem-estar social, não o são, de forma que, embora o gasto seja aviltante, não há recomposição dos níveis de bem-estar da população.

( ) O gasto com segurança privada é um dos elementos de análise do impacto econômico e social, já que, da mesma forma que os recursos públicos poderiam ser destinados para outros fins além da Segurança Pública, os gastos particulares também poderiam garantir outras satisfações sociais. Por isso, é correto dizer que esses gastos causam impacto tanto no setor econômico quanto no social.

( ) Os gastos públicos com segurança, quando não têm um alinhamento de estratégia como, por vezes, acontece na relação entre União, estados, Distrito Federal e municípios, podem ser a causa de um incremento na desestabilização e no impacto social das esferas pública e privada.

( ) Embora seja a União que detém o maior capital arrecadado, são os estados que têm os maiores gastos com a Segurança Pública, de forma que é evidenciada uma desproporcionalidade nessa relação que, ademais, afeta também os municípios, de forma a gerar um impacto social em virtude da falta de estratégia eficaz no emprego do capital público.

Agora, assinale a alternativa que apresenta a sequência correta:
a. V; V; F; F.
b. F; V; V; V.
c. V; F; V; F.
d. V; V; V; V.

Gabarito: d

Feedback do exercício: O custo da população carcerária é, atualmente, um dos elementos fulcrais que impactam tanto a economia quanto a sociedade, visto que, embora os gastos sejam altíssimos, justificando as mazelas na economia, são também ineficientes, pois a sociedade continua a sofrer com o crime, de forma que, se esses gastos diminuíssem, o valor poderia ser redirecionado para outro setor.

Da mesma maneira, se os gastos do setor público fossem suficientes, o setor privado teria uma redução drástica nos gastos com segurança privada, remanejando capital social para outros investimentos privados, também necessários ao desenvolvimento da economia. Diante disso, observa-se que o custo da população carcerária gera um impedimento ao desenvolvimento econômico e, por consequência social, há um impacto considerável em ambas as esferas.

A falta de foco no direcionamento de dinheiro público para segurança pode gerar sérias consequências para o setor da economia, entre elas os gastos injustificados. Nesse sentido, é preciso haver um alinhamento nos investimentos dos três entes federativos, caso contrário, expõe-se a sociedade ao risco do impacto econômico e social.

4.4 Qualidade dos gastos públicos e bem-estar social

Como você pôde avaliar no decorrer deste capítulo, o Brasil é um dos países que apresenta uma das maiores estimativas de gastos com o crime e a violência, tendo desembolsado para isso US$ 75.894 milhões de dólares em 2014.

De acordo com Caprirolo, Jaitman e Mello (2017), esse valor significa uma porcentagem de 53% de todos os gastos com criminalidade e violência de toda a América Latina e o Caribe, e de 78% de todos os gastos do Cone Sul (Argentina, Chile, Paraguai, Brasil e Uruguai). Esse resultado advém de um cálculo considerado conservador, visto que, no Brasil, a maioria dos índices só considera os gastos diretos com o crime. Por isso, se fossem considerados os gastos subjetivos, por certo esses números aumentariam, apresentando uma realidade ainda mais preocupante.

Com isso, o custo do crime no Brasil em 2014 foi de 3,14% do PIB, uma taxa superior à média de todos os países da América Latina, que é de 3%. Esse percentual se torna muito mais dramático quando comparado aos países do Cone Sul, que hoje é de 2,5% (Caprirolo; Jaitman; Mello, 2017).

O estudo de Caprirolo, Jaitman e Mello (2017) foi o primeiro a realizar uma investigação sistemática e comparativa dos custos do Brasil com o crime em relação aos planos internacional e regional, considerando-se, com isso, as heterogeneidades dos estados.

Assim, se comparado aos estudos de Cerqueira et al. (2007), que, além de analisarem um período diferente (1995-2005), consideraram apenas os custos sociais relativos aos homicídios, isso pode gerar uma diferença nos resultados e apresentar números ainda maiores, em virtude da maior rigidez dos métodos.

Assim, de acordo com Cerqueira et al. (2007), o custo do crime no Brasil no período analisado giraria em torno de 5,1% do PIB, ao passo que vimos na análise de Caprirolo, Jaitman e Mello (2017) que tais custos chegaram a um resultado de 3,14%. Com isso, queremos que você tenha em mente que pode haver resultados distintos, essencialmente se tratarmos tais fatos em âmbitos diferentes.

Cerqueira et al. (2007) consideram apenas os gastos públicos, auferindo que a evolução das despesas do sistema público totalizou US$ 28 bilhões de dólares no ano de 2005, sendo que o mais interessante dessa investigação é que foi fornecida uma estimativa *per capita* de R$ 154,89, o que significa que os cidadãos brasileiros pagam individualmente esse valor.

Por fim, é igualmente relevante que você possa vislumbrar um breve panorama histórico sobre os custos da Segurança Pública, no passado e no presente, para dar alcance à visão para novos caminhos.

Exercício resolvido

Tendo em vista o impacto que os números sobre a população prisional podem ter, tanto no sentido econômico quanto no sentido social, analise as afirmações a seguir e classifique-as como verdadeiras (V) ou falsas (F).

( ) O gasto com a população carcerária não pode integrar um custo direto do crime, visto que não há nexo de causalidade, ou seja, não são consequências visíveis, e sim subjetivas.

( ) O gasto com a população carcerária se enquadra no custo direto do crime, pois, sem o crime, o gasto não existiria; logo, há aqui um nexo de causalidade, além de que, se igualmente analisado o caso, considerando-se a renda não gerada, se não houvesse crime, alguma renda ao menos poderia ser esperada.

( ) Custos diretos dizem respeito a custos que podem ser provenientes, por exemplo, de perdas e danos, ferimentos e mortes em razão do crime. Já os custos indiretos carregam consigo uma carga de subjetividade quando, por exemplo, são considerados por uma alteração do comportamento de certos habitantes da população de determinado país, que pode ser imaterialmente considerado um efeito da criminalidade e do risco de vitimização daquele espaço.

( ) Custos indiretos dizem respeito àqueles gastos que ocorrem essencialmente de forma subjetiva. Entretanto, esses custos são estimados por uma análise guarnecida de complexidade, uma vez que, por exemplo, consideram aspectos como medo do crime ou da violência e outros que não apresentam um nexo de causalidade completamente visível, assim como inúmeras outras consequências do crime e da violência que não são palpáveis.

Agora, assinale a alternativa que indica a sequência correta:
a. V; V; F; F.
b. F; V; V; V.
c. V; F; V; F.
d. V; V; V; V.

Gabarito: b

Feedback **do exercício:** Os *gastos diretos*, como a própria denominação sugere, são aqueles que apresentam nexo de causalidade passível de mensuração. Do mesmo modo, pode-se dizer que são gastos que apresentam nexo de causalidade, ou seja, são diretos (não existiriam sem o crime); por isso, são consequências diretas (Silva, 2015).

São exemplos comuns de custos diretos as perdas e os danos, o dispêndio de recursos financeiros com a saúde pública – os homicídios –, entre outros. Ao contrário dos gastos diretos, os gastos *indiretos* ou *intangíveis* são assim chamados por partirem de uma análise subjetiva e de um resultado igualmente subjetivo que relaciona, por exemplo, o medo que a população tem como consequência do pouco investimento em determinada área da cidade e da criminalidade ali presente, de forma que são questões de relação comprovada (nexo de causalidade presente), embora não sejam visíveis, palpáveis.

Custos do crime: passado e presente e as estimativas

Concordamos com Cerqueira et al. (2007) sobre as estimativas aqui trazidas, que devem ser vistas, sobretudo, não apenascomo uma forma de adicionar números ao debate público – que, como você pode ver, são voláteis, a depender do método que se usa para investigá-los –, mas no intuito de tornar a discussão uma questão racional, mais do que apenas midiática e emocional.

Assim, os resultados aqui expostos devem representar para você a gradiosidade, bem como a gravidade do problema que enfrentamos, uma questão que vai muito além de constatações sobre números, problemas que impactam direta e indiretamente o bem-estar da sociedade e o desenvolvimento econômico do país.

Por isso, embora os gastos sejam essenciais, eles devem ser repensados e remanejados para objetivos que possam concretizar melhorias a curto, médio e longo prazos, com a finalidade de devolver à sociedade parte de seu bem-estar. Isso é algo que só poderá ser exequível se não nos esquecermos de analisar passado, presente e futuro nos custos de segurança.

Tal observação poderá ajudar você de inúmeras formas, sobretudo no que se refere à compreensão do caminho que tem sido trilhado, para que seja possível a realização de uma análise crítica sobre a matéria, de modo que você possa vislumbrar ações positivas para o futuro.

Síntese

Neste capítulo, vimos como a estimativa dos gastos públicos e privados sobre a violência é relevante, pois, por meio delas, notamos um ciclo vicioso de altos dispêndios financeiros, tanto públicos quanto privados, os quais estão impactando econômica e socialmente o país como um todo. O Brasil, apesar de ser um dos países com as maiores despesas, tanto em Segurança Pública quanto em segurança privada, continua a ser um dos países com maiores índices de violência e criminalidade, o que evidencia uma incoerência do sistema.

Assim, quando falamos aqui de *custos da criminalidade*, o que você deve ter em mente é a seguinte preocupação: Quanto a criminalidade tem afetado o bem-estar do cidadão? Após essa compreensão, você deve buscar entender o porquê de o Brasil continuar a ser apenas uma promessa de desenvolvimento.

Ainda tratando dos custos da criminalidade, verificamos que, apesar destes recaírem principalmente sobre os estados, dependem efetivamente da União, poder que detém a maior parte do recolhimento contributivo. Diante disso, tanto estados quanto municípios ficam à mercê dos repasses da União, os quais nem sempre são satisfatórios e bem alocados, fato que é comprovado pelo crescimento da criminalidade nos municípios. Essa foi a razão pela qual estimou-se que os gastos desses entes também aumentaram drasticamente, no intervalo entre 2002 e 2017, acrescido em 245%, algo que prejudicou os municípios (Fórum..., 2019).

Vimos também que podem ser considerados custos do crime tanto aqueles que são diretos quanto os que são indiretos. No Brasil, os custos diretos costumam fazer parte da maioria das pesquisas e dizem respeito aos gastos da Administração Pública com políticas de Segurança Pública e manutenção das guardas municipais, Polícias Civil e Militar, corpo de bombeiros e Polícias Federais (inclusive a polícia rodoviária). Além disso, dizem respeito aos fundos nacionais e à força nacional em si, bem como à saúde pública, entre outros elementos.

Ainda neste capítulo tratamos sobre o mau gerenciamento dos custos do crime, que impacta não somente o setor público, mas também o setor privado, pois os particulares também despedem altos valores para salvaguardar a segurança de suas casas, seus carros e suas empresas, valores que poderiam ser destinados a outros fins, os quais aqueceriam a economia e garantiriam o bem-estar social.

Por fim, evidenciamos que os custos assumidos pelo governo são necessários; porém, devem ser repensados para que sejam custos com retorno efetivos, de modo a garantir o bem-estar social.

capítulo cinco

Análise criminal

Conteúdos do capítulo:

- Definições e fundamentos da análise criminal.
- Breve histórico da técnica investigativa de análise criminal.
- Função e justificativa de uma polícia baseada em evidências.
- Os tipos de análise criminal.
- O uso da análise criminal no Brasil.

Após o estudo deste capítulo, você será capaz de:

1. identificar o instrumento da análise criminal;
2. relacionar os fundamentos teóricos da análise criminal;
3. indicar os fundamentos práticos da análise criminal;
4. examinar a função essencial da informação de qualidade na investigação do crime;
5. entender como a análise criminal funciona na prática, tendo em vista suas categorias;
6. interpretar a estratégia brasileira de combate ao crime.

Apesar de a criminalidade e a violência serem, reconhecidamente, os principais problemas da sociedade brasileira a serem superados, demonstramos a você, leitor, que as estratégias empregadas pelo governo brasileiro, de repressão ostensiva e sem investigação de qualidade, não têm permitido que avancemos para um cenário mais próximo da mitigação dos impactos tanto sociais quanto econômicos.

Aliás, perceba que, embora o Brasil seja um dos países que mais gasta com combate ao crime, continuamos a ser uma das populações que habita um dos territórios mais violentos do mundo, o que permite justificar a necessidade de repensar a gestão de Segurança Pública.

Portanto, neste capítulo, apresentaremos um novo campo da justiça criminal, que visa auxiliar a análise criminal como incremento investigativo sistemático que se baseia, sobretudo, no cruzamento de dados mediante o uso da tecnologia. Essa estratégia visa permitir o desenvolvimento de um policiamento fundamentado, inicialmente, em evidências.

Após uma breve noção histórica, contendo fundamentos e justificativas da análise criminal, abrir-se-á para você um novo universo. Você compreenderá quais são os tipos de análise criminal e como elas são praticadas.

E aí, animado? Vamos então desvendar esse universo juntos.

5.1 *Definições e fundamentos da análise criminal*

Uma investigação tem como finalidade contribuir com a análise de informações, de modo a sugerir respostas e soluções realistas e importantes. Assim, a análise criminal está relacionada ao estudo e à prática da justiça criminal. Por meio dela, são empregados métodos sistemáticos de exame de dados e informações que podem ser utilizadas como base de sustentação e bússola norteadora para estratégias investigativas e ações policiais.

Em outras palavras, a análise criminal é um processo composto por análises sistemáticas, do qual são resultantes informações relevantes, como identificação de padrões, incidentes repetitivos e possíveis conexões. Essa análise pode ser utilizada como ferramenta estratégica, a qual proverá dados importantes sobre os crimes: como são executados do início ao fim, até que ponto estão interligados e como são seus procedimentos internos.

Pelas comparações entre relatórios de patrulha, notificações criminais, queixas e outros documentos que possam conter informações necessárias, a comunicação entre os órgãos legitimados para investigação e os agentes de polícia, que são responsáveis pela investigação de um caso, pode fornecer elementos relevantes para uma conclusão investigativa mais segura e eficaz.

Emig, Heck e Kravitz (1980, citados por Santos, 2017, p. 32, tradução nossa) definem *análise criminal* da seguinte forma:

> A análise do crime se refere ao conjunto de processos sistemáticos e analíticos que fornece informações oportunas e pertinentes sobre padrões e tendências do crime e suas correlações. É principalmente uma ferramenta tática. Relatórios de patrulha e registros de crimes fornecem dados sobre cenas de crimes, modus operandi, armas, roubos, veículos de fuga e suspeitos, analisando e comparando dados nos arquivos com essas informações importantes sobre as atividades nestas áreas patrulhadas. Contempla ainda a análise do padrão de crime, descrição de propriedades roubadas e identificação de suspeitos. Usando essas informações, as forças táticas podem dispor melhor de seus recursos.

É importante citar, ainda, o conceito utilizado pela Associação Internacional de Analistas Criminais (*International Association of Crime Analysts* – Iaca), para quem a análise do crime é uma profissão e um processo

> em que um conjunto de técnicas quantitativas e qualitativas é usado para analisar dados valiosos para as agências policiais e suas comunidades. Inclui a análise do crime e dos criminosos, vítimas de crime, desordem, problemas de qualidade de vida, problemas de tráfego e problemas internos das operações policiais, e os seus resultados apoiam a investigação criminal e a acusação, atividades de patrulha, prevenção ao crime e estratégia de redução, resolução de problemas e avaliação dos esforços da polícia. (Iaca, 2014, p. 2, tradução nossa)

O que é?

A Iaca foi criada em 1990 com o objetivo de colaborar com analistas de crime para que exerçam no mundo suas habilidades, de forma a garantir maior eficiência e desenvolver um padrão de técnicas e desempenho que todos os analistas no mundo possam utilizar como modelo. É formada por membros que são, frequentemente, analistas dos mais diferentes ramos, entre eles policiais, educadores, estudantes e outros profissionais que queiram treinar suas equipes.

Ao incrementar a definição de análise criminal, a Iaca (2014, p. 2, tradução nossa) ainda explica que:

> "Análise criminal" inclui todos os tipos de análises efectuadas dentro de uma agência policial, com exceção das provas (incluindo ADN) e algumas análises

> administrativas relacionadas com o orçamento, pessoal (por exemplo, horas extraordinárias, doentes e licença de férias, salário) e equipamento. Em particular, e apesar de alguns precedentes históricos, a IACA não reconhece nenhuma distinção entre a análise criminal e a análise de informações criminais, tal como realizada dentro de uma organização policial. Alguns analistas podem especializar-se em certas funções, claro (de acordo com os tipos de análise de crime [...]), mas, caso contrário, dentro de uma agência policial, vemos a análise de inteligência criminal como um conjunto de técnicas realizadas pelo analistas de crime.

Com essas definições, torna-se possível compreender que a análise criminal não diz respeito apenas à investigação do crime em si, mas abarca muitos tipos e origens de informação. Trata-se de um processo de observação sistemática de informações sobre policiais, crimes, vítimas e criminosos com o intuito de:

> (i) identificar tendências e padrões de crimes e criminalidade; (ii) gerar conhecimento para as ações táticas e estratégicas de como os problemas podem ser resolvidos da melhor maneira possível, bem como alimentar os programas de polícia comunitária, (iii) avaliar as ações planejadas e as teorias envolvidas para os crimes e a criminalidade e (iv) produzir relatórios de domínio reservado ou público. (Santos, 2001, p. 32, tradução nossa)

Dessa maneira, o profissional empreende esforços na busca dos fatos de uma situação, utilizando métodos e bases de dados de qualidade, que possam garantir a veracidade que orientará uma estratégia de ação com potencial efetivo.

> ### *Perguntas & respostas*
>
> Além de utilizá-la como ferramenta, o indivíduo precisa ter uma formação específica para realizar uma análise criminal? O que faz um analista criminal?
>
> Além de uma ferramenta investigativa que busca a produção de conhecimento, padrões e tendências, para realizar essa função, o indivíduo precisa reunir algumas habilidades básicas, como raciocínio lógico e visão multidisciplinar a respeito do crime – conhecimento das leis, da criminologia e de seus pares (sociologia, psicologia, história), de *softwares*, de tecnologias de auxílio à análise de dados e estatísticas, de mapeamento, entre outros.
>
> Certamente, esse profissional deve ter noções aprofundadas de todas essas habilidades, mas a atividade deve acontecer com o apoio de profissionais especializados de cada área. Para o auxílio dessa formação, o Iaca tem disponibilizado treinamento específico, com o compartilhamento de informações globais e certificação na área, promovendo, com isso, um trabalho importante de capacitação nesta.

De acordo com Santos (2017), a análise do crime não é "anedótica", ou seja, não parte de experiências pessoais subjetivas, de informações casuais despropositadas; pelo contrário, tem como fundamentação teorias, metodologias de análise, levantamento de dados e técnicas de estimativa, de forma que a análise do crime utiliza, sobretudo, métodos qualitativos e quantitativos para obter informações implícitas do crime.

Quanto aos métodos qualitativos, estão incluídos nessa análise, por exemplo, o levantamento de determinadas características do crime com especialistas da área, bem como a observação das narrativas contidas em relatórios das autoridades policiais. Já os métodos quantitativos são compostos por análises de estatísticas e dados numéricos, além da observação de características numéricas, como frequência e porcentagens.

Assim, com base no método de análise adotado, é realizado um estudo conglobante do crime, considerando-se questões correlatas à ação criminosa ou à vítima, como "reclamações de ruídos, alarmes contra roubo e atividades suspeitas" (Santos, 2017, p. 29, tradução nossa), bem como a análise de objetos e lugares que possam evidenciar alguma relação com o crime a ponto de fornecer pistas relevantes.

São muitos os aspectos analisados pelo profissional que realiza a análise do crime, mas três são essenciais para a captação de informação, e, por isso, são frequentemente utilizados: 1) aspectos espaciais; 2) aspectos temporais; e 3) aspectos sociodemográficos.

Essa análise possibilita incluir na investigação do crime inúmeras peças que, juntas, permitem ao analista criminal que desvende como o crime funciona em seus múltiplos aspectos, correlacionando lugares, pessoas e tempos distintos de uma mesma ação que, geralmente, é observada apenas com base em sua conduta final. Em outras palavras, é possível chegar à raiz do problema mediante a elaboração dessa análise.

Os dados sociodemográficos permitem uma análise das características individuais de cada pessoa, ou de cada grupo ou organização criminosa, como idade, gênero, nível de renda e educação, de forma que se torna mais fácil identificar possíveis vítimas e criminosos, bem como determinar como tais características estão interconectadas com a prática do crime. São aspectos que podem, por exemplo, responder por que algumas pessoas estão mais predispostas a serem vítimas de crimes do que outras, dentro do mesmo raio.

Já os dados espaciais/geográficos são essenciais para alcançar a natureza do crime, por exemplo, por meio de tecnologias avançadas, ensejando uma análise espacial ampla, como mapas que permitem relacionar um acontecimento a outro evento, consideradas as características geográficas, de modo que tempo e espaço também podem se relacionar.

Aliás, a natureza temporal do crime também é um elemento importante para o operador dessa análise, como evidencia Santos (2017, p. 30, tradução nossa): "os analistas do crime conduzem vários níveis de análise temporal, incluindo o exame de tendências de longo prazo do crime". Com base nessa explicação, pode-se, por exemplo, analisar um percurso de vários anos, ou que se repete em determinadas estações do ano, em dias ou horários específicos ou em determinado período da semana ou do mês.

Embora possam existir definições diferentes sobre análise criminal, a ideia em comum é de que essa é uma ferramenta que fornece um processo sistemático e essencial para o suporte das atividades diárias dos departamentos de polícia, orientando gestores de Segurança Pública em planejamentos e estratégias, como a alocação de recursos financeiros e humanos com base em um conhecimento fundamentado.

De acordo com Osborne e Wernicke (2003), a análise do crime é o ato de examiná-lo com base em suas frações, tanto do ato do crime quanto da lei que repreende essa ação, visando, com isso, extrair um material relevante, que auxiliará a polícia na missão de prender criminosos, mas também de combater a criminalidade. Nesse sentido, uma lição valiosa que os autores demonstram é que essa análise ajuda na prevenção do crime, já que prevenir crimes custa menos do que prender criminosos após a realização destes, tendo em vista as mazelas que eles causam.

Para saber mais

Devido à importância do instrumento de análise criminal, a Iaca dispõe, em sua página oficial, uma diversidade de dados e informações sobre o tema, evidenciando os objetivos dessa ferramenta e as atividades de um analista criminal de forma didática, gráfica e dinâmica.

> IACA – International Association of Crime Analysis. **Learn About Crime Analysis**. Disponível em: <https://iaca.net/development-center/what-is-crime-analysis/>. Acesso em: 8 ago. 2021.

Agora que você já consegue definir análise criminal e compreende do que ela se trata, provavelmente está pensando que ela é uma inovação científica da contemporaneidade, que utiliza as novas tecnologias para compreender o crime. Esse raciocínio não está completamente errado, afinal, os avanços da tecnologia, de fato, possibilitam ao analista criminal cruzar informações de formas diferentes e aprimoradas. Contudo, a análise criminal como técnica utilizada pela polícia investigativa não é uma criação contemporânea: há anos algumas técnicas de análise criminal já são utilizadas, permitindo garantir melhores resultados tanto nas prisões quanto, e especialmente, na prevenção assertiva.

Exercício resolvido

A análise criminal é:
a. um instrumento que possibilita aos chefes de Estado e governantes, ou seja, presidentes e governadores de estados, decidirem quais as estratégias que a polícia deve seguir.
b. um conjunto de processos determinantes para que prefeitos possam realizar projetos de prevenção em suas circunscrições, mas não embasam outras políticas públicas de segurança.
c. um importante vetor de produção de conhecimento, voltado às atividades dos departamentos de polícia, sendo que o resultado dessas análises existe para dar fundamento às decisões de gestores de Segurança Pública.
d. um instrumento sem efetividade tanto para a polícia quanto para os governantes, visto que fornece apenas estatísticas a serem guardadas em base de dados.

> **Gabarito:** c
>
> **Feedback do exercício:** A análise criminal é um instrumento que fornece substrato aos departamentos de polícia e suas ações, não correspondendo a táticas políticas. Trata-se de uma ferramenta para o uso da polícia que, embora a par de seus resultados, deve priorizar o desenvolvimento de políticas de prevenção – não é a primeira fonte para esse tipo de política.
>
> A análise criminal é a técnica pela qual informações producentes são adquiridas. Com base nelas, a tomada de decisão dos departamentos de polícias pode dar enfoque às evidências, razão por que servem de fundamento das decisões de gestores de Segurança Pública. A análise criminal é um instrumento ativo, e o conhecimento que produz deve ser de uso cotidiano das atividades da polícia.

5.2 Breve perspectiva histórica da análise criminal no Brasil e no mundo

É possível encontrar relatos a respeito de atividades de análise criminal no período feudal da Grã-Bretanha. Naquela época, a relação de proximidade que moradores de pequenos vilarejos e cidades mantinham colaborava para que os responsáveis pela segurança da localidade conhecessem os hábitos, em particular, de cada um. Dessa forma, era possível que os policiais locais rapidamente cruzassem informações, fatos e relatos, ao tomarem conhecimento do local e das pessoas ali presentes, e que desvendassem o crime e o criminoso.

A cena que descrevemos é comum em filmes, principalmente nos filmes estadunidenses cujo enredo é um crime realizado em determinada cidade pequena, em que o policial local faz a investigação pelo cruzamento de pistas e relatos, baseado no conhecimento local que detém. Apesar de a maioria contar uma história de ação não verídica, as fontes de inspiração para esses personagens são a realidade de alguns departamentos de polícia no passado e, no presente, como uma parte dessa análise que ganhou mais incrementos tecnológicos e científicos.

> *Preste atenção!*
>
> É comum que a doutrina credite a Henry Fielding (1707-1754) o advento das primeiras técnicas de análise criminal. Trata-se de um magistrado conhecido por suas ações de incentivo à população em denunciar crimes cometidos em Londres. Fielding, posteriormente, fez uso dessas informações de forma sistematizada, como se montasse um quebra-cabeça com as informações captadas pelos interrogatórios sequenciais.

À semelhança desses procedimentos utilizados por Fielding, nos dias atuais, o auxílio de ferramentas de áreas como a psicologia, que possibilita o reconhecimento da natureza humana, garante um diagnóstico mais preciso, além de possibilitar a construção de padrões e inter-relações que não só se limitam a desvendar o crime, mas também a predizê-lo.

Nos Estados Unidos, alguns nomes estiveram na vanguarda da utilização da análise criminal pela polícia, como August Vollmer, que, na década de 1920, ao comandar o Departamento de Polícia de Berkeley, Califórnia, implantou o uso de uma técnica de origem inglesa que analisava e classificava, sistematicamente, criminosos já conhecidos para decifrar seu *modus operandi* (Bernardes, 2015).

Além disso, foi Vollmer que desenvolveu o conhecido "mapa de pinos", utilizado por policiais de ronda nas chamadas de emergências que recebiam. Com o mapa, era possível aos agentes visualizarem as áreas onde ocorriam ou ocorreriam os crimes, bem como de onde as chamadas eram realizadas, como demonstra a Figura 5.1, que representa um mapa de pinos visual (Bernardes, 2015).

Figura 5.1 – Mapeamento do crime

Assim, Vollmer esteve entre os primeiros gestores de polícia a implementar e fazer uso primordial das técnicas de análise criminal, de maneira a dar suporte às ações policiais de seu departamento e a incentivar outros grandes núcleos de polícia a empreenderem esforços no sentido de captar informações que possibilitem consubstanciar a direção de seus planejamentos investigativos, o que levou à reconhecida ascensão da técnica de análise criminal nos Estados Unidos.

Contudo, a consolidação dessa técnica veio um pouco mais tarde, na década de 1960, quando os departamentos de polícia dos Estados Unidos passaram a desenvolver unidades específicas de análise criminal. Essas unidades tinham como principal objetivo definir o modo que operavam os criminosos, identificando alguns padrões criminais pertencentes a algumas áreas geográficas específicas, em que se conectavam criminosos já conhecidos a crimes que teriam ocorrido em determinada área, transformando-se, a partir disso, em uma ferramenta de referência para os departamentos de polícia do mundo todo.

Assim, as mais diversas técnicas de investigação, como as telefônicas, visuais, de gráficos, entre outras, que possibilitam ver o fluxo dos crimes em um espaço geográfico definido, passaram a fazer parte do dia a dia de muitas organizações que lidam com a gestão do crime.

O governo brasileiro, na gestão de segurança, também absorveu esse conhecimento, e, de forma tímida, vem implementando técnicas de análise criminal, tendo a Secretaria Nacional de Segurança Pública (Senasp) lançado em 2001 o Sistema Nacional de Estatística de Segurança Pública e Justiça Criminal (Sinesp), objetivando desenvolver uma base de dados estatísticos da criminalidade.

O programa nasceu a partir de sete eixos principais:

1. gestão do conhecimento;
2. reorganização institucional;
3. formação e valorização profissional;
4. prevenção;
5. estruturação da perícia;
6. controle externo e participação social;
7. programas de redução da violência.

Esse programa apontou a necessidade de desenvolvimento de um sistema integrado de gestão das informações policiais. Nas palavras de Durante, Coordenador Geral de Pesquisa e Análise da Informação do Sinesp:

> construir, pela primeira vez no país, um sistema capaz de municiar os responsáveis pelo planejamento das políticas públicas de segurança, em âmbito nacional, regional e local, as próprias instituições policiais, órgãos da administração pública e a sociedade civil com informações necessárias para aprimorar a participação de cada um desses setores nos processos de planejamento, execução e avaliação das ações de segurança pública. (Durante, 2009, p. 181)

O espírito de conscientização sobre a falta de informações de qualidade, as políticas de Segurança Pública e as ações da polícia continuariam fadadas à manutenção de um ciclo que só concederia respostas imediatas à criminalidade, gerando, como esclarece Durante (2009, p. 181), "irracionalidade da aplicação dos recursos, desperdício dos meios empregados, dispersão de esforços, fragmentação das ações e incapacidade de pró-ação frente aos desafios colocados diariamente".

Tal irracionalidade já era vislumbrada na década de 1930, anterior à criação desse sistema, e que se mantém até os dias atuais, devido às descontinuidades do governo e do preenchimento da pasta do Ministério da Justiça.

Essa descontinuidade pode ser justificada, por exemplo, pela passagem de 10 (dez) ministros diferentes no período de 7 anos (2001-2008), o que, de acordo com a definição de Durante (2009, p. 182) na qualidade de idealizador do projeto, fez com que este se tornasse a criação

> de uma estrutura artesanal de levantamento de informações de segurança pública, caracterizada pela falta de periodicidade no envio das informações para a SENASP, pela falta de clareza nos conteúdos das estatísticas informadas e pela informalidade no relacionamento entre a SENASP e os estados. Este processo, que teve início em 2001, produziu um acúmulo de informações não qualificadas remetidas pelos estados, que, salvo exceções, permaneciam "estocadas" na SENASP, sendo muito pouco utilizadas. (Durante, 2009, p. 183)

Entretanto, entre 2003 e 2004, um esforço maior foi dirigido ao projeto, no sentido de refinamento e aprimoramento das informações, que passaram a ser pautadas em um sistema de confiabilidade das informações, as quais eram conferidas pelos estados para, posteriormente, serem disponibilizadas. Isso garantiu mais confiança ao sistema e responsabilidade tanto dos estados quanto da própria Senasp.

> **Para saber mais**
>
> O artigo a seguir poderá ajudá-lo a vislumbrar o início dos esforços empreendidos para desenvolver as primeiras bases sistematizadas de informações para elaboração das análises criminais.
>
> DURANTE, M. O. Sistema Nacional de Estatística de Segurança Pública e Justiça Criminal. **Coleção Segurança com Cidadania**, Brasília, ano I, v. 2, p. 181-203, 2009. Disponível em: <https://www.novo.justica.gov.br/sua-seguranca-2/seguranca-publica/analise-e-pesquisa/download/estudos/sjcvolume2/sistema_nacional_estatiticas_seguranca_publica_justica_criminal.pdf>. Acesso em: 8 ago. 2021.

Ainda que a Senasp tenha voltado suas energias ao desenvolvimento desse sistema, na esteira da política brasileira, o projeto caminhou a passos lentos, com alguns avanços, porém dependente de inúmeras avaliações, razão por que merece algumas críticas.

Apenas há 2 anos foi promulgada a Lei n. 13.675, de 11 de junho de 2018 (Brasil, 2018a), que instituiu um sistema mais robusto, denominado *Sistema Nacional de Informações de Segurança Pública, Prisionais, de Rastreabilidade de Armas e Munições, de Material Genético, de Digitais e de Drogas* (Sinesp), que desenvolve um trabalho relevante, mas que necessita de inúmeros reparos.

Além disso, no Brasil, há a inexistência da cultura do aprofundamento do conhecimento sobre a análise criminal como ferramenta, de forma que falta formação de base, mecanismos e tecnologia mínima, bem como conexão entre essa base de dados com as políticas de Segurança Pública e as ações das polícias, para que se possa alcançar o objetivo de policiamento adequado, preventivo e focado.

Aliás, essa é mais uma das principais funções para que a análise criminal seja uma prioridade das políticas de Segurança Pública e do trabalho da polícia investigativa, mas essas justificativas são fundamentadas em inúmeras funções essenciais, que veremos a seguir.

Exercício resolvido

Analise a seguir as definições de análise criminal e assinale a alternativa correta:

a. Análise criminal é um processo de produção de conhecimento fundamentado em informações que não são auferidas por meio de métodos, mas com base no acaso, nos acontecimentos sociais que, todavia, passam por um refinamento de dados e podem auxiliar o trabalho investigativo no combate ao crime e na prevenção da criminalidade.

b. Análise criminal é uma coleção de processos sistemáticos que pode fornecer informações pertinentes sobre padrões e tendências do crime, bem como sobre suas correlações. É uma ferramenta tática, que engloba relatório de rondas policiais, registros de dados sobre a cena do crime, o criminoso e seu modo de operar, bem como análises comparativas e cruzamentos de dados, que podem resultar em importantes informações para a atuação e a estratégia dos departamentos de polícia na investigação e na solução dos casos.

c. A análise criminal é um estudo não sistemático, fundamentado no juízo de valor daqueles que chefiam os departamentos de polícia e desenvolvem, por isso, ações policiais ostensivas.

d. Análise criminal é um processo sistemático de obtenção de informações que tem como objetivo dar suporte aos policiais de ronda e patrulha, que poderão analisar os dados conforme a demanda, sem que haja qualquer cruzamento de dados ou juízo qualitativo e quantitativo.

Gabarito: b

Feedback **do exercício:** De acordo com as inúmeras propostas de definição para análise de dados trazidas até aqui, a análise criminal é uma profissão para a qual uma pessoa deve possuir habilidades específicas, visto que se trata de uma coleção de processos sistematizados e analíticos, construída mediante métodos qualitativos e quantificativos de cruzamento de dados. Esses métodos possibilitam a obtenção de informações relevantes,

> como a identificação de padrões do crime, características do criminoso e de seu *modus operandi*, instrumentos utilizados e outros elementos que, correlacionados, podem auxiliar o gestor da Segurança Pública.
>
> Essas informações podem ser utilizadas na repressão do crime ou para desvendá-lo. Ainda assim, é mais importante quando pensamos em prevenção. Afinal, é necessário considerar que prevenir é, na maioria das vezes, a forma menos custosa de lidar com o crime, tanto financeiramente quanto a nível das intervenções sociais.

5.3 Funções e justificativas da análise do crime: policiamento baseado em evidências

A análise do crime tem a função essencial de conceder um importante suporte para as decisões de estratégia e, portanto, de ações das guardas nacionais.

Essa análise, portanto, é capaz de melhorar a utilização dos recursos humanos, bem como da alocação dos materiais necessários à repressão e à prevenção. A utilização da análise criminal garante aos órgãos da polícia um trabalho baseado em evidências, pois essa ação se desenvolve, sobretudo, em informações confiáveis, recolhidas nas mais diversas fontes, sobrepostas e conectadas a outras.

Ao final, após o devido tratamento dessas informações, à Força Nacional é permitido executar com precisão o que chamaremos de *policiamento baseado em evidências*.

Alguns departamentos policiais que utilizam esse instrumento e, portanto, têm em suas instalações uma divisão de análise criminal, realizam, por exemplo, a análise sistemática e diária de boletins de ocorrência, além de subdividir a análise em tipos penais.

Com base nessa subdivisão, poderão ser encontradas informações que são características sempre presentes em determinadas modalidades de crime, como hora, local e condições específicas que fazem a situação favorável para que o crime seja cometido, ou que, por algum outro motivo relevante, o criminoso se utilize dessas especificidades.

Como você deve ter notado, essas informações não só contribuem para que o cenário de um crime seja construído, hipoteticamente, com base em evidências, mas ajudam os investigadores a encontrar respostas, por exemplo, sobre as características que o criminoso precisaria ter em determinada situação, bem como quem são as pessoas mais propensas a serem vítimas. Se essas respostas forem obtidas, falaremos, por exemplo, na identificação de um padrão de uma ação criminal, o que torna as estratégias de policiamento um otimizador de meios e resultados.

A principal justificativa para um policiamento baseado em evidências com mais chances de obter êxito é a intervenção social positiva, que garante realmente a solução dos problemas da criminalidade com o menor índice de perda de bem-estar possível. Como já indicamos anteriormente, os impactos sociais e econômicos, tanto públicos quanto privados, acabam por se misturar e produzir uma soma altíssima de gastos.

Valente (2009), explicando mais sobre o objetivo da investigação criminal, também traz um substrato maior para a justificativa de uma análise criminal, que, ao final, contribuirá para a eficácia da finalidade da investigação criminal, qual seja:

> a investigação criminal, levada a cabo pela polícia, procura descobrir, recolher, conservar, examinar e interpretar provas reais e também procura localizar, contatar e apresentar as provas pessoais que conduzam ao esclarecimento da verdade material, judicialmente admissível dos fatos que consubstanciam a prática de um crime, ou seja, a investigação criminal pode ser um motor de arranque e o alicerce do processo criminal que irá decidir pela condenação ou pela absolvição. (Valente, 2009, p. 102)

Para Osborne e Wernicke (2003), justifica-se o emprego da análise criminal pelos próprios fundamentos dessa ferramenta, como: manter o sistema de segurança informado sobre características gerais específicas das predisposições do crime, dos padrões temporais e espaciais; e alcançar uma maneira mais objetiva e concreta de resolver os problemas da criminalidade – locais, regionais, nacionais e até globais.

Pode-se utilizar a análise criminal ainda no caso de tráfico de drogas. Além disso, justifica-se a utilização de técnicas específicas para que se possa realizar a análise dos crimes a fim de preencher as lacunas e as necessidades da polícia em meio a uma sociedade dinâmica, que está em constante processo de mudanças.

O agente da Polícia Federal brasileira e pesquisador Magalhães (2008), em seu texto sobre análise criminal, aponta que:

> ao nos encontrarmos na difícil posição de tomadores de decisões, precisamos ter em conta que as ações de gestão devem ser pautadas por uma produção de conhecimento que norteie as ações de médio prazo (táticas), formulando um crescente de ações para as atividades de longo prazo (estratégias).

Ainda nesse sentido, Magalhães (2008) cita em seu texto a seguinte frase das lições do general, estrategista e filósofo chinês Sun Tzu: "Estratégia sem tática é a rota mais lenta para a vitória e a tática sem estratégia é apenas um ruído que se ouve antes da derrota". Com base nessa ideia, é possível fundamentar a relevância de garantirmos aos agentes de polícia a possibilidade de desenvolverem estratégias e táticas baseadas no conhecimento do qual falávamos anteriormente.

Aliás, de acordo com Magalhães (2008), a análise criminal, nessa área, seria "o maior vetor de produção de conhecimento específico para a gestão da segurança pública". É importante ressaltar, nesse sentido, a produção de conhecimento alcançada por meio de uma das ferramentas mais importantes utilizadas nessa análise: o mapeamento da criminalidade. Tal ferramenta funciona como um catalisador de informações de fontes variáveis, que, como tal, possibilita igualmente aos gestores do problema uma análise em dimensões variáveis.

Como demonstramos nos capítulos anteriores, há algumas motivações para que o crime e a criminalidade ocorram em determinadas localidades. Esses fatores são intitulados por alguns como *condicionantes das criminalidades*. No Brasil, apontam-se como condicionantes as desigualdades sociais e a densidade populacional, entre outros itens que, embora prefiramos não chamar de *condicionantes*, são potencializadores que, pela análise criminal, podem ser percebidos, inclusive geograficamente, possibilitando que tais informações contribuam com o trabalho da polícia.

Por fim, tendo em vista algumas funções da análise criminal, há justificativas pertinentes ao seu uso no dia a dia, no caso daqueles que optem por gerir esse problema e enfrentar a criminalidade de forma eficaz. De acordo com Santos (2017, p. 119, tradução nossa), o modelo atual de policiamento não é eficaz; "consequentemente, nos últimos 30 anos, as pesquisas sobre policiamento concluíram que, para que as abordagens de policiamento sejam efetivas, elas devem ser focadas, acontecendo de forma sistemática.

Entretanto, alguém ainda poderá perguntar: Mas então a análise criminal é uma cura para a criminalidade? Ela reduzirá o crime e o problema estará solucionado?

Afirmar que a análise criminal é a solução seria utópico. A análise criminal não é uma solução instantânea, e sim "uma ferramenta de diagnóstico necessária", visto que o "modelo de policiamento padrão não é eficaz na redução do crime"; por isso, "o papel da análise criminal é bastante claro", uma vez que o papel de estratégia da polícia é o fator central de qualquer abordagem (Santos, 2017, p. 119-120, tradução nossa).

> *Para saber mais*
>
> É importante compreender a funcionalidade que pode existir no uso da análise criminal no dia a dia de investigadores de polícia, bem como no cotidiano dos agentes de polícia que trabalham em campo.
>
> Em uma palestra realizada pelo TED Talks, Anne Milgram, procuradora-geral do estado de Nova Jersey, explica sua experiência ao assumir o referido cargo e a importância de um trabalho pautado em evidências. O depoimento de Milgram pode ajudar você a se aprofundar no assunto, compreendendo a rotina de um setor da polícia que não fazia uso de evidências de forma sistematizada.
>
> MILGRAM, A. Por que estatísticas inteligentes são a chave para combater o crime. **TED**, 28 jan. 2014. 12 min. Disponível em: https://www.youtube.com/watch?v=ZJNESMhIxQo&list=PLDVoZQl9HlQpMq-gDVVgHUidxP-PfyElU&index=1>. Acesso em: 9 ago. 2021.

Contudo, existem algumas vertentes da análise criminal que formam o conjunto de processos sistematizados. Embora sejam algumas vertentes, todas elas, inicialmente, devem fornecer características estruturais para a descrição do cargo que o analista criminal preencherá, para sua formação e treinamento (Santos, 2017). É o que veremos na sequência.

5.4 *Tipos de análise criminal*

Utilizando a tipologia reconhecida pela Iaca (2014) e por Santos (2017), apresentaremos a você quatro vertentes tipológicas de análise do crime, quais sejam; análise criminal de inteligência, análise criminal tática, análise criminal estratégica e análise criminal administrativa.

Análise criminal de inteligência

A primeira dessas vertentes é a análise criminal de inteligência, que, de acordo com a Iaca (2014, p. 3) é "a análise de dados sobre pessoas envolvidas em crimes, particularmente criminosos reincidentes, vítimas reincidentes e organizações e redes criminosas". Utilizando-se essa vertente, é possível que se compreenda o contexto, as atividades de ocupação, as estratégias e as razões das organizações criminosas.

Com isso, é possível auferir, por um lado, informações importantes sobre o crime que cometeram certos indivíduos. Por outro lado, há como saber mais sobre como esses indivíduos agem (quem são eles em suas vidas pessoais, na qualidade de indivíduos sociais) mediante técnicas de análise de suas ações diárias, a exemplo das transações financeiras das organizações das quais fazem parte, entre outros aspectos.

Quando todas essas informações são incluídas no banco de dados investigativo, em um clique é possível que elas se cruzem e tragam as respostas necessárias para a investigação de determinados crimes e indivíduos. Isso possibilita à polícia investigativa agir com maiores chances de êxito, o que normalmente significa agir de forma menos custosa, tanto em termos financeiros quanto para o bem-estar social.

Exemplificando

Imagine que determinado indivíduo faz parte de uma organização criminosa do tráfico ou, ainda, de um grande esquema de desvio de dinheiro público, a exemplo de muitos políticos brasileiros que foram igualmente considerados pertencentes a uma organização criminosa.

Tanto no primeiro caso quanto no segundo, esses indivíduos fazem ligações, transações financeiras, viajam e, além disso, frequentam restaurantes caros e cassinos de luxo, com amigos que estão conectados a outros tipos de crimes, como a lavagem de dinheiro.

> Nesse caso, a análise criminal de inteligência será um exame de todas essas atividades, tanto as diretamente relacionadas ao crime quanto outras que, embora possam não parecer conectadas, provavelmente apresentarão algum tipo de ligação no final da análise.
>
> Dessa forma, em ambos os casos, gastos de luxo e encontros frequentes com outros criminosos conhecidos por lavagem dinheiro podem ser pistas necessárias para desvendar o caminho do crime.

De acordo com Santos (2017), a análise criminal é o estágio inicial de investigação de um crime pela polícia, e o ponto central do exame do crime é o levantamento de informações confidenciais (inteligência) que poderão evidenciar o envolvimento.

De forma semelhante, revelando que o sentido de inteligência vem de confidencialidade, Ferro Júnior e Dantas (2008) expõem que a análise criminal de inteligência é o estudo da atividade criminal organizada, tenha ela sido ou não relatada à polícia, de maneira a apoiar o esforço da investigação policial na identificação de vínculos entre pessoas, eventos e patrimônio.

Tendo em vista os dados utilizados para essa análise, que são confidenciais, uma das preocupações presentes é a segurança dessas informações e o cuidado com a privacidade que elas demandam, visto que são, frequentemente, informações obtidas por mandados judiciais, como é o caso das escutas telefônicas, autorizadas por mandado judicial de quebra de sigilo telefônico.

Dentro desse processo de análise criminal de inteligência, podem constar ainda técnicas que incluem, como indica Santos (2017): análise do infrator reincidente e da vítima; análise do histórico criminal; análise de correlações; análise de fluxo financeiro; análise de comunicação; e análise de mídia social. Confira a seguir as modalidades mencionadas.

- **Análise do infrator reincidente e da vítima:** A utilização desses dados acontece para "identificar e priorizar infratores individuais pelo número, tipo e gravidades de seus crimes e vítimas individuais pelo número, tipo e gravidade de suas vitimizações" (Santos, 2017, p. 150, tradução nossa).

- **Análise do histórico criminal:** Vai além de apenas mencionar o nome de um infrator nos autos da polícia ou em alguma base de dados; trata-se de um relatório que será desenvolvido pelo próprio analista contendo a maior quantidade de informações possíveis sobre o indivíduo, como: endereço residencial e comercial, apelidos, dados financeiros, número de documentos, contas nas mídias sociais e todas as informações que possam ser relevantes (Santos, 2017).
- **Análise de correlações:** Trata-se da análise das relações que o indivíduo mantém com outras pessoas. É geralmente utilizada para analisar as organizações criminosas, embora também possa ser utilizada para criminosos individuais que tenham fichas criminais preenchidas por crimes de relevância. Nesse caso, são levantadas informações sobre os relacionamentos do criminoso com familiares, amigos, rivais e inimigos, as quais serão utilizadas para o exame da natureza desses vínculos, bem como para compreender as forças que detêm.
- **Análise de fluxo financeiro:** Trata-se da análise do fluxo de informações financeiras em casos que envolvam, por exemplo, a venda de bens e de substâncias como drogas e armas, lavagem de dinheiro, entre outros.
- **Análise de comunicação:** Ocorre por meio das buscas em trocas de mensagens, *e-mails*, ligações e comunicações que podem ser realizadas por inúmeros meios, como internet, mídias sociais, remessas enviadas pelos correios e telegramas. Nesse sentido, Santos (2017) ressalta que a compreensão de como criminosos se comunicam é relevante para interromper as atividades.
- **Análise de mídia social:** Ocorre pela busca de informações nas redes sociais do indivíduo, como Twitter, Facebook, Instagram e Tiktok, já que, de modo geral, as mídias se

tornaram lugar de comunicação para todas as pessoas, incluindo os criminosos. Conforme explica Santos (2017), os profissionais responsáveis pela análise criminal tiveram de começar a buscar pistas sistematicamente nas redes sociais, visto que elas se tornaram um meio de obter informações para identificar criminosos e suspeitos. Dessa maneira, é possível descobrir onde moram, quais são suas rotinas, quem são seus amigos etc. Conforme esclarece Santos (2017), esse tipo de análise possibilitou a obtenção de uma descrição das atividades criminais reais do indivíduo por meio das fotos que posta e das publicações que faz, muitas vezes, comemorando suas ações.

No caso das redes sociais, é válido ressaltar que dá para antever possíveis crimes, prevenindo-os por meio da análise de atividades que ainda não aconteceram, mas que existem indícios de que possam acontecer. Sobre isso, Filipe (2007) informa que é um tipo de análise criminal que ocorre nas esferas estaduais e federais, tendo em vista que a maior parte dos crimes dizem respeito, por exemplo, a crimes políticos, lavagem de dinheiro, tráfico de drogas, redes de ilícitos, como prostituição, crimes cibernéticos, entre outros que, geralmente, são definidos como crimes organizados.

As investigações ainda não concluídas da Operação Lava Jato – que utilizou, muitas vezes, escutas telefônicas, quebra de sigilo bancário e de correspondências, análise de comunicações e relações financeiras – possibilitaram a compreensão das estratégias empregadas, a identificação das pessoas envolvidas e os laços formados por políticos, empreiteiras e outros que lavavam dinheiro. Tudo isso foi possibilitado por um trabalho incipiente de análise criminal de inteligência. Trata-se de questões que demandam investigações peculiares, densas e fundamentadas em informações de qualidade, as quais, nesse caso, a análise criminal de inteligência pode oferecer.

Análise criminal tática

A análise criminal tática é uma das vertentes da análise criminal que, de acordo com a Iaca (2014, p. 4, tradução nossa), trata da

> análise dos dados da polícia direcionada ao desenvolvimento de curto prazo das prioridades de patrulha, investigação e distribuição de recursos. Suas áreas de estudo incluem a análise de espaço, tempo, ofensor, vítima e modus operandi para crimes individuais de alto perfil, incidentes repetidos e padrões de crime, com um foco específico em crimes em série.

Diferentemente dos dados obtidos pela análise criminal de inteligência, as informações fornecidas pela análise criminal tática advêm de dados pertencentes à polícia, como as chamadas de serviços de urgência. De modo geral, são informações relacionadas à prática e ao trabalho de campo.

Esse tipo de análise tem como finalidade a identificação de tendências e padrões de curto prazo, que podem estar conectados a determinado tipo de ação, como o lugar vítima, o bem atingido, a propriedade e o criminoso, bem como seu modo de operar.

De acordo bom Santos (2017), os processos e as técnicas empregados pela análise criminal tática podem incluir: análise de repetição de incidentes; análise de padrão de crime; conexão de criminosos com crimes passados; e análise criminal de investigação. Confira esses tipos de análise a seguir.

Análise de repetição de incidentes

Por meio das informações de chamadas de serviços de urgência, essa modalidade visa identificar áreas em que determinados tipos de chamadas aconteceram com maior frequência e com alguma similaridade durante um pequeno espaço de tempo. Com base nisso, recursos específicos de policiamento podem ser remetidos para essas localidades.

Análise de padrão de crime

Trata-se da análise de informações de denúncias que podem evidenciar um conjunto de delitos com alguma razão de conexão (que estão de alguma forma interligados), para que, a partir disso, os recursos necessários da polícia possam ser direcionados, seja para prender os criminosos, seja para prevenir novos crimes.

Conexão de criminosos com crimes passados

É um tipo de processo empregado pelo exame de dados passados pelo próprio criminoso, isto é, refere-se a dados de alguma passagem pela polícia em que certo indivíduo tenha sido condenado por determinado crime. Com isso, é possível visualizar a conexão de criminosos já conhecidos a crimes individuais ou a padrões de crime recém-registrados, possibilitando o direcionamento dos recursos policiais para prender ou investigar determinada situação.

Análise criminal de investigação

De acordo com Santos (2017), entre 1970 e 1980, essa modalidade foi utilizada pelo Federal Bureau of Investigation (FBI) nos Estados Unidos como *investigação criminal*. Posteriormente, foi chamada apenas de *investigação*, na tentativa de se desvencilhar da imagem que a televisão embutiu nessa técnica, como você possivelmente já deve ter assistido. Diz respeito a uma análise que possibilita ao analista criminal a construção de um perfil do criminoso com base na gravidade dos crimes por ele cometidos, os quais, geralmente, dizem respeito a assassinatos. Nesse caso, a análise estará voltada à identificação dos padrões do crime e às características peculiares do criminoso que sejam desconhecidas, como a dependência de drogas e outros vícios, os hábitos pessoais e as atividades laborais, visando estabelecer a identidade do suspeito.

É possível conceber um perfil do criminoso mediante o auxílio de perícias do local do crime, relatos de vítimas ou de outras pessoas que presenciaram o crime ou que tenham algum tipo de informação a conceder, bem como pelo uso de outras evidências. Isso permite aos departamentos e aos agentes de polícia identificar com que tipo de indivíduo estão lidando e como podem cessar as referidas ações.

Nesse sentido, a Iaca (2014, p. 7, tradução nossa) esclarece que, "na medida em que a 'caracterização' criminal ou análise de investigação criminal ocorre dentro das agências policiais locais, nós [membros da Iaca] consideramo-la inerente ao processo de análise tática, uma vez que o seu foco é quase sempre uma série de crimes".

> *Perfil geográfico*
>
> Esse é um tipo de análise que pode ser "um subconjunto de análise de investigação criminal, pelo que também se insere no âmbito da análise tática do crime" (Santos, 2017, p. 152, tradução nossa). Quer dizer, o perfil geográfico pode estar incluído nas análises de investigação criminal que você viu anteriormente, ou, ainda, pode ser um processo de análise criminal tática, autônomo.
>
> Na prática, o analista criminal examinará a localização geográfica dos crimes cometidos pelo criminoso e os locais onde este descarta os instrumentos utilizados na ação, podendo, assim, reconhecer as áreas onde esse tipo de criminoso atua, ou, ainda, onde seria mais provável encontrá-lo e como prevenir esse tipo de atividade criminosa.

Corroborando o conceito da Iaca (2021), Magalhães (2008) afirma que a análise criminal tática se traduz no exame dos fenômenos sociais e sua influência na sociedade a curto prazo, explicando ainda que, com base nela, se produz o conhecimento remetido aos operadores de Segurança Pública dos policiamentos ostensivo, repressivo ou preventivo.

De acordo com Osborne e Wernicke (2003), esse tipo de exame busca informações relacionadas a "como", "onde" e "quando" houve a execução do crime que se analisa, buscando, com isso, embasar as ações investigativas relativas aos problemas imediatos e mediatos da criminalidade, com o objetivo de dar resposta às ações criminosas.

Em resumo, de acordo com a análise criminal tática, para que um padrão de crime e de criminoso exista, é necessário que alguma variável repetitiva de hora, localidade, vítima ou modo de operar esteja presente, o que levará a polícia a compreender que existe um ponto comum, e esse pode ser o próprio criminoso.

Análise criminal administrativa

De acordo com a Iaca (2014, p. 5, tradução nossa), a análise de crime administrativo é

> dirigida às necessidades administrativas da agência policial do seu governo e da sua comunidade. Como uma categoria ampla, inclui uma variedade de técnicas e produtos, realizados tanto regularmente como a pedido, incluindo estatísticas, impressões de dados, mapas e gráficos. Exemplos incluem a carga de trabalho, cálculos por área e por turno, relatórios de atividades dos oficiais, respostas a pedidos dos meios de comunicação, estatísticas fornecidas para subvenção, aplicações, relatórios a grupos comunitários e análise custo-benefício de programas policiais. Nesta categoria, insere-se a categoria descrita como "análise de operações" ou "análise de operações policiais" por alguns textos.

Como é possível perceber, esse é um tipo de análise da qual faz parte uma série de técnicas e processos diferentes, que serviram para uma diversidade de propósitos públicos distintos. Diferentemente das análises tática e estratégica, as quais, na maioria das vezes, estão focadas em dar suporte às ações policiais externas, que são motivadas para a diminuição da criminalidade e seus efeitos – garantindo maior segurança dos agentes na hora de decidirem quais recursos usar e a que tempo usá-los –, a análise criminal administrativa busca se aprofundar em exames que garantam o apoio interno da agência. Em outras palavras, essa análise está voltada ao apoio às "operações internas da agência, à tomada de decisões, às eficiências e à prestação de contas" (Santos, 2017, p. 157, tradução nossa).

Além disso, a análise de operações, incorporada pela Iaca (2014) na análise criminal administrativa, pode ser definida como a investigação do próprio sistema: das políticas, das práticas, dos recursos financeiros e materiais, das estratégias e, nesse caso, do espaço geográfico em que ela ocorre e de que forma organizacional se delimita – se as operações de determinado departamento têm, satisfatoriamente, resultados sobre o crime de determinada localidade, e, sobretudo, dentro do departamento de polícia.

Análise criminal estratégica

De acordo com a Iaca (2014, p. 4, tradução nossa), a "análise estratégica do crime é a análise de dados direcionada para o desenvolvimento e a avaliação de estratégias, políticas e técnicas de prevenção a longo prazo. Os seus temas incluem tendências estatísticas a longo prazo, pontos quentes e problemas".

Da mesma forma que acontece com a análise tática, a análise estratégica deve ser fundamentada em dados fornecidos em relatórios policiais. Entretanto, diferentemente da análise tática, fará parte da análise criminal estratégica, ainda, a soma de outras diversas fontes de informações, como dados de censos demográficos, informações urbanas e de zonas regionais, dados qualitativos e quantitativos etc.

Apesar dessas diferenças, a análise criminal estratégica se restringe ao exame dos mesmos dados que outras análises, "mas de forma agregada e durante um período mais longo" (Santos, 2017, p. 154, tradução nossa).

Assim, se constitui em um modelo que poderá descobrir informações importantes, como retrata o seguinte exemplo de Santos (2017, p. 154, tradução nossa): "quatro de cinco carros foram abertos em roubos de veículos ocorridos num bairro na semana passada"; com base nisso, "a análise estratégica do crime descobriria que 85% dos 1.000 carros foram abertos em roubos de veículos em toda a cidade no ano passado".

Dessa maneira, esse tipo de análise tem por finalidade reconhecer problemas a longo prazo e descobrir o motivo desses problemas estarem acontecendo, a fim de que seja possível alocar recursos policiais na medida ideal, visando solucionar a questão a longo prazo. Em outras palavras, buscam-se soluções que não se prendem ao imediatismo da questão, mas que deem resultados para que uma estratégia possa ser, de fato, desenvolvida.

Como processos desse tipo de análise criminal, Santos (2017) cita a análise de tendências, a análise de pontos problemáticos e a análise do problema.

- **Análise de tendências:** Trata-se do desenvolvimento de uma análise de dados agregados – por exemplo, por período, mês, área geográfica – no intuito de reconhecer tanto o aumento quanto a diminuição da criminalidade. Embora essa estatística pareça ser simples e direta, a análise de tendências organiza os dados em conjuntos que farão sentido para a redução da criminalidade (Santos, 2017). Podem ser objeto dessas análises os assassinatos ou feminicídios por mês, ano ou semana, assaltos com armas de fogo ocorridos em determinadas localidades a cada três meses, além de outras possibilidades que serão eventualmente capazes de garantir um resultado que demonstra uma tendência.

- **Análise de pontos problemáticos:** Examina determinadas localidades dentro de uma jurisdição que demonstra certa desproporcionalidade na criminalidade, ou seja, pontos em que os níveis de criminalidade são maiores, se comparados com outras áreas, seja espacial, seja temporalmente. Assim como a análise de tendência, "a forma como os dados são agregados determinará os resultados e a utilização das áreas problemáticas identificadas na análise" (Santos, 2017, p. 155, tradução nossa).
- **Análise do problema:** Para explicar este item, tomemos a definição de Santos (2017, p. 2, tradução nossa):

> trata-se de uma abordagem/método/processo conduzido dentro da agência policial em que a teoria formal da justiça criminal, métodos de investigação e procedimentos abrangentes de recolha e análise de dados são utilizados de forma sistemática para conduzir um exame aprofundado, desenvolver respostas informadas e avaliar problemas de crime e desordem.

Desse tipo de análise podem fazer parte o exame de problemas percebidos como de longo prazo nos departamentos de polícia. Para isso, deve-se buscar, por exemplo, a compreensão sobre como, por que, quando e onde acontecem esses crimes, além de quem os está cometendo, colocando um norte para o exame do problema.

Demonstraremos a seguir um exemplo prático, ocorrido na cidade de Ottawa (Canadá), que evidencia tanto a aplicação prática de cada um desses processos de análise – dentro da análise estratégica e seus fins – quanto os resultados auferidos por essa análise. Utilizaremos esse exemplo porque, no Brasil, ainda que certas técnicas sejam aplicadas em casos federais específicos, não há relatórios ou exemplos doutrinários que possam ilustrar, com riqueza, a aplicação dessa análise.

Exemplificando

Em sua obra, Santos (2017) apresenta um exemplo ocorrido em Ottawa, no Canadá. Alyson Yaraskovicth, analista de inteligência criminal do Serviço de Polícia de Ottawa (OPS), no ano de 2015, elaborou um projeto de reorganização geográfica dos distritos com o objetivo de remanejar as responsabilidades dos policiais de linha de frente, visando que estes obtivessem melhores provas. De acordo com Santos (2017, p. 156, tradução nossa), "no centro do exercício de redistritamento, foi o alinhamento das áreas de patrulha com os bairros da cidade, tal como definido pelo Estudo de Bairro de Ottawa (ONS)".

A ideia central desse projeto, que era liderado pela Universidade de Ottawa e recebia o apoio de algumas organizações, era organizar os bairros de uma forma melhor, a fim de que pudessem entender cada área. Os objetivos específicos desse projeto eram: estabelecer uma igualdade de volume de trabalho para os policiais em cada zona de ronda; harmonizar os objetivos dos policiais nesse serviço, sem interferências desmedidas no bairro e sem que esses agentes sofressem com a inflexibilidade do processo, ou seja, resguardando alguma autonomia de serviço; e assegurar que os limites políticos, sempre que fosse possível, estivessem estabelecidos.

Já o objetivo geral do projeto era "fomentar a apropriação geográfica e encorajar a familiarização com os desafios únicos presentes em cada uma das comunidades de Ottawa" (Santos, 2017, p. 156, tradução nossa).

Os dados colhidos e examinados de maneira detalhada foram capazes de demonstrar que a OPS recebia grande parte de chamadas que buscavam, sobretudo duas de suas unidades, pelo que foi possível constatar quanto tempo um serviço de ronda levava para responder a essas áreas. Com essas informações, a OPS compreendeu qual seria o contingente de policiais que cada área precisaria e puderam estipular que dois policiais bastariam, o que cumpriu o primeiro objetivo específico.

Esses dados também possibilitaram que o segundo objetivo fosse alcançado, qual seja, o de tornar igualitário a incumbência de cada oficial. Isso porque percebeu-se, por meio de um modelo de revisão de atribuição no tempo de ronda, que o serviço demandaria "40% de tempo reativo, 40% proativo e 20% administrativo" (Santos, 2017, p. 156, tradução nossa). Então, os turnos foram repensados matematicamente e, assim, divididos em três "sobrepostos de 10,75 horas por período de 24 horas. Cada unidade tem aproximadamente 4.500 horas de capacidade para responder às chamadas reativas, todos os anos" (Santos, 2017, p. 156, tradução nossa). Com a utilização de um método de avaliação intitulado *Esri ArcGIS Business Analyst*, foi auferido um intervalo de cerca de 10%, ou seja, o esforço total de serviço foi definido "dentro de um intervalo ótimo de mais ou menos 10% da capacidade de tempo reativo anual (4.500 horas)" (Santos, 2017, p. 156, tradução nossa). Cumprindo com o objetivo, foi atribuída uma unidade a cada um dos setores.

O projeto utilizado nesse caso de distribuição geográfica foi acadêmico, embora completamente voltado para aqueles que o utilizariam, visto que, na montagem do programa, os utilizadores estiveram envolvidos como forma de buscar soluções para as questões colocadas, tendo sido imprescindível considerar suas opiniões. Como relata Santos (2017, p. 156, tradução nossa), havia as "preocupações com a segurança dos oficiais, pontos de interesse e desenvolvimento futuro que poderiam ter sido negligenciados". Dessa forma, embora tenhamos apresentados os resultados dos dois primeiros objetivos, a autora demonstra que todos foram alcançados, evidenciando a eficácia de uma análise criminal bem elaborada.

No caso apresentado, o departamento de polícia de Ottawa, de forma organizada, com objetivos específicos e, sobretudo, com o auxílio das informações corretas, conseguiu ter um aproveitamento mais eficaz dos recursos disponíveis, quais sejam, homens, armas, cooperação de organizações não governamentais (ONGs) e outros agentes que buscavam informações ainda mais avançadas para a formação de estratégias eficazes na luta contra a criminalidade. A isso denominamos *análise criminal estratégica*.

Entretanto, ainda que a redução do crime não seja o objetivo principal desse tipo de análise, o fato é que esse exame pode ter muito valor por conceder suplemento às decisões e ao planejamento dos departamentos de polícia, assim como à prestação de contas relativas à mitigação do crime, no engajamento da comunidade na busca por subsídios e em outros setores.

Santos (2014, p. 157, tradução nossa) ressalta que "'administrativo' não inclui tarefas de secretariado ou não analíticas, tais como a preparação de brochuras e a tomada de notas em reuniões, nem inclui tarefas tecnológicas como a realização de apoio tecnológico básico do pessoal da polícia".

Além disso, a análise criminal administrativa pode ser composta por uma série de processos e de técnicas, a exemplo de algumas que Santos (2017) indica, como a análise de crime para prestação de contas, a análise pessoal de ronda e a análise custo-benefício.

- **Análise de crime para prestação de contas:** Com base em uma gama de análises, são produzidos relatórios destinados a estabelecer uma estimativa original e regular, que poderá fundamentar processos de responsabilização ou de prestação de contas pela diminuição dos crimes de determinado departamento. Nesse sentido, vários são os resultados que podem comprovar estatísticas e tendências de diminuição do crime como uma resposta. Por vezes, como ressalta Santos (2017), essa é uma análise que pode se sobrepor à análise estratégica do crime; entretanto, é importante ter em mente que o objetivo dessa análise é dar suporte às reuniões de prestação de contas internas, ou seja, dos próprios departamentos. Por isso, os materiais utilizados para chegar aos resultados pretendidos podem ser diferentes de outros que são utilizados na investigação de problemas individuais.

- **Análise criminal distrital:** Segundo Santos (2017, p. 158, tradução nossa), os analistas criminais podem fazer uso de "métodos e de softwares específicos" que auxiliariam na identificação de limites geográficos mais confiáveis, bem como de distritos e bairros dentro de uma localidade. Por meio dessa análise, é possível aumentar a eficiência da investigação, determinando localizações e dimensões das áreas, de forma a reduzir o tempo de resposta das polícias às chamadas de emergência. Dessa maneira, é possível obter maior controle e equalizar o número de crimes na localidade. Ainda de acordo com Santos (2017), essa não é uma análise que ocorre sempre, mas em períodos que variam de 5 a 10 anos, porque, a partir de sua realização, alteram-se de forma severa muitas coisas, como mapas e outros recursos que deverão ser ajustados.
- **Análise pessoal de ronda:** Fazem parte dessa análise o exame de informações de chamadas para serviços de atendimento das polícias e o histórico de determinada unidade para que, por exemplo, seja possível compreender a carga de trabalho por área ou por turno. Como exemplifica Santos (2017, p. 59, tradução nossa): "com base nos dados, são feitas recomendações para um horário ótimo de ronda". Ao contrário da análise distrital, que demonstramos anteriormente, a análise pessoal de ronda pode ser feita periodicamente, de ano a ano, para compreender o que se torna mais eficiente na prática, como um contingente maior de agentes durante o dia e um contingente menor à noite e vice-versa. Semelhante ao que acontece na análise anterior, existem métodos específicos e sofisticados a serem utilizados pelo analista.
- **Análise custo-benefício:** Refere-se a uma análise que tem por objetivo avaliar o custo sobre programas ou iniciativas de policiamento com base na comparação custo × benefício

deste, com a finalidade de chegar a um juízo de valor sobre a referida ação ter valido a pena. Entretanto, embora os custos sejam sempre mais fáceis de serem estimados, o mesmo não acontece com os benefícios, que são mais sensíveis de se atingir.

Exercício resolvido

A análise criminal consiste em um conjunto de processos sistemáticos que visa produzir conhecimentos sobre a criminalidade necessários às atividades dos departamentos de polícia: Contudo, embora haja algumas modalidades de análise criminal, a Iaca (2014) considera como oficiais apenas algumas. Tendo em vista essa afirmação, assinale a alternativa correta sobre os tipos de análise elencados pela Iaca.

a. Análise criminal tática; análise criminal de gestão; análise criminal comportamental; e análise criminal de inteligência.
b. Análise criminal de inteligência; análise criminal tática; e análise criminal da polícia.
c. Análise criminal da polícia; análise criminal de gestão; análise criminal comportamental; análise criminal de inteligência; e análise criminal estratégica.
d. Análise criminal de inteligência; análise criminal tática; análise criminal administrativa; e análise criminal estratégica.

Gabarito: d

Feedback **do exercício:** De acordo com a Iaca (2014), existem quatro tipos que de análise criminal: de inteligência, tática, administrativa e estratégica. Assim, embora possam existir ao redor do mundo outros tipos de análises criminais com o mesmo fundamento, apenas essas são definidas pela Iaca.

Síntese

Neste capítulo, vimos que a análise criminal definiu o uso de métodos sistemáticos para obtenção de informações e dados que se inter-relacionam e que auxiliam gestores da Segurança Pública no planejamento de ações e intervenções no combate da criminalidade. Verificamos também que a análise do crime visa extrair um material relevante, que dê suporte à polícia em sua missão de prender criminosos, mas também de combater a criminalidade. Além disso, deve corroborar a missão de prevenção do crime, visto que isso é menos custoso do que prender criminosos após a realização de crimes.

Também traçamos um breve histórico da técnica investigativa de análise criminal, demonstrando que a análise criminal na história, antes de ser uma técnica e uma profissão, já era utilizada por departamentos de polícia e por gestores em cidades menores, nas quais era possível conhecer os hábitos de determinada comunidade e, até mesmo, de determinados moradores. Essa fonte de informações fornecia uma base sólida para que chefes de polícia tivessem rapidamente sugestões de crimes, criminosos e vítimas possíveis, o que tornava o desfecho investigativo mais rápido, barato e eficiente.

Observamos ainda que uma das maiores justificativas para a utilização da análise criminal pelos departamentos de polícia é que, ao realizá-la, desenvolve-se um aporte de conteúdos, o que possibilita às ações de polícia que se valham desse aporte para um policiamento que deixa de ser desfocado e passa a ser focado e baseado em evidências confiáveis.

Como vimos, estudos comprovam que a análise criminal é um dos maiores vetores de produção de conhecimento para a gestão de Segurança Pública, bem como que o policiamento sem foco é ineficaz. Por isso, a análise criminal é uma ferramenta de diagnóstico sistemática necessária, pois o papel do analista criminal é montar estratégias com base nos dados analisados.

No Brasil, embora haja projetos de utilização de análises criminais, falta uma cultura de policiamento fundamentado em evidências. Como esse é um projeto que depende da informação de qualidade reportada para as bases de dados, é primordial o engajamento de pessoas qualificadas para a realização da análise, bem como a confiança dos chefes de departamento de polícia no uso e no crédito que devem dar a essa fonte para que seja implantada.

Ainda neste capítulo, trouxemos que existem diversos tipos de análise criminal, mas demonstramos aqui os quatro tipos reconhecidos pela Iaca (2014): análise criminal de inteligência (inteligência no sentido de "sigilo"); análise tática, que tem como finalidade o exame de tendências e padrões de crime a curto prazo, que podem estar conectados a outros crimes e a determinados criminosos já conhecidos, como a identificação de criminosos via construção de perfil do criminoso; análise estratégica, que examina os dados direcionados ao desenvolvimento e à avaliação de estratégias policiais e técnicas de prevenção a longo prazo; e análise criminal estratégica, que é a análise dirigida às necessidades administrativas da agência policial.

Por fim, esclarecemos que, com o auxílio dessas análises, feitas por profissionais diferentes detentores das habilidades necessárias, é possível ao agente de polícia responsável desenvolver estratégias de curto, médio e longo prazos, baseadas em informações de qualidade, que podem ser uma maneira eficiente de garantir a diminuição dos custos com a criminalidade. Dessa maneira, é possível obter respostas mais eficientes, que façam do custo um benefício tanto no sentido de repressão quanto, e sobretudo, no sentido de prevenção. Assim, pode-se cumprir os objetivos de mitigação dos impactos econômicos, de modo a promover o bem-estar social para a comunidade.

✦ ✦ ✦

capítulo seis

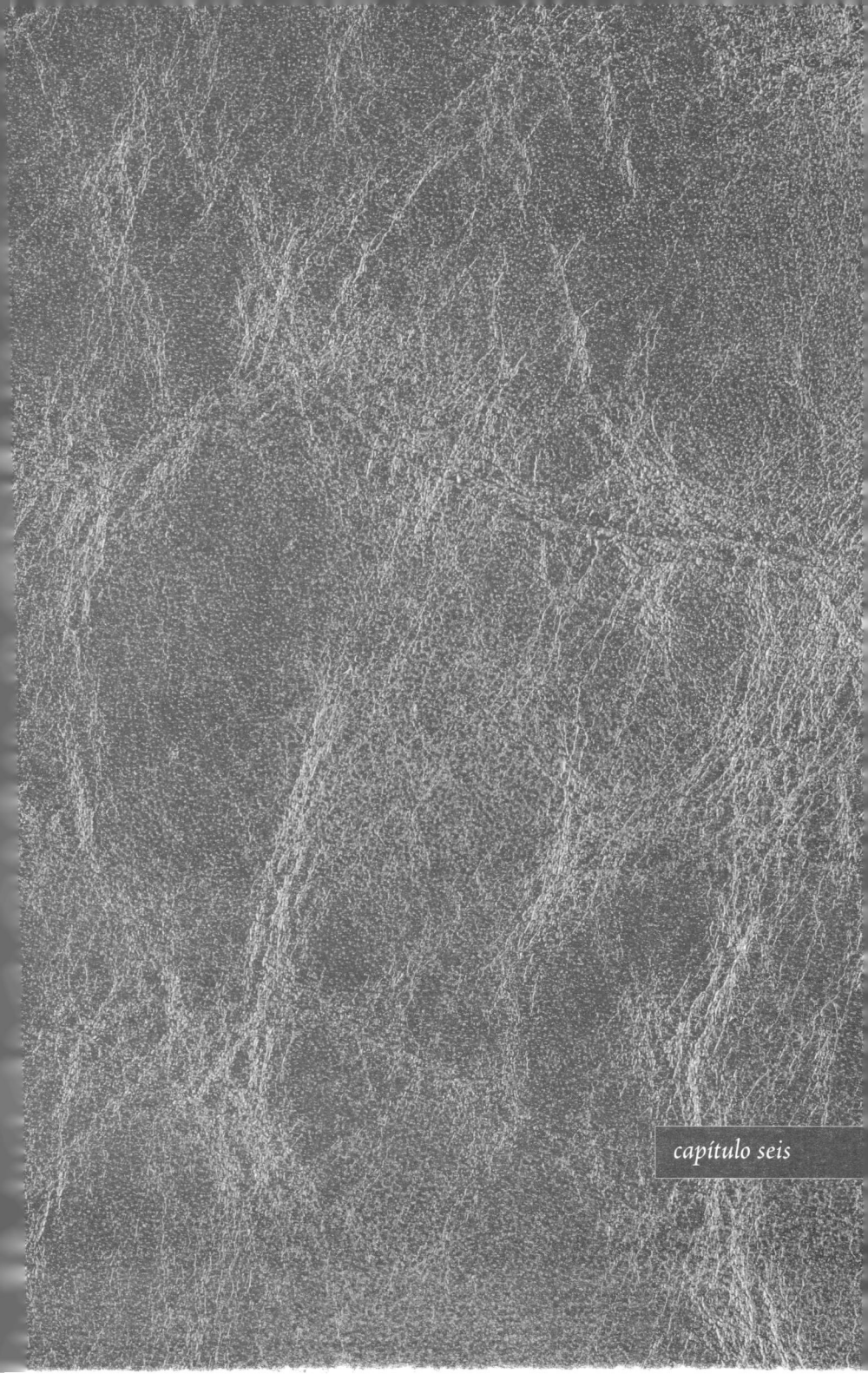

Noções históricas de criminologia preventiva

Conteúdos do capítulo:

- A evolução das políticas repressivas e preventivas.
- A prevenção como um conceito.
- Tipologia da prevenção.
- Estudo do modelo situacional de prevenção.
- A prevenção aplicada em outros países.

Após o estudo deste capítulo, você será capaz de:

1. explicar a necessidade da evolução das soluções disponíveis para o crime e para a violência;
2. interpretar o conceito de prevenção do crime e da violência;
3. identificar os tipos de prevenção;
4. analisar a aplicação da prevenção no Brasil;
5. indicar como a prevenção é aplicada fora do Brasil.

A criminalidade e a violência são problemas interpessoais e comunitários que fazem parte da realidade dos cidadãos brasileiros, razão por que devem ser resolvidos e pensados como um problema social que, como tal, vai além de uma rivalidade entre criminoso e Estado.

Antigamente, a criminologia lidava apenas com um confronto entre Estado e infrator, sendo a ação punitiva a única solução para a questão. O estudo moderno do crime, corroborando o Estado social democrático de direito, busca uma solução integrada e participativa da vítima e do delinquente, bem como da comunidade.

Com base nos estudos modernos do crime, a punição do autor do crime deixou de ser uma solução exclusiva do fenômeno, visto que, sozinha, a punição não é capaz de mitigar todos os impactos da criminalidade. Entretanto, para esse estudo, evitar que o crime aconteça é ainda mais importante, razão pela qual é incluída a noção de prevenção do crime.

Contudo, o estudo da prevenção do crime é ainda um universo maior, que vai além das políticas públicas e se desdobra em vertentes diversas, as quais exploraremos neste capítulo. Analisaremos, para isso, o conceito de prevenção, os tipos e as teorias de prevenção desenvolvidas e o cenário internacional preventivo.

6.1 Da punição à prevenção

A criminalidade e a violência são dados históricos sociais. Entretanto, como você deve ter reparado em outros capítulos, atualmente, a falsa sensação de conhecimento da características do crime, quando baseada em teorias passadas, pode apresentar resultados negativos, visto que – assim como tudo no mundo da informação rápida e da tecnologia – a criminalidade também sofreu mutações substanciais em suas características-chave.

Atenta a isso, a criminologia, como parte da ciência do crime, também teve de dar alguns passos adiante, a fim de se distanciar do que Molina (2003) apresenta como *criminologia clássica* e adentrar à era da criminologia moderna.

De acordo com a perspectiva clássica, a pretensão do Estado em punir o indivíduo que age contra a lei traduzia-se na resposta suprema que satisfazia o evento. Considerando esse viés, Molina (2003, p. 181, tradução nossa) afirma que o crime é

> como um confronto formal, simbólico e direto de dois rivais – Estado e o ofensor – que lutam um contra o outro sozinhos, como o bem e o mal, a luz e as trevas lutam; luta, duelo, claro, sem outro fim imaginável que a submissão incondicional dos derrotados à força vitoriosa da Lei.
>
> [...]
>
> Neste modelo criminológico, portanto, a pretensão punitiva do Estado, ou seja, a punição do culpado, polariza e esgota a resposta ao acontecimento criminoso [...]. A reparação dos danos causados à vítima (a uma vítima que desaparece "neutralizada" pelo próprio sistema) não tem qualquer interesse, não é proposta como exigência social [...]. Neste modelo criminológico e político criminoso, não há qualquer espaço para falar de "prevenção" do crime.

Nesse sentido, vale lembrar a primeira vez que o crime foi problematizado, quando não importavam todos os aspectos que hoje são relevantes, os quais não faziam parte do estudo do crime, pois o debate era fortemente pautado nos ideais positivistas – ou seja, era voltado ao criminoso.

Essa visão se desenvolveu durante a primeira metade do século XIX, principalmente pelos escritos do psiquiatra italiano Cesare Lombroso (2013) em O homem delinquente, que foram replicados no Brasil pelo médico Raimundo Nina Rodrigues. A teoria de Lombroso, que ficou mundialmente conhecida como *criminologia positivista*, divulgava o crime como uma patologia – ou, como afirma Zaffaroni e Pierangeli (2011, p. 78), como "estética do mal".

A alteração do campo de visão do crime para o criminoso veio a construir teorias pautadas em determinismos e racismos científicos, que propagavam a ideia de que certos indivíduos estavam mais propensos ao cometimento de crime, segundo traços fisionômicos e fisiológicos, concentrados nos aspectos biológicos mais do que em qualquer outro. Em outras palavras, de acordo com a teoria clássica positivista, algumas pessoas, em virtude de suas condições biológicas, estavam fadadas ao cometimento de crimes. Esse ideal permaneceu na sociedade por um longo tempo, indo até a virada do século XX.

Essa visão se alterou especialmente no final do século XX. Nessa época, o indivíduo continuou a fazer parte da análise do crime, mas o foco da análise se voltou para um campo de visão mais complexo do cenário, que culminou na análise conjunta que se faz atualmente de vítima, criminoso e comunidade.

Nesse sentido, de acordo com Molina (2003, p. 981, tradução nossa), as novas ideias da criminologia sublinham

> o contexto humano e conflituoso do crime, a sua aflição, os elevados "custos" pessoais e sociais deste doloroso problema, cujo aspecto patológico e epidêmico não medeia de forma alguma a análise serena da sua etiologia, da sua gênese e dinâmica (diagnóstico), nem o debate político criminal essencial sobre as técnicas de intervenção e controle deste.

Nessa perspectiva, a criminologia moderna transita para o reconhecimento de que "a punição do infrator não esgota as expectativas que o evento criminoso desencadeia", indo além, com a "a ressocialização do infrator, a reparação dos danos e a prevenção do crime são objetivos" (Molina, 2003, p. 981, tradução nossa).

Assim, superando a ideia de que o crime é uma doença que nasce com o indivíduo, surgiram as ideias da criminologia moderna, que assume o potencial nocivo da própria vida em sociedade como motivadora do crime. Diante disso, os autores passaram a considerar inútil tirar o indivíduo de circulação sem desfazer as situações que formam o indivíduo criminoso.

Perguntas & respostas

O que a teoria do racismo científico tem a ver com a teoria darwinista da seleção natural?

Embora esse tenha sido um fundamento utilizado no desenvolvimento e na propagação da ideia de racismo científico, as ideias de Darwin (2018) foram, nesse sentido, distorcidas pelo interesse em comum de alguns pesquisadores em encontrar respostas para o crime.

O racismo científico tratava questões como daltonismo e outras anormalidades genéticas, as quais foram examinadas em autópsias, como uma distinção de evolução das raças. No caso das menos evoluídas, estava presente, por exemplo, a propensão ao crime, pois, de acordo com Lombroso (2013), até mesmo a capacidade do indivíduo de ser civilizado era uma questão de evolução de raças.

Contudo, essa ideia se distancia completamente da ideia de Darwin (2018), desenvolvida na obra *A origem das espécies*, pois o autor não associa seleção natural ao progresso, e sim à adaptação, sem categorizar raças.

Contrariamente a isso, o racismo científico considera a divisão em sub-raças e fenótipos, como a superioridade dos brancos europeus. Assim, busca-se explicar o crime com base nas condições humanas. Essa vertente ficou conhecida como *teoria etiológica do crime*.

6.2 Prevenção como conceito

Hoje em dia, a maioria das escolas de criminologia (para não dizer todas) estão voltadas principalmente à prevenção do crime, por considerarem que reprimi-lo não é tão satisfatório quanto antecipá-lo.

Contudo, como adverte Molina (2003), prevenção pode ser um conceito vazio, visto que dentro dele habitam vários sentidos diversos, mediante os quais inúmeras teorias galgaram conhecimentos e explicações distintas. Por essa razão, a prevenção é um conceito/gênero por meio do qual categorias/tipos de prevenção são desenvolvidos com o intuito de oferecer uma resposta eficiente ao controle da criminalidade.

Prevenção e dissuasão

De acordo com parte da doutrina, a criminologia percebe na prevenção um aspecto essencial de "dissuasão", ou seja, o efeito de fazer com que o indivíduo que praticaria um crime mude de ideia. Nesse sentido, Molina (2003, p. 982, tradução nossa) explica que "a prevenção, portanto, é concebida como prevenção criminal (eficácia preventiva da pena) e funciona no processo motivacional do infrator (dissuasão)".

Outro campo de visão da doutrina sobre a prevenção permite que ela seja concebida como um efeito dissuasivo indireto, como um instrumento que modifica alguns elementos que fazem parte do retrato do crime, entre eles o local físico, a arquitetura urbanística, a exposição da vítima e o sistema jurisdicional.

A principal finalidade da prevenção, segundo essa perspectiva, seria implementar obstáculos capazes de impedir todos os detalhes da execução do plano do crime, como o aumento do custo do crime para os próprios criminosos, com a perda de lucros e o aumento de riscos funcionando como elementos intimidadores.

Além disso, a prevenção pode ser vista não como um meio de antecipação do crime, mas como uma finalidade de impedimento de reincidência dele, no sentido de implementação de programas de ressocialização ou reinserção do indivíduo na sociedade.

Esse entendimento também é destacado por Hughes (1998, p. 18), que, apesar de considerar o conceito de prevenção de difícil definição, por ser bastante polissêmico, aponta afirmativamente que "a prevenção do crime pode ter como objetivo 'reformar' ou 'dissuadir' o agressor, proteger a vítima individualmente ou a comunidade".

Sob essa ótica, é importante não prever, mas impedir a reincidência, o que Molina (2003, p. 982, tradução nossa) aponta como uma forma de conceituação pouco ambiciosa:

> O conceito de prevenção é assim equiparado ao de prevenção 'especial', que é muito menos ambicioso, em razão de seu objetivo (o infrator, não o potencial infrator ou a comunidade jurídica) com relação aos efeitos pretendidos (simplesmente prevenir a reincidência do infrator, não evitar o crime).

Contudo, o entendimento de prevenção antes da existência do crime e após a ocorrência dele, como forma de assistência para reinserção do criminoso no mundo social, é também incluído na conceituação do *International Centre for the Prevention of Crime* (ICPC, 2012). Ao considerar um conceito além do sentido dissuasivo estrito ou repressivo, o ICPC (2012, p. 4, tradução nossa) chama atenção para uma prevenção que "enfatize ações que possam ser realizadas antes e/ou depois da ocorrência de um crime – por exemplo, ajudar na reabilitação do infrator".

O ICPC (2012) afirma ainda que a vinculação ao conceito estrito dissuasivo é incompatível com os princípios das Nações Unidas referentes à prevenção, definidos por resoluções, bem como pelo documento intitulado *Guidelines for the Prevention of Crime*, publicado em 2002, o qual considera que a ação preventiva garante a redução da reincidência do crime.

> ### *Para saber mais*
>
> O ICPC disponibiliza em seu *site* inúmeros relatórios e publicações que garantem o entendimento mais aprofundado do conceito e das funções da prevenção tanto no sentido teórico quanto no prático. Por isso, se você se interessou pelo tema, acesse a página oficial do ICPC para encontrar informações pertinentes.
>
> ICPC – International Centre for the Prevention of Crime. **International Reports on Crime Prevention and Community Safety.** Disponível em: <https://cipc-icpc.org/en/international-report-on-crime-prevention-and-community-safety/>. Acesso em: 12 ago. 2021.

De fato, prevenir o crime é mais do que mera dissuasão, tendo em vista que há dificuldades para o criminoso e a promessa de punição. Trata-se da realização de uma soma de possibilidades de intervenção dinâmicas, com o potencial de desestabilizar as próprias causas do crime. Entretanto, falar em causas é abordar o envolvimento não apenas das entidades públicas, mas da comunidade em geral, visto que o problema se origina no centro dela.

Portanto, como conceito, a prevenção deve ir além daquilo que se entende como conceito genérico, associado às políticas públicas e à ideia jurídica de condenar e punir, abarcando uma esfera multidimensional. Nesse sentido, são empregados termos para nos referirmos às fases dos programas de prevenção ao crime, conforme veremos a seguir.

Prevenções primária, secundária e terciária

A prevenção deve ser realizada com base em sua distinção em níveis de público que se pretende atingir, a depender da maior ou menor relevância da causa do programa de prevenção a ser criado – suas finalidades e seus meios de prevenir –, bem como das áreas que serão abrangidas.

Essa forma de tratar a prevenção, segundo Braga, Rolim e Winkelmann (2017), vem da área da saúde, que subdivide a prevenção em três níveis: primário, secundário e terciário.

A **prevenção primária** busca atingir os fatores que, tanto com relação ao ambiente físico quanto aos fatores sociais, aumentam os riscos do cometimento de crimes e violências (fatores de risco), ou que, no caso inverso, diminuem as possibilidades de crime e violência (fatores de proteção).

Falamos em *objetivos sociais* quando pensamos em educação, socialização, moradia e emprego, ou seja, bem-estar social e qualidade de vida como elementos essenciais da prevenção primária. Trata-se de objetivos que podem ser alcançados a médio e longo prazos e que estão voltados aos cidadãos de determinada comunidade.

De acordo com Molina (2003, p. 184, tradução nossa), esse modelo de programa de prevenção tem como objetivo atingir as razões mais profundas do crime, na tentativa de aniquilar a questão antes mesmo de ela se tornar um problema real, procurando, "portanto, criar os orçamentos necessários ou resolver situações criminogênicas de privação, ao mesmo tempo que procuram alcançar uma socialização benéfica, de acordo com os objetivos sociais".

Essa prevenção é realizada, na maioria das vezes, mediante estratégias de promoção cultural, condições econômicas mínimas e política social, com a finalidade de garantir ao cidadão meios de resistência a conflitos e ao crime. Corroborando essa definição, o *Guia para prevenção do crime e da violência* conceitua prevenção primária da seguinte forma:

> Estratégia de prevenção centrada em ações dirigidas ao meio ambiente físico e/ou social, mais especificamente aos fatores ambientais que aumentam o risco de crimes e violências (fatores de risco) e que diminuem o risco de crimes e violências (fatores de proteção), visando a reduzir a incidência e/ou os efeitos negativos

de crimes e violências. Pode incluir ações que implicam mudanças mais abrangentes, na estrutura da sociedade ou comunidade, visando a reduzir a predisposição dos indivíduos e grupos para a prática de crimes e violências na sociedade (prevenção social). Ou, alternativamente, pode incluir ações que implicam mudanças mais restritivas, nas áreas ou situações em que ocorrem crimes e violências, visando a reduzir as oportunidades para a prática de crimes e violências na sociedade (prevenção situacional). (Brasil, 2005, p. 52)

Sobre os benefícios e as dificuldades da prevenção primária, Lüderssen (1984, p. 151, tradução nossa) aponta que:

A prevenção "primária" é, sem dúvida, a mais eficaz – prevenção genuína –, uma vez que funciona etiologicamente. Contudo, atua a médio e longo prazos, e exige benefícios sociais e intervenção comunitária em vez de mera dissuasão. Daí as suas limitações práticas, pois a sociedade procura e exige sempre soluções a curto prazo, as quais, infelizmente, identificam-se com fórmulas drásticas e repressivas. Nem os que estão no poder demonstram paciência e altruísmo, alimentados pelos apelos eleitorais do jornal e pelo bombardeio de propaganda, interesse daqueles que moldam a opinião pública. Poucos estão dispostos a investir esforços e solidariedade para que outros, no futuro, desfrutem de uma sociedade melhor.

A **prevenção secundária**, de forma distinta da primária, apresenta medidas de prevenção que funcionam a curto prazo e, por vezes, a médio prazo. O interesse de atuação da prevenção secundária é oposto ao da primária, voltada à atuação posterior ao cometimento do crime, já quando de sua externalização. Assim, direciona-se a determinados indivíduos com maior propensão a serem vítimas ou executores do crime, denominados por Braga, Rolim e Winkelmann (2017) como *grupos de risco*.

Já Molina (2003, p. 985, tradução nossa) ressalta que esse tipo de prevenção acontece conectada às leis criminais, bem como por meio da atuação policial, sendo exemplos práticos de prevenção secundária: "controle dos meios de comunicação social, planejamento urbano e utilização do conceito arquitetônico como instrumento de autoproteção, desenvolvidos em favelas". Geralmente, são programas dirigidos a crianças e jovens, identificados pelo setor público como potenciais novos membros do crime.

Seguindo essa mesma lógica, o *Guia para prevenção do crime e da violência* define *prevenção secundária* como:

> Estratégia de prevenção centrada em ações dirigidas a pessoas mais suscetíveis de praticar crimes e violências, mais especificamente aos fatores que contribuem para a vulnerabilidade e/ou resiliência destas pessoas, visando a evitar o seu envolvimento com o crime e a violência ou ainda a limitar os danos causados pelo seu envolvimento com o crime e a violência, bem como a pessoas mais suscetíveis de serem vítimas de crimes e violências, visando a evitar ou limitar os danos causados pela sua vitimização. É frequentemente dirigida aos jovens e adolescentes, e a membros de grupos vulneráveis e/ou em situação de risco. (Brasil, 2005, p. 53)

Por fim, a **prevenção terciária**, segundo Braga, Rolim e Winkelmann (2017), contempla os grupos que, de alguma forma, já têm envolvimento com o crime, ou seja, há foco identificável (por exemplo, a população carcerária). Nesse caso, o objetivo é afastar o indivíduo preso da reincidência. Por isso, de acordo com a Organização das Nações Unidas (ONU, 2002), é uma prevenção que se realiza pelo sistema de justiça penal, visando ao regresso daquele que praticou o crime à comunidade, o que seria, atualmente, o maior desafio do Brasil, já que o investimento nesse nível de prevenção é escasso (Braga; Rolim; Winkelmann, 2017).

De acordo com o Ministério da Justiça brasileiro, prevenção terciária é uma

> Estratégia de prevenção centrada em ações dirigidas a pessoas que já praticaram crimes e violências, visando evitar a reincidência e promover o seu tratamento, reabilitação e reintegração familiar, profissional e social, bem como as pessoas que já foram vítimas de crimes e violências, visando evitar a repetição da vitimização e promover o seu tratamento, reabilitação, reintegração familiar, profissional e social. (Brasil, 2005, p. 53)

Perguntas & respostas

Afirmar que os três níveis de prevenção apresentados são distintos é o mesmo que dizer que são fragmentados e dissociados? Ou são processos de prevenção complementares?

Embora essa divisão seja essencial, pois permite, na prática, a identificação dos atores que desejamos atingir, os programas de prevenção primária, secundária e terciária devem se complementar. Em outras palavras, os três visam ao mesmo objetivo geral: a diminuição da criminalidade. Entretanto, para fins gerais, cada um focará em um objetivo específico, quais sejam: fatores ambientais e sociais (prevenção primária); grupos de risco – vítimas ou executores do crime (prevenção secundária); e população prisional (prevenção terciária).

Isso possibilitará antever o crime, alterando primeiramente o espaço e o ambiente; segundo, protegendo aqueles mais vulneráveis; e, por fim, promovendo oportunidades para aqueles que foram absorvidos pelo crime. Por isso, são campos que se complementam e devem ser compatíveis (Molina, 2003).

Um modelo socialista de prevenção para todos

Os porta-vozes oficiais desse modelo de prevenção preocupavam-se mais em combater o crime do que em entendê-lo, objetivando, com isso, além de interpretar as causas do crime, compreender as causas econômicas e sociais que motivam o crime.

A essa tendência intitulou-se *criminologia socialista*. Como explica Molina (2003), esse modelo chegou a alcançar grandes êxitos na prevenção do crime; porém, o controle social, por si só, também podia ser visto como uma forma de restrição de liberdades que sufocava a comunidade. Assim, transposto para o modelo atual de Estado social e democrático de direito, os programas sociais seriam incompatíveis com esse modelo.

Perceba que, para além de uma definição genérica, a prevenção do crime pode ser vista de formas diferentes, bem como pode ser fundamentada em ideologias distintas. Além disso, existem diversos tipos de prevenção, que veremos no próximo tópico.

Exercício resolvido

Pensando na prevenção como um conceito de definição multidimensional, dentro do qual pode haver vários significados distintos, são inúmeras as teorias e considerações possíveis. Algumas divergem em significados; outras, nas formas de aplicação, que podem ser vistas de forma fragmentada ou não.

Com base nas premissas básicas de que a prevenção é mais do que uma definição, mas um conceito aberto, examine as afirmações a seguir e classifique-as em verdadeiras (V) ou falsas (F).

( ) O conceito de prevenção pode ser considerado vazio, visto que pode contemplar sentidos diversos. Contudo, há um elemento que pode ser comum a todas as teorias: o de que a prevenção é uma forma de antever o crime, e não de reprimi-lo; portanto, todos os tipos de prevenção são realizados antes de o crime se consumar.

( ) O conceito de prevenção pode ser considerado vazio, visto que pode contemplar sentidos diversos. Nessa perspectiva, cabe afirmar que a prevenção pode ocorrer antes do crime (previsão), mas também depois do crime, tendo como foco, no último caso, a prevenção da reincidência do crime, por exemplo.

( ) A prevenção terciária visa à prevenção da reincidência do crime. A prevenção secundária, por sua vez, tem como foco a fase de externalização do crime. Por fim, a prevenção primária dá enfoque à educação e às políticas sociais e culturais.

( ) A prevenção primária é a prevenção mais efetiva, porém, seus objetivos são alcançados a médio e longo prazos, razão pela qual é menosprezada. Por outro lado, a prevenção secundária possibilita resultados a curto e, no máximo, médio prazo, o que a torna mais atrativa.

Agora, assinale a alternativa que apresenta a sequência correta:
a. V; V; F; F.
b. F; F; V; F.
c. V; F; V; F.
d. F; V; V; V.

Gabarito: d

***Feedback* do exercício:** A prevenção pode ser empregada tanto no sentido de antever o crime quanto de prevenir novos crimes, no caso de reincidências. Um dos conceitos e modos de aplicar a prevenção do crime é classificá-la em níveis, de modo que seja possível criar programas específicos em cada nível.

Assim, temos as prevenções primária, secundária e terciária, sendo que a última pode ser vista pelo exemplo clássico da prevenção à reincidência. A prevenção primária garante resultados a médio e longo prazos, ao passo que a prevenção secundária garante os resultados a curto e médio prazos.

6.3 *Tipos de prevenção: modelos teóricos*

Existem diversos tipos de prevenção, tanto no plano teórico quanto no prático. Sendo assim, na sequência, apresentaremos alguns modelos teóricos de prevenção.

Modelo clássico de prevenção

O modelo clássico de prevenção do crime considera, sobretudo, a clássica opinião generalizada de que o direito penal é o principal responsável pela resposta às mazelas do crime. Nesse modelo, a lei é a solução e a causa da criminalidade. A lei deve conter vigor, e o vigor deve ser o peso da punibilidade, que, por sua vez, deve ser para o criminoso um malefício capaz de desmotivar a sua conduta. Do contrário, se a lei apresentar uma penalidade leve, mas não a eficácia preventiva, a razão pela qual existe não será alcançada.

Sob essa ótica, *prevenção* equivale a *dissuasão*, que acontece pelo medo de ser punido, razão pela qual as penas devem ser carregadas de severidade e rigor, pois só assim causarão a pretendida intimidação, que é a intenção principal da mudança de estratégia do indivíduo que cometeria um crime.

Como visto, essa compreensão evidencia a discussão sobre a capacidade dissuasiva da punição. Em outras palavras, o modelo clássico aposta na ideia de que o aumento da criminalidade é decorrente da fraqueza da lei, o que não amedronta o criminoso, pois, se as penas fossem certeiras e severas, a criminalidade diminuiria.

Contudo, apesar de parecer fazer algum sentido, razão pela qual muitas das políticas legislativas criminais ainda apostam nessa vertente, trata-se de uma resposta simples e reducionista para um problema bem mais complexo, que, na maioria das vezes, entrega apenas repressão no lugar de solução.

Se considerarmos a realidade brasileira, cujo sistema carcerário se encontra constantemente em verdadeiro colapso, bem como o sistema de justiça, que anda a passos lentos, perceberemos que as leis, por mais severas que sejam, não são capazes de dissuadir a criminalidade. Além disso, a repressão e o encarceramento, além de serem dispendiosos, não garantem que, ao final da pena, o indivíduo não voltará a cometer os mesmos crimes.

Essa compreensão também é vista nos ensinamentos de Molina (2003, p. 990, tradução nossa), que reforça o argumento de que "paradoxalmente, longe de reforçar os mecanismos inibitórios e de prevenir o crime, um rigor desproporcionado tem um efeito criminogênico". O que o autor quer dizer com isso é que mais rigor não garante menos crime; portanto, o aumento de criminalidade nada tem a ver com a ausência de rigidez ou o fracasso do controle social. Esse é um equívoco da compreensão de crime que parte do princípio de que essa é uma escolha reflexiva e racional do criminoso, que analisa friamente a gravidade da pena e calcula se cometerá o crime ou não, quando, na verdade, as preocupações são bem mais imediatas – por exemplo, se há, de fato, risco de ser preso, o que tem mais a ver com a efetividade do que com a severidade.

Nesse sentido, Beccaria (2011) indica que o fator que importa para o delinquente não é o rigor da pena, mas a condenação real e imediata, que deve ser imposta àquele que comete o delito, raciocínio que demonstra lógica até os dias atuais. A certeza e a inevitabilidade do castigo imposto pela justiça têm um potencial dissuasivo muito maior do que a certeza de uma pena rígida que não chegará nunca e prescreverá.

Entretanto, podemos concluir que uma sociedade que faz o delinquente cumprir a pena imposta e pagar pelo crime pode ser vista como justa, mas ainda assim é pouco preventiva.

Modelo neoclássico de prevenção

O modelo neoclássico, conhecido ainda como *classicismo moderno*, também considera o efeito dissuasivo preventivo correlacionado à efetividade do sistema de justiça. Em outras palavras, à semelhança do modelo clássico, acredita na solução tradicional concedida pelo direito penal como primeira fonte.

A diferença do modelo clássico para o neoclássico está no fato de que o segundo está mais voltado ao funcionamento e à eficácia do sistema do que à severidade e ao rigor das penas atribuídas aos crimes. Nesse sentido, o aumento da criminalidade seria correlato ao fracasso do sistema judicial, ao fazer com que o criminoso cumpra a pena definida para o crime que foi cometido. Por isso, a solução não estaria em aumentar as penas e torná-las mais rígidas, e sim em investir mais no sistema de justiça, melhorando a infraestrutura do sistema judicial, aumentando a quantidade de juízes e a capacidade deles, bem como o número de policiais e prisões. De acordo com Molina (2003, p. 994, tradução nossa), os defensores dessa ideia afirmam que o infrator "desistirá dos seus planos criminosos quando vir a eficácia de um sistema que funciona perfeitamente".

Você provavelmente já deve ter ouvido muitas vezes que o aumento da criminalidade na sociedade brasileira é fruto da falta de punibilidade, e que esse é o motivo do fracasso do sistema. Dizer isso é o mesmo que desconsiderar todos os outros problemas sociais e definir que a solução para um fenômeno histórico seria apenas a aplicação de punição. Mais uma vez, essa é uma solução simplista e pouco efetiva na prática, visto que, como demonstramos até aqui, o crime é mais do que isso.

Para Molina (2003, p. 995, tradução nossa), a capacidade preventiva tem limites estruturais instransponíveis, pois não tem potencial de resolver, a longo prazo, o problema do crime: "não existe correlação porque o problema é muito mais complexo e requer ponderação de muitas outras variáveis", motivo pelo qual o autor caracteriza essa solução como irrealista, já que não impede o cometimento de mais crimes.

É evidente que a eficácia do sistema de justiça é um elemento de suma importância na prevenção do crime, sobretudo se pensarmos no curto prazo. Contudo, o investimento apenas em recursos mais numerosos e eficientes não é capaz de suportar toda a carga etiológica. Assim, "uma má política criminal é aquela que contempla o problema social do crime em termos de mera 'dissuasão', ignorando a análise etiológica essencial do crime" (Molina, 2003, p. 995, tradução nossa), o que seria o mesmo que ignorar a realização de programas de prevenção primária.

Para garantir a eficácia do combate ao crime, uma política criminal não pode apostar todas as fichas no controle social formal da lei e da repressão, devendo procurar, primeiramente, completude no controle social informal, ou seja, na educação, na cultura e no envolvimento ativo da comunidade na vida social, de forma a garantir uma sincronização de ambas as técnicas de prevenção.

Exercício resolvido

Considerando as características dos modelos clássico e neoclássico, analise as afirmações a seguir e classifique-as em verdadeiras (V) ou falsas (F).

( ) O modelo clássico de prevenção do crime parte do princípio de que o delinquente faz um juízo de racionalidade frio e calculista sobre as perdas e os ganhos da ação criminosa; por isso, apenas a severidade das leis poderia conter a delinquência.

( ) O modelo clássico de prevenção criminal coloca na lei a responsabilidade de prevenção do crime, pois apenas a severidade sancionatória da lei, assim como no sentido neoclássico, poderia dissuadir um criminoso de praticar a ação criminosa. Sem esses atributos, a criminalidade cresceria sob a responsabilidade do fracasso do sistema penal.

( ) O modelo neoclássico de prevenção criminal advoga no sentido de que a criminalidade deve ser contida pelo mecanismo de prevenção chamado *lei*. A lei deve ser rígida, inflexível e, sobretudo, rigorosa.

Com penas pesadas, é possível dissuadir os delinquentes da ação do crime, já que essas são ações refletidas e ponderadas.

( ) A prevenção primária no modelo neoclássico equivale à dissuasão por meio da inquestionável responsabilização do delinquente pelo crime. A partir disso, o que se busca é a eficiência das instituições que compõem o sistema penal. Somente a melhoria desse sistema, com investimentos em profissionais e infraestrutura, garante que a lei seja exequível e, por isso, que o criminoso seja sancionado.

Agora, assinale a alternativa que apresenta a sequência correta:
a. V; V; F; V.
b. F; F; V; F.
c. V; F; V; F.
d. F; V; V; V.

Gabarito: a

Feedback **do exercício:** A prevenção criminal no sentido clássico confia no sistema penal como mecanismo superior de prevenção, advogando que o crime é um produto da racionalidade do criminoso, e, assim sendo, apenas um modelo tradicional de redução da criminalidade com base no vigor da lei, ou seja, penas mais duras reduziriam a criminalidade.

Para o modelo clássico, se não existe vigor na lei, a criminalidade aumenta, e isso significaria o fracasso do sistema penal; já para o sistema neoclássico, o que importa não é o vigor da lei, mas a eficácia das instituições em responsabilizar o agente criminoso. O modelo clássico difere do neoclássico porque o primeiro acredita no potencial dissuasivo e preventivo da lei e o segundo, no potencial da execução das leis, e por isso, na eficácia das instituições, e não no vigor da lei.

O modelo neoclássico defende o aprimoramento por meio do investimento na instituição de execução penal, isto é, em juízes e infraestrutura que garantam ao indivíduo a certeza de responsabilização pelos atos criminosos.

Prevenção situacional

O modelo da **teoria situacional do crime** é sustentado por um pressuposto de seletividade do crime, que traduz a mesma ideia do crime como uma opção de reflexividade, ou seja, de racionalidade calculista, "oportunista, que pondera os custos, riscos e benefícios em função sempre de uma oportunidade ou situação concreta" (Molina; Gomes, 1997, p. 416).

Nessa perspectiva, o criminoso examina a vítima certa, o local e o momento exato. Por isso, a intervenção nessa situação deve desbaratar situações de risco ou oportunidades que possam oferecer condições positivas para o crime.

Assim, o modelo de prevenção situacional demonstra, por um lado, conectividade com a ideia das teorias que buscam uma análise espacial e ambientalista do crime; e, por outro, aproxima-se, igualmente, da ideia neoclássica e economicista de que o crime é uma opção fundamentada na escolha ponderada do agente criminoso.

Contudo, esse não é um modelo totalmente prevencionista, embora englobe "hipóteses e teorias desordenadas e fragmentadas dentro de um quadro teórico ainda não muito preciso e definido" (Molina, 2003, p. 1019, tradução nossa).

Essas abordagens fragmentadas têm como finalidade reduzir o número de circunstâncias positivas, ou seja, que possam ser percebidas pelo criminoso como oportunidades de cometer crimes. Assim, a prevenção situacional não está preocupada com as causas e motivações do crime (prevenção primária) – já que esse tipo de prevenção está voltada às formas de manifestação do crime –, mas com programas que são capazes de impedir esse aparecimento, dispensando referências etiológicas e neutralizando oportunidades (Molina, 2003).

Buscando compreender o nexo entre o crime e a oportunidade, Clarke e Felson (1993) desenvolveram alguns princípios da oportunidade do crime. São eles:

- **As oportunidades desempenham um papel importante nas causas de todo o crime:** Utilizando inúmeros exemplos, os autores demonstram que, para que um crime (ainda que motivado) aconteça, é necessária a existência de um elemento imprescindível – a oportunidade.

  Um furto, por exemplo, é uma subtração de coisa pertencente a terceiros, sem o uso de grave ameaça. A oportunidade para que o crime ocorra pode ser um carro com portas abertas munido de pertences de fácil acesso, por exemplo.

Figura 6.1 – Oportunidade para o crime

- **As oportunidades do crime são altamente específicas:** O sentido de oportunidade não pode se restringir a um tipo de oportunidade, ou seja, um único fator para a oportunidade não se apresenta em todas as cenas de crime; dessa forma, um roubo de uma farmácia, por exemplo, depende de oportunidades específicas.

- **As oportunidades do crime são concentradas no tempo e no espaço:** O crime é distribuído de forma não uniforme no tempo e no espaço, podendo divergir em horário, dia e local. Por isso, certos locais demandam certas oportunidades de execução, assim como determinados horários devem ser considerados para prevenção.
- **As oportunidades do crime dependem dos movimentos e das atividades diárias:** Fala-se aqui da teoria das atividades rotineiras. Por exemplo, uma casa que fica vazia porque os moradores diariamente saem para o trabalho torna-se uma oportunidade. Da mesma maneira, um caminho realizado todos os dias por determinada pessoa faz dela um alvo oportuno.
- **Um crime produz oportunidade para outros crimes:** Quando um criminoso se dispõe a cometer um crime – por exemplo, o assalto a uma loja –, normalmente surgem mais oportunidades para crimes, como homicídio, violação e sequestro.
- **Alguns produtos oferecem mais oportunidades para o crime:** O que faz de um produto oportuno é seu valor, sua inércia, sua visibilidade e seu acesso.
- **As mudanças sociais e tecnológicas produzem novas oportunidades para o crime:** Os criminosos também se adaptam à evolução social, utilizando, por exemplo, tecnologias e novos sistemas como meio de oportunidades.
- **O crime pode ser impedido reduzindo-se as oportunidades:** Existem algumas formas para reduzir as oportunidades – aumentando a dificuldade do crime; aumentando o risco de o criminoso ser penalizado; diminuindo os benefícios do crime; diminuindo o fator provocação do crime; reduzindo o perdão do crime.

- **Reduzir oportunidade nem sempre desloca o crime:** Após a prevenção situacional, investigadores perceberam pouco deslocamento do crime.
- **A redução do crime focalizada na oportunidade pode produzir maiores declínios de sua ocorrência:** A redução da oportunidade do crime também reduziria a estatística do crime sem, no entanto, deslocá-lo.

> *Preste atenção!*
>
> As teorias de prevenção situacionais foram desenvolvidas, sobretudo, durante as últimas duas décadas do século XX, tendo como principais nomes Clarke, Cohen, e Felson e Cornish. Como tudo no estado moderno e pós-moderno evoluiu, o crime e as técnicas de prevenção criminal também evoluíram desde sua criação original.
>
> O resultado dessa evolução de técnicas foi o aumento significativo de possibilidades de 5 para 12 e, posteriormente, de 12 para 16. Nesse último caso, passou-se a considerar outros crimes, como o assédio sexual e a evasão fiscal, para os quais as primeiras técnicas não haviam sido pensadas. Mais tarde, em resposta à crítica da prevenção situacional, Clarke e Cornish (2003) dilataram o rol das técnicas de 16 para 25 possibilidades diferentes.

A teoria situacional do crime passou a ser criticada por encarar o crime a partir do acontecimento, sem levar em conta as raízes do problema social, concentrando suas ações, sobretudo, nos programas de investigação e intervenção seletivas, geralmente das classes sociais mais baixas – por isso, costuma ser vista como um modelo de intervenção conservador e defensivo.

De fato, é um modelo pensado para soluções a curto prazo, além de estar mais próximo da teoria clássica, que vê o crime por meio de uma racionalidade suprema, em que a oportunidade de crime é ponderada pelo criminoso, desconsiderando-se, portanto, outros fatores e variáveis, como ressalta Molina (2003).

Exercício resolvido

O modelo situacional é um tipo de prevenção que defende que todo crime advém de uma oportunidade. Esse tipo de prevenção busca, inicialmente, desfazer o cenário perfeito para que o criminoso cometa o crime ou a criminalidade violenta. Para tanto, existem princípios e técnicas desenvolvidas pela doutrina. Diante disso, assinale a alternativa que apresenta corretamente os princípios e as técnicas aplicadas nesse modelo:

a. Os princípios do modelo situacional de prevenção são: as oportunidades desempenham um papel importante no crime; alguns produtos oferecem mais oportunidades que outros; as oportunidades do crime se concentram no tempo e no espaço. Já as técnicas de prevenção são: o aumento do risco do crime, a redução dos benefícios/ganhos do crime, o rigor das penas e a efetividade das instituições de justiça.

b. O modelo situacional de prevenção parte de 10 princípios, sendo que três deles defendem que a oportunidade desempenha um papel importante no crime. Assim, reduzir a oportunidade faz com que o crime se desloque, visto que as mudanças sociais e tecnológicas não alteram o seu padrão. Com base nisso, poderiam ser utilizadas como técnicas o aumento do esforço do crime e a diminuição do perdão do crime.

c. Na prevenção situacional, é necessário que se respeite alguns princípios, entre eles, o fato de a oportunidade desempenhar um papel importante para o crime, visto que se concentra no tempo e no espaço. Além disso, as mudanças sociais e tecnológicas produzem novas oportunidades para o crime. Dessa forma, é essencial a aplicação de técnicas que diminuam a oportunidade do crime, mediante a diminuição da recompensa, o aumento do esforço do crime e o aumento da percepção do risco.

d. Os princípios para a prevenção situacional do crime são: a oportunidade do crime desempenha um papel importante no crime; reduzir a oportunidade desloca o crime; e as mudanças sociais e tecnológicas não alteram o padrão do crime. Já as técnicas são: a diminuição da oportunidade, o aumento do esforço e o aumento da percepção do risco.

Gabarito: c

Feedback **do exercício:** O rigor das penas não faz parte das técnicas de prevenção situacional do crime, não de forma direta. Na realidade, faz parte da compreensão neoclássica. De acordo com os princípios do crime no modelo situacional, o deslocamento do crime não acontece; além disso, as mudanças sociais e tecnológicas têm influência direta sobre o crime, alterando seu padrão.

A diminuição da oportunidade do crime não é uma técnica da prevenção situacional, mas a razão da prevenção situacional, ou seja, aplica-se esse modelo porque acredita-se que seus princípios e técnicas garantem uma diminuição da oportunidade do cometimento do crime, visto que as oportunidades são fatores essenciais do crime.

Prevenção à evolução do crime

Nesse tipo de prevenção, o foco é a identificação de razões e fatores que possivelmente levaram indivíduos a se envolverem com a criminalidade, ou, ainda, de serem vítimas desta. Contudo, a maior parte das pesquisas nessa área são voltadas à reincidência do delinquente.

Sob o prisma sociológico, o exame que resulta nessa conclusão poderia ocorrer com base em alguns padrões de conduta, que são capazes de demonstrar a propensão de determinado indivíduo a cometer reiterados atos violentos e criminosos, como o exame da personalidade e do humor do possível ofensor. Embora esse tipo de exame pareça estar diretamente ligado às análises positivistas das correntes clássicas, o que os investigadores dessa área buscam são os possíveis "nexos de causalidade" entre o percurso histórico individual e a socialização, bem como os elementos que podem ser potenciais de propensão a atos de violência e delinquência.

Assim, mesmo que, de alguma forma, os aspectos físicos possam influenciar esse exame, esse não será o foco da investigação. De outro modo, o investigador da área buscará separar os fatores determinantes do crime dos fatores incidentais, garantindo, dessa maneira, estratégias que possam reduzir os elementos de risco que fazem parte de determinada área da vida de uma pessoa, como as relações familiares e sociais, os aspectos econômicos e a análise da carreira escolar e profissional.

Hábitos e relações sociais, bem como fatores econômicos, podem construir um perfil com certos elementos de risco que facilitam a compreensão dos riscos do crime. Imagine a seguinte hipótese: há uma criminosa que, todos os dias, se encontra com outros criminosos conhecidos pela polícia em bares de luxo, nos quais consome bebidas caras. Somando essa informação a outros elementos de outras áreas, verifica-se a existência de riscos de cometimento de crimes específicos por essa pessoa por meio da prevenção da evolução do crime.

Entretanto, você deve estar se perguntando: Esse tipo de prevenção obedece a alguma metodologia? A principal dificuldade de fazer essa prevenção é justamente saber que fatores levar em conta em meio a tantas possíveis variáveis. Por essa razão, esse é um modelo de prevenção que necessita de programas sofisticados para que sejam alcançados resultados confiáveis que demonstrem, por exemplo, o quão vulnerável ao crime se torna um indivíduo, a depender do seu estilo de vida.

Prevenção comunitária

A prevenção comunitária é uma técnica da contemporaneidade que tem como pressuposto a ideia de que as condições sociais influenciam diretamente na degradação das relações em sociedade, transformando-se em um fator motivacional para o crime e a violência. Assim, deve-se utilizar técnicas como investir no espaço físico e simbólico em que há constância na reincidência das criminalidades – esse é um dos principais instrumentos preventivos nessa concepção.

Prevenção criminal

Prevenção criminal é o apelido dado ao tipo de prevenção que tem como centro o sistema de justiça criminal, que permite o desenvolvimento de inúmeras possibilidades de estratégias a serem empregadas nesse tipo de prevenção. Um modelo clássico desse tipo de prevenção é o realizado pelas execuções penais, quando utilizadas para buscar a redução dos crimes por meio de instrumentos de ressocialização e de dissuasão do crime.

Assim, as instituições criminais, igualmente à polícia, desenvolvem um importante papel na prevenção, como o desenvolvimento de mecanismos usados para a realização do controle de fatores de risco, entre eles o acesso a armas e outros recursos utilizados para regulamentar e sancionar hábitos que maximizam vulnerabilidades e ações violentas, tendo como objetivo principal a prevenção do crime.

Conforme já ressaltamos, muitas investigações empíricas chegaram à conclusão de que a presença de armas na sociedade é um fator elementar para a violência e a criminalidade, visto que os conflitos violentos com presença de armas de fogo se tornam letais. Logo, a posse de armas não se apresenta como uma forma de solução ou de prevenção do crime. Os programas de controle de armas, por outro lado, apresentam efetivamente um nível elevado de prevenção.

Além disso, o policiamento de aproximação seria, da mesma forma, um programa de prevenção eficaz. Isso porque, quando falamos desse tipo de policiamento, referimo-nos a uma solução de problemas voltada à instituição de relações de confiança e cooperação nas comunidades, o que geraria uma sensação de humanização do trabalho policial.

Contudo, há alguns limites de eficácia nesse tipo de prevenção quando essa aproximação funciona em comunidades com baixo índice de criminalidade e violência e maior nível econômico, o que não é uma realidade das comunidades mais violentas, onde a hostilidade entre o policiamento e a comunidade é comum, dificultando – e, muitas vezes, impossibilitando – a construção desse tipo de relacionamento.

6.4 *Programas de prevenção do crime*

Neste tópico, trataremos dos programas de prevenção, os quais se baseiam em tipos e modelos de prevenção. Assim, na prática, há programas voltados a áreas geográficas, baseados em conceitos de arquitetura urbanística, fundamentados em conceitos sociopolíticos e sugeridos por autores, fundamentados em reflexões axiológicas. Veremos cada um deles na sequência.

Programa de prevenção de área geográfica

Uma forma contemporânea de prevenção é a comunitária. Nesse tipo de prevenção, o que se considera são as condições sociais e institucionais de algumas áreas degradadas da comunidade que se tornam sedutoras para a criminalidade.

Sobre essa forma de prevenir o crime, existe uma teoria muito conhecida pelos criminalistas, que é a **teoria das janelas quebradas**, de Kelling e Coles (1996). Nessa vertente, defende-se a hipótese de que um ambiente degradado, em que há a naturalização da ofensa ao patrimônio e ao espaço comum, é um espaço frutífero para a criminalidade violenta. Com base nisso, os programas de prevenção da violência e da criminalidade deveriam estar voltados para a área geográfica, a fim de investir e recuperar essas áreas.

Esse tipo de programa se desenvolve, sobretudo, pelo espaço, mediante a ideia ecológica do crime (escola de Chicago). Como mencionamos em capítulos anteriores, esta teoria se constrói sobre a ideia de que existem nas localidades urbanas das comunidades industrializadas certos espaços, delimitados socialmente, onde o número de crimes converge com maior intensidade. Tais locais são geralmente retratados em áreas deterioradas, com baixa qualidade de vida, pouca infraestrutura e que funcionam sobre a desordem social. Não raro, esses espaços são ocupados por minorias e grupos sociais marginalizados, como as minorias raciais e os imigrantes.

Importante!

A escola de Chicago apresenta uma forma responsável de intervenção nessas localidades pelos poderes públicos, algo que deve ser realizado por meio de programas que visem melhorar as condições descritas anteriormente e aliviar os problemas sociais vivenciados nas cidades grandes. São exemplos consultáveis desse tipo de programa: os programas desenvolvidos paras as cidades estadunidenses de Chicago e Boston.

Entretanto, o modelo de política de prevenção que considera apenas os elementos espaço e área geográfica não traz grande convencimento de solução, visto que "apresenta um défice científico pernicioso, pois atribui ao ambiente físico uma relevância etiológica excessiva na origem da criminalidade" (Molina, 2003, p. 1046, tradução nossa). Isso porque é preciso ter em mente que esse modelo de espaço social é potencialmente atrativo; porém, não é ele que fornece a real origem do crime.

Os programas voltados para áreas e espaços geográficos, muitas vezes, acobertam "uma perigosa falta de conhecimento sobre os fatores que atuam no quadro espacial de referência" (Molina, 2003, p. 1047, tradução nossa). Ao contrário da análise situacional sólida, não impedem, de fato, o crime, o que pode gerar um dos principais pesadelos àqueles que lidam com a criminalidade: o deslocamento do crime para outros espaços da cidade ou, ainda, para outras cidades, sem resolver a questão. Além disso, a prevenção, se aplicada singularmente nesse tipo de programa, pode ter um efeito contrário, pois evidencia um caráter discriminatório, uma vez que se restringe a monitorar sempre os mesmos grupos, os reconhecidos como "perigosos", que vivem em áreas de risco ou de alta periculosidade.

Esse modelo, portanto, desfaz o caráter social que se esperava da prevenção, utilizando, principalmente, as técnicas de policiamento repressivo para alcançar resultados de curto prazo. Nesse sentido, a prevenção pode significar mais uma forma de controle e de repressão, além de uma técnica regressiva e antissocial.

Como salientamos, esse tipo de programa pode funcionar, principalmente no sentido de prevenção primária, sendo importante que o Estado se esforce para garantir, nas regiões deterioradas e desgastadas, melhores condições de vida e bem-estar social, de modo a alcançar a qualidade em um ambiente que deixa de ser atrativo ao crime. Entretanto, essa não pode ser uma estratégia singular: ela deve vir acompanhada de programas que cumpram as etapas seguintes, ou seja, as etapas secundária e terciária.

Um exemplo clássico de melhoramento de áreas degradadas que transmitem pouco bem-estar social e, por isso, podem ser atrativas ao crime é o grafite urbano, que visa melhorar o aspecto visual com arte. Esses programas são evidentemente benéficos, pois, além de embelezarem o local, melhorando sua identidade visual e, por consequência, atraindo os cidadãos comuns a transitarem por esses lugares, levam arte, cultura e direito de expressão para essas localidades.

É válido ressaltar que, sozinhos, programas desse gênero não são capazes de resolver a situação por completo. Uma análise científica com dados qualitativos, que exprima a necessidade de envolvimento da população, a falta de formação e de engajamento social, pode ter como instrumento, além desse tipo de programa, o auxílio de outros programas culturais que envolvam a população do local, como a formação de grafiteiros e de pintores, o que resultará em benefícios maiores para população e para a sociedade.

Figura 6.2 – Melhoramento de áreas degradadas por meio de grafites

Por isso, sob a ótica da efetividade, a prevenção comunitária proposta pelos programas de áreas geográficas não apresenta ainda grandes resultados positivos; ao contrário, gera algumas dúvidas sobre qual o nível de alcance do programa na prevenção da criminalidade e se não há apenas o aumento de sentimentos como discriminação e repressão para a população dessa determinada localidade.

Programas de prevenção fundamentados em conceitos de arquitetura urbanística

Esse é mais um modelo de programa voltado ao espaço e à área urbana, também direcionado pelos estudos da escola de Chicago. É desenvolvido com base na ideia de reestruturação urbana, utilizando-se, para isso, uma concepção arquitetônica, a qual serve como um instrumento que tem por finalidade a neutralização de um ambiente de risco para a criminalidade e a vitimização.

Nesse sentido, como ressalta Molina (2003, p. 1049, tradução nossa), "a incidência significativa de fatores arquitetônicos, urbanos e ambientais na criminalidade ocasional levou à emergência de um novo conceito de prevenção, que procura intervir nos cenários criminógenos, em seus edifícios e anexos, remodelando sobre outros parâmetros a coexistência urbana".

A ideia desse tipo de programa, ao contrário da prevenção comunitária, não é devolver às áreas degradadas o bem-estar social, de modo a combater a criminalidade. Esse tipo de programa visa, na realidade, dificultar a criminalidade violenta mediante o estabelecimento de barreiras, que podem ser reais ou simbólicas, mas que, ao final, maximizam o risco para o criminoso.

São exemplos de técnicas aplicadas por esses programas a instalação de vias ou o fechamento de determinados acessos a vias; a construção de pontos de observação; o melhoramento na iluminação de certas ruas e bairros, entre outros. Nesses casos, apesar de, muitas vezes, o resultado englobar a melhoria da qualidade de vida, esses são resultados acessórios, e não principais.

Segundo Molina (2003, p. 1049, tradução nossa), o propósito desse tipo de programa é "aumentar o controle e a vigilância das edificações". São, muitas vezes, utilizados na modalidade de prevenção situacional como estratégia, por exemplo, para aumentar o nível de esforço daquele que pretende praticar o crime, dificultando o êxito da ação e, consequentemente, reduzindo os lucros e benefícios que o potencial criminoso visava alcançar com o crime.

Há também quem associe esse modelo de programa ao conceito arquitetônico e à reestruturação dos ambientes sociais urbanos, como no caso mencionado de melhoria de infraestrutura. Nessa perspectiva, esse modelo não estaria voltado unicamente para estratégias repressivas e defensivas, mas teria como objetivo alcançar a qualidade de vida, indo além da mera arquitetura defensiva, no sentido de buscar a remodelação da convivência urbana por meio do incentivo à responsabilidade da comunidade social.

No entanto, esse tipo de programa espaço-ambiental não pertence à prevenção primária, já que as causas e raízes do problema não são consideradas para sua elaboração – por isso, é possível que elas permaneçam intocadas. Assim, o caráter adotado é de prevenção repressiva em substituição à necessária intervenção social. É indispensável, ainda, a colaboração de outros programas, como os primários, ou que as autoridades responsáveis pela sua elaboração considerem as variáveis sociais que influenciam o desenvolvimento eficaz do programa.

Programas de prevenção fundamentados em conceitos sociopolíticos

Como mencionamos nos capítulos anteriores, um dos principais elementos motivadores do crime e da violência são as chamadas *desigualdades sociais*, enraizadas nas sociedades e tão evidentes no sistema brasileiro. Diante dessa realidade, políticas sociais e progressistas são instrumentos refinados para o alcance da prevenção do crime, principalmente ao se considerar o ponto de vista etiológico, visto que são políticas que tocam direto nas raízes motivacionais do crime.

Programas de prevenção do crime fundamentados em conceitos sociais são manifestamente programas de prevenção primária, geralmente pautados por argumentos como o de Molina (2003, p. 1056, tradução nossa):

> se cada sociedade tem o crime que merece, uma sociedade mais justa que garanta o acesso efetivo a níveis satisfatórios de bem-estar e qualidade de vida – nas suas áreas muito diferentes (saúde, educação e cultura, habitação etc.) – reduz correlativamente suas taxas de conflito e criminalidade. Além disso, reduz as taxas no caminho mais justo e mais racional, combinando a máxima eficácia com o menor custo social.

Contudo, o mesmo obstáculo já visto em outros programas de prevenção primária é visto aqui: o desinteresse político por programas que alcançam resultados em médio e longo prazo. Como indica Molina (2003, p. 1056, tradução nossa), esses programas partem da premissa de que se a razão motivacional do crime é o abismo da desigualdade social, razão por que esses problemas devem ser resolvidos por meio de "alternativas eficazes ao comportamento criminoso, oferecendo àqueles que vivem em áreas pobres e marginalizadas a oportunidade de participar nesse bem-estar social" por meio de políticas de prevenção do crime.

Programas de prevenção fundamentados na reflexão axiológica

Se avaliarmos a prevenção com base em uma análise rigorosa e primária, ou seja, de intervenção direta nos fatores motivadores diretos da criminalidade (fatores determinantes), e não apenas voltarmos nossa atenção aos sintomas e às consequências tardias do problema, não existirá margem para dúvidas de que os resultados positivos do controle da criminalidade não advém da repressão, do rigor da lei, ou, tão somente, da eficácia das instituições de justiça, pois derivam das ações sociais de proteção dos cidadãos e de integração sociocultural destes.

A esse respeito, Molina (2003) explica que existe uma relação direta entre os princípios e os valores de uma comunidade e a criminalidade produzida por ela. Por essa razão, qualquer programa sério de prevenção do crime deve ser visto a médio e a longo prazos, demandando uma profunda revisão do quadro axiológico, criando, com isso, uma nova cultura, permeada por ambiciosas políticas sociais (Molina, 2003).

6.5 *Desenvolvimento internacional do modelo de prevenção*

A história da prevenção da criminalidade realizou uma grande caminhada desde sua origem até os dias atuais. Foi desenvolvida em inúmeras partes do mundo, afastando-se cada dia mais de uma função estritamente policial, aproximando-se de uma construção entre setores mais ampla e mais complexa.

Os Estados Unidos, um dos exemplos paradigmáticos de violência e criminalidade, utiliza o lema "tolerância zero", conhecido pela sua enorme carga repressiva. Trata-se de um país que desconsidera qualquer análise mais aprofundada das razões do crime e que não tolera infrações ou vandalismos, respondendo ao crime com prisão. Isso evidencia uma tendência focada na segurança por meio do aumento de penas, da redução de benefícios aos criminosos e da ampliação e do treinamento policial.

Na Alemanha, um dos países vistos como potência da União Europeia, em virtude da forma e da separação dos poderes na esfera penal, bem como das leis de estratégia policial, as políticas de prevenção do crime acabam sendo bastante desiguais.

Embora a história de alguns países seja marcada por políticas de prevenção, desde os ataques terroristas de 11 de setembro de 2001, nos Estados Unidos, e dos demais ataques ocorridos em solo europeu, as políticas de prevenção têm sido abordadas, sobretudo, sob uma visão de prevenção via repressão, a fim de levar as pessoas a não cometerem crimes. Para isso, são estipuladas determinadas medidas, como o amplo poder concedido às instâncias da justiça penal e as prisões preventivas, mas extensas, nos casos de crimes violentos graves, algo que duplicou a comunidade carcerária entre 1996 e 2006.

Por outro lado, alguns tipos de políticas de prevenção intervencionistas podem ser observados, como o direito que as autoridades fiscais detêm para recolher dados bancários de seus cidadãos, podendo, a partir do investimento em tecnologia da informação, cruzar dados que possibilitam à polícia alcançar fraudes e desvios que atormentam a sociedade.

No cenário europeu, a Inglaterra tem sido modelo de desenvolvimento em políticas de prevenção do crime desde seu advento. Entretanto, voltada ao modelo de prevenção situacional no intervalo entre as décadas de 1980 e 1990, diferenciou-se da França, da Espanha e de outros países que faziam uso de um modelo social.

Como vimos, questões relacionadas à criminalidade violenta não estão distribuídas no globo de forma proporcional e uniforme, já que, enquanto os países europeus, bem como a América do Norte, vivem momentos de diminuição das estimativas, a América Latina e a África Subsaariana, por exemplo, veem suas taxas de criminalidade aumentarem (Eurostat, 2021; Felipe, 2018; Jaitman; Torre, 2017). Entretanto, ao analisarmos as políticas que deram certo em outros continentes, é preciso ter atenção redobrada, pois há um consenso comum entre estudiosos do tema sobre a dificuldade de transplantar abordagens internacionais para dentro de outras esferas sociais, visto as peculiaridades do crime em cada sociedade.

Síntese

Neste capítulo, tratamos das teorias de prevenção mais aceitas, as quais partem do princípio de que punir o delinquente não elimina todos os problemas que o crime desencadeia, razão pela qual a prevenção é considerada pela doutrina como uma forma mais eficaz de controle do fenômeno. Como enfatizamos, a prevenção é mais do que um termo que sugere antever o crime: trata-se de um conceito amplo, com inúmeros significados e modelos, que oferece abordagens e técnicas distintas, a depender dos campos de visão, das peculiaridades territoriais e do momento histórico.

Como vimos, alguns modelos de prevenção do crime foram importantes ao longo da história, visto que, além de registrarem uma indiscutível evolução, tornaram-se exemplos de como esse é um instrumento pelo qual podem ser desenvolvidas soluções positivas e inclusivas, mas também de discriminação e seletividade.

Apresentamos os modelos clássico e neoclássico de prevenção do crime, que são assim chamados por apostarem em uma visão de solução tradicionalista do crime, fundamentada, sobretudo, no direito penal e nas instituições de justiça. O primeiro acredita que a severidade e o rigor da lei são elementos essenciais de prevenção do crime; já o segundo defende que a eficácia das instituições em responsabilizar o criminoso é o verdadeiro referencial de prevenção. Por fim, ambos defendem uma visão dissuasiva do crime como meio preventivo, realizado por meio de lei e punição.

Ainda mostramos que a prevenção também é classificada em níveis e em tipos. Os níveis são divididos em primário, secundário e terciário e dizem respeito ao público-alvo que se quer atingir, além de demonstrarem resultados em prazos distintos. O primeiro tem como alvo fatores que relacionam os ambientes físico e social e aumentam o risco do cometimento de crime. Trata-se de um nível geralmente efetivado por políticas sociais, que apresentam resultados a médio e longo prazos. O segundo funciona a médio e longo prazos e atua, sobretudo, na externalização do crime, voltada à prevenção de que pessoas mais vulneráveis à criminalidade se tornem vítimas ou criminosos. Por fim, o terceiro tem resultado a médio e longo prazos e atua em momento posterior ao cometimento do crime, tendo como objetivo a ressocialização e a reinserção do criminoso, prevenindo, com isso, a reincidência.

Mostramos aqui os tipos de prevenção mais utilizados e frequentemente abordados nos documentos que desenvolvem o tema: prevenção situacional, prevenção comunitária, prevenção à evolução do crime e prevenção criminal. Também tratamos sobre os programas de prevenção, os quais seguem tipos e modelos de prevenção; por isso, é possível ver, na prática, programas voltados a áreas geográficas, baseados em conceitos arquitetônicos e urbanísticos, político-sociais e sugeridos por autores, fundamentados em reflexões axiológicas.

Finalmente, vimos que, embora a prevenção seja reconhecidamente a solução mais eficaz, menos custosa e mais benéfica e sincronizada com as democracias sociais, atualmente, há uma tendência mundial à prevenção repressiva, voltada às expectativas de dissuasão, especialmente na América do Norte e nos países europeus, algo que se deve principalmente aos ataques terroristas. Isso torna ainda mais urgente a compreensão de que, muitas vezes, o simples transplante de políticas externas para políticas internas não resolve o problema particular de cada país, o que equivale a dizer que duas coisas são essenciais: analisar o crime desde sua raiz em cada sociedade; e considerar as assimetrias sociais com base em uma visão ampla e social.

✦ ✦ ✦

Considerações finais

A relevância da compreensão de conceitos como os de violência e criminalidade se deve ao atual momento, em que o Brasil é um dos países com maior índice de criminalidade violenta e de violência das mais variadas contra pessoas, patrimônios, entre outros bens protegidos pelo sistema jurídico brasileiro.

Nesse momento histórico, muitos são os questionamentos. Seria a violência e a criminalidade um fenômeno da atualidade? Se não o são, por que não desenvolvemos estratégias suficientemente poderosas para enfrentá-las? Por que penalizar as pessoas ou reprimir o crime não tem funcionado por si só? Por que gastamos tanto no combate à criminalidade, visto que poucos são os resultados positivos? Por que esses resultados não são sentidos pela sociedade? Será que a forma de solucionar a questão é colocando mais policiais nas ruas, criando mais prisões e aprimorando a competência do sistema de justiça e segurança? Ou será que, além disso, a questão só vai ser combatida com o armamento da própria população? Será que mais armas resultam em menos crimes, ou o inverso? Aliás, por que as pessoas se tornam violentas? O que poderia ter força de convencimento suficiente para que uma pessoa desvie do caminho comum? Com relação à prevenção, como funcionam as técnicas preventistas? Será que elas têm alguma eficácia prática?

Nesta obra, buscamos responder ou ao menos delinear algum caminho possível e coerente para cada uma dessas perguntas. Nesse sentido, demonstramos que nem a violência nem a criminalidade são episódios aleatórios da história: trata-se de fenômenos que fazem parte da realidade social desde os primórdios da humanidade. Por essa razão, muitos foram os desenvolvimentos voltados ao tema, como é o caso das próprias áreas de direito penal e ciências criminais, desenvolvidas tanto como forma de reprimir o crime quanto de examinar a dimensão superior sobre a conduta criminosa, a fim de entender o comportamento criminoso desde suas raízes até as condutas finais.

A violência é um fenômeno complexo, que não apresenta um conceito estanque, mas polissêmico e aprimorado de forma multidisciplinar, a exemplo das áreas de sociologia, antropologia, saúde, entre outras que evidenciam não haver um conceito universal.

Entre passado e futuro, o que se altera nesse fenômeno é tão somente as características que apresenta no tempo e no espaço. Entretanto, chama atenção na atualidade a banalidade do uso da violência e da violência na criminalidade.

Por isso, analisamos mais especialmente os conceitos e as teorias referentes à criminalidade. Respondemos o que configura crime na sociedade moderna com o auxílio da teoria do crime, demonstrando que o crime é um fato. Entretanto, com o auxílio da criminologia e da escola de Chicago, foi possível evidenciar que se trata de um fato que deve ser analisado considerando-se os aspectos que motivam a criminalidade, quais sejam: desigualdade social, alterações sociais e insuficiência do sistema de justiça e das políticas de repressão, que, muitas vezes, se sobrepõem a outras formas de prevenção.

Aliás, analisamos as políticas nacionais de prevenção e de controle da violência e da criminalidade no Brasil e vimos que há uma cultura de repressão enraizada nos desenvolvimentos destas, algo que não só não soluciona os problemas – ao menos não de maneira isolada –, como tem a capacidade de torná-los mais fortes. Com isso, foi possível identificar falhas, como a necessidade de envolvimento dos atores principais e a concentração dessas políticas nas instâncias federais e estaduais, o que vai de encontro à necessidade da autonomia municipal. Por fim, percebemos que há a necessidade de se prever o crime e preveni-lo.

Analisamos o porquê de o Brasil ser o país que mais gasta com o combate ao crime e à violência, embora continue sendo um dos países mais violentos do mundo. Novamente, chegamos à conclusão de que o investimento tem sido feito, muitas vezes, de forma equivocada ou sem considerar os inúmeros fatores essenciais. Por isso, além do grande impacto econômico, a sociedade continua a sofrer com o grande impacto social, uma vez que as pessoas deixam de poder investir seu capital em empreendimentos particulares, que possibilitariam, por exemplo, o crescimento do produto interno bruto (PIB) e, consequentemente, o desenvolvimento do próprio país. Isso evidencia um mal gerenciamento dos investimentos, que, embora sejam necessários, devem ser repensados para ao menos cumprir, de fato, o fim a que se propõe: o bem-estar social.

Por fim, analisamos as técnicas de análise criminal e o uso dos métodos sistemáticos que podem resultar na obtenção de informações, visto que a análise criminal é um dos maiores vetores de produção de conhecimento que possibilita às autoridades planejar ações e intervenções mais eficazes, com investimento mais certeiro e menos impacto social. Ademais, ao examinar as políticas desenvolvidas em outros países, percebemos como alguns se posicionam no sentido de prevenção, apesar do crescimento do sentimento de medo motivado pelas declarações de governos que investem muito mais em repressão. Nesse contexto, apesar de haver maiores aparatos de análise criminal, continua-se a ter como consequência o aumento do sentimento de insegurança, que vai de encontro ao estado de bem-estar social, que, em tese, é o objetivo principal da maior parte dos Estados democráticos de direito.

❖ ❖ ❖

Estudo de caso

O presente estudo de caso aborda um assalto seguido de violência sexual contra uma mulher. Trata-se de um caso que se insere em um espectro maior do problema da violência e da criminalidade.

Como todo diagnóstico que busca propor uma intervenção passível de solução, é necessário aplicar a este caso algumas técnicas de análise criminal. Assim, o desafio é realizar uma análise criminal a partir da qual deverão ser sugeridas medidas de prevenção criminal.

Texto do caso

Maria, 32 anos, solteira, é vendedora em uma loja de roupas situada no centro da cidade do Rio de Janeiro. Todo dia ela sai de casa às 6h da manhã e, como é responsável por abrir a loja e a caixa registradora, chega ao trabalho às 07h 30min da manhã, antes dos outros vendedores. O bairro onde a loja está situada é conhecido por ser de alto risco, visto que muitos assaltos são cometidos nessa localidade. Um dia, a loja foi assaltada. Na ocasião, o bandido seguia Maria; quando ela entrou na loja, ele se aproveitou para entrar junto, subtrair da loja todo o dinheiro que havia no caixa e violentar sexualmente a vendedora.

Nesse dia, um dos vendedores chegou ao trabalho um pouco mais cedo e conseguiu acionar a polícia, que chegou no local e realizou a prisão em flagrante do agente criminoso.

Infelizmente, essa é uma realidade que faz parte do dia a dia dos trabalhadores da região, um risco que é enfrentado cotidianamente por aqueles que precisam trabalhar e não têm outra opção de emprego.

Ao investigar o crime e o criminoso, a delegacia de polícia responsável pelo caso conclui que, apesar de o criminoso não ser residente daquela localidade, ele habita outro local da cidade tão perigoso quanto. Wellington, o criminoso, é filho de pais com baixa renda, que, entretanto, não têm envolvimento com o mundo do crime (não têm passagem pela polícia). Já Wellington tem duas passagens pela polícia pelo cometimento de crimes que envolvem drogas e abusos sexuais.

A investigação ainda aponta que Wellington estudou até o 3º ano do ensino fundamental e, embora seja conhecido por desenvolver pequenos trabalhos na comunidade em que reside, apenas uma vez teve carteira assinada, quando ainda mais jovem.

Diante disso, reflita sobre a violência e a criminalidade como fenômeno sociais. Considere que você foi convidado a desenvolver soluções duradouras e eficazes para a contenção desses problemas na sociedade. Com isso, defina uma linha de raciocínio estratégica.

Resolução

A situação em questão pode enunciar inúmeras vertentes do problema da criminalidade e da violência, como os determinantes e motivadores da ação de Wellington, bem como a posição de Maria. Para aplicar as técnicas de análise e prevenção social, é necessário propor algumas medidas, destacadas na sequência.

Identificação do tipo e da natureza da violência

O tipo de violência cometido por Wellington é classificado pela Organização Mundial da Saúde (OMS) como interpessoal comunitário, visto que se trata de ato praticado contra pessoas terceiras sem que haja algum tipo de vínculo. O tipo de violência da qual Maria foi vítima apresenta natureza múltipla, visto que atinge a esfera física em primeiro plano, mas também as dimensões sexual e psicológica, de acordo com o diagrama da violência.

Análise ecológica dos fatores determinantes da violência e da criminalidade

Esse tipo de análise tem por objetivo identificar possíveis motivadores/fatores determinantes para o uso da violência pelo criminoso, buscando encontrar a raiz do problema em vez de apenas trabalhar na superficialidade dele com políticas de punição. Portanto, a teoria da análise ecológica aplicada ao criminoso, mediante a análise dos fatores biológicos e pessoais, bem como dos fatores relacionais, comunitários e sociais mais amplos, é um caminho essencial a ser percorrido que auxilia tanto no trabalho de investigação quanto de prevenção de novos casos.

Embora Wellington não apresente em seu histórico qualquer quadro que comprove distúrbios emocionais na infância e envolvimento com drogas na adolescência (consumo e venda), passou a demonstrar ataques de pânico e comportamentos diferentes no seio da família, o que ressalta elementos importantes tanto no plano histórico quanto no relacional. Em decorrência de ter crescido em um ambiente hostil, com pouco acesso a serviços públicos de qualidade e controlado pelo tráfico, a análise dos fatores comunitários também é relevante.

Por fim, essa análise demonstrou que os fatores sociais mais amplos também são influentes e determinantes no caso, pois o uso de armas de fogo e violência é ainda motivado pela lei nacional de porte de armas, que se tornou flexível nos últimos anos.

Partindo de uma visão mais aprofundada e técnica, antes mesmo de a violência ter sido desferida por Wellington contra a vítima, ele também já era visto como vítima da violência simbólica, por ser um jovem sem estudos, morador de um bairro perigoso e violento. Isso, por vezes, funcionou em sua vida como um símbolo, ou como uma identificação de criminoso, o que ele veio a se tornar posteriormente.

Essa última análise é capaz de demonstrar que, embora Wellington tenha tentado não ser absorvido pelo mundo do crime, ele já era visto como criminoso – e esse fator discriminatório foi determinante para sua entrada no crime. Nesse caso, é possível identificar a maioria dos fatores determinantes da violência e da criminalidade, sobretudo a desigualdade social.

Análise das políticas de mitigação da violência e da criminalidade na cidade do Rio de Janeiro

Uma análise investigativa sobre essa questão demonstra que, embora o problema seja nomeadamente os meios violentos que a criminalidade tem utilizado, é preciso mais do que respostas repressivas. A comunidade de Wellington é também permeada por conflitos comuns entre policiais e traficantes. A população que ali reside e que não faz parte do crime vive os efeitos dos conflitos diariamente, sem que haja outras assistências presentes, como desenvolvimento cultural, formação profissional, acompanhamento de saúde voltado para a conscientização sobre uso de drogas e acompanhamento psicológico. Isso tem frequentemente levado à falta de condições ideais de desenvolvimento no que se refere às crianças, principalmente para que, na escola pública (única assistência, de baixa qualidade, entregue a população), desenvolvam qualquer outro raciocínio lógico e crítico além da revolta. O policiamento para combate dos agentes tem sido ostensivo, com tanques de polícia e armas de grosso calibre, o que evidencia políticas de repressão social, e não de prevenção social.

Análise criminal

Casos com grande complexidade, como o apresentado, podem ser controlados com maior eficácia mediante uma análise criminal, que se traduz em policiamento científico e investigativo. Por isso, a intervenção da polícia investigativa é essencial, a fim de demonstrar que o crime cometido por Wellington tem conexão com outros fatores, como o próprio tráfico de drogas.

Prevenção do crime

As análises teóricas descritas anteriormente permitem o desenvolvimento de uma proposta de prevenção do crime em três níveis (primário, secundário e terciário), especialmente por meio de programas sociais. Na prevenção primária, objetivando atingir o ambiente físico de Wellington, o desenvolvimento de programas sociais, com resultados a médio e longo prazo, poderiam alcançar resultados expressivos com relação à preservação da entrada de crianças no mundo do crime. Na prevenção secundária, programas já voltados para a formação desses jovens permitiriam alcançar resultados de curto e médio prazo, pois objetivariam a manutenção principalmente dos jovens mais expostos à entrada no crime. Por fim, no nível terciário, seria importante propor programas sociais para o período de prisão de Wellington, na busca pela ressocialização e reinserção do indivíduo em condições diferentes, como garantir o estabelecimento prisional já empregado por meio de serviços prestados à distância durante o período de reclusão, pois isso pode evitar que Wellington se torne mais um reincidente no mundo do crime.

Dica 1

A análise ecológica dos fatores determinantes do crime e da criminalidade permite enxergar as dimensões mais profundas dessa questão, de forma que a reflexão se tornará mais proveitosa e eficiente. Essa teoria, desenvolvida pela escola de Chicago, é aplicada em inúmeros países e, no Brasil, comove alguns defensores. O artigo a seguir poderá ajudá-lo a compreender esse modo de análise na prática brasileira.

FARIAS, P. J. L. Ordem urbanística e a prevenção da criminalidade. **Revista de Informação Legislativa**, Brasília, v. 42, n. 168, p. 167-184, out./dez. 2005. Disponível em: <https://www12.senado.leg.br/ril/edicoes/42/168/ril_v42_n168_p167.pdf>. Acesso em: 2 ago. 2021.

Dica 2

O vídeo a seguir o auxiliará na compreensão do complexo cenário que se forma diante do combate à criminalidade.

BOTTINO, T. Soluções no combate à criminalidade. **FGV**, 1º jul. 2019. 9 min. Disponível em: <https://www.youtube.com/watch?v=NgNgOslmrU0>. Acesso em: 2 ago. 2021.

Dica 3

O documento a seguir apresenta um plano demonstrativo e importante para a gestão da criminalidade e da violência, podendo auxiliá-lo na compreensão dos planos do governo na área. Além disso, possibilita que você desenvolva um raciocínio crítico sobre a eficácia na prática.

BRASIL. Ministério da Justiça e Segurança Pública. **Guia para a prevenção do crime e da violência.** Disponível em: <https://www.novo.justica.gov.br/sua-seguranca-2/seguranca-publica/senasp-1/guia-para-a-prevencao-do-crime-e-da-violencia>. Acesso em: 2 ago. 2021.

Referências

ABRAS, L. de L. H. et al. Mais armas, menos crimes? Uma análise econométrica para o Estado de Minas Gerais. **Revista de Ciências Empresariais da Unipar**, Umuarama, v. 15, n. 1, p. 5-24, jan./jun. 2014. Disponível em: <https://www.revistas.unipar.br/index.php/empresarial/article/view/5011/2921>. Acesso em: 5 ago. 2021.

ADORNO, S. Crime e violência na sociedade brasileira contemporânea. **Jornal de Psicologia-PSI**, v. 132, p. 7-8, abr./jun. 2002. Disponível em: <https://nev.prp.usp.br/wp-content/uploads/2015/01/down103.pdf>. Acesso em: 5 ago. 2021.

ADORNO, S. O movimento da criminalidade em São Paulo: um recorte temático e bibliográfico. **BIB**, São Paulo, n. 76, p. 5-32, jul./dez. 2013. Disponível em: <https://nev.prp.usp.br/publicacao/o-movimento-da-criminalidade-em-sao-paulo-um-recorte-tematico-e-bibliografico/>. Acesso em: 25 out. 2021.

ADORNO, S. Os diferentes governos e suas políticas de segurança. **Nexo Jornal**, 12 jan. 2017a. 4 min. Disponível em: <https://www.youtube.com/watch?v=V2Vt_cKH9Vk>. Acesso em: 22 jul. 2021.

ADORNO, S. Segurança. **Roda Viva**, Rio de Janeiro, 26 fev. 2018. 80 min. Disponível em: <https://www.youtube.com/watch?v=BWeZMrpcjkE&t=684s>. Acesso em: 10 out. 2020.

ADORNO, S. Sobre o Núcleo de Estudos da Violência da Universidade de São Paulo. **Jornal da Gazeta**, 20 fev. 2019. Disponível em: <https://www.youtube.com/watch?v=nuItrV0jYLc&t=434s>. Acesso em: 6 ago. 2021.

ADORNO, S. Violência e Segurança: repressão x prevenção. **Nexo Jornal**, 12 jan. 2017b. 7 min. Disponível em: <https://www.youtube.com/watch?v=aQAB0V9GouY>. Acesso em: 10 out. 2020.

ARENDT, H. **A condição humana**. Tradução de Roberto Raposo. 10. ed. Rio de Janeiro: Forense Universitária, 2000.

ARENDT, H. **Da violência**. Tradução de Maria Drummond Trindade. Brasília: Ed. da UnB, 1994.

ARENDT, H. **Sobre a violência**. Tradução de André Duarte. 8. ed. São Paulo: Civilização Brasileira, 2009.

BECCARIA, C. **Dos delitos e das penas**. Tradução de Paulo M. Oliveira. Rio de Janeiro: Nova Fronteira, 2011.

BERNARDES, P. V. S. **Análise criminal como instrumento de produção de conhecimento**. Goiânia, 21 ago. 2015. Disponível em: <https://www.dgap.go.gov.br/wp-content/uploads/2015/10/analise-criminal-e-producao-de-conhecimento-ventura-1.pdf>. Acesso em: 3 ago. 2021.

BORGES, L. População carcerária triplica em 20 anos; déficit de vagas chega a 312 mil. **Veja**, 14 fev. 2020. Disponível em: <https://veja.abril.com.br/brasil/populacao-carceraria-triplica-em-20-anos-deficit-de-vagas-chega-a-312-mil/>. Acesso em: 26 out. 2021.

BOURDIEU, P. **A distinção**: crítica social do julgamento. Tradução de Daniela Kern e Guilherme J. F. Teixeira. São Paulo: Edusp; Porto Alegre: Zouk, 2007a.

BOURDIEU, P. **A dominação masculina**. Tradução de Maria Helena Kühner. 3. ed. Rio de Janeiro: Bertrand Brasil, 2003.

BOURDIEU, P. Conferência do Prêmio Goffman: a dominação masculina revisitada. In: LINS, D. (Org.). **A dominação masculina revisitada**. Campinas: Papirus, 1998. p. 11-27.

BOURDIEU, P. **O poder simbólico**. Tradução de Fernando Tomaz. 10. ed. Rio de Janeiro: Bertrand Brasil, 2007b.

BRAGA, C.; ROLIM, M.; WINKELMANN, F. **POD RS Socioeducativo e a potência da prevenção terciária**. 15 jun. 2017. Disponível em: <https://www.rolim.com.br/pod-rs-socioeducativo-e-a-potencia-da-prevencao-terciaria/>. Acesso em: 13 ago. 2021.

BRAND, S.; PRICE, R. **The Economic and Social Costs of Crime**. London: Home Office, 2000. (Home Office Research Study 217).

BRASIL. Constituição (1988). **Diário Oficial da União**, Brasília, DF, 5 out. 1988. Disponível em: <http://www.planalto.gov.br/ccivil_03/constituicao/constituicao.htm>. Acesso em: 3 ago. 2021.

BRASIL. Dados sobre população carcerária do Brasil são atualizados. **Notícias**, 17 fev. 2020. Disponível em: <https://www.gov.br/pt-br/noticias/justica-e-seguranca/2020/02/dados-sobre-populacao-carceraria-do-brasil-sao-atualizados>. Acesso em: 26 out. 2021.

BRASIL. Decreto-Lei n. 2.848, de 7 de dezembro de 1940. **Diário Oficial da União**, Poder Executivo, Brasília, DF, 31 dez. 1940. Disponível em: <http://www.planalto.gov.br/ccivil_03/decreto-lei/del2848compilado.htm>. Acesso em: 3 ago. 2021.

BRASIL. Decreto-Lei n. 3.914, de 9 de dezembro de 1941. **Diário Oficial da União**, Poder Executivo, Brasília, DF, 9 dez. 1941. Disponível em: <http://www.planalto.gov.br/ccivil_03/decreto-lei/del3914.htm>. Acesso em: 3 ago. 2021.

BRASIL. Lei n. 10.446, de 8 de maio de 2002. **Diário Oficial da União**, Poder Legislativo, Brasília, DF, 9 maio 2002. Disponível em: <http://www.planalto.gov.br/ccivil_03/leis/2002/l10446.htm>. Acesso em: 3 ago. 2021.

BRASIL. Lei n. 11.340, de 7 de agosto de 2006. **Diário Oficial da União**, Poder Legislativo, Brasília, DF, 8 ago. 2006. Disponível em: <http://www.planalto.gov.br/ccivil_03/_ato2004-2006/2006/lei/l11340.htm>. Acesso em: 3 ago. 2021.

BRASIL. Lei n. 13.675, de 11 de junho de 2018. **Diário Oficial da União**, Poder Legislativo, Brasília, DF, 12 jun. 2018a. Disponível em: <http://www.planalto.gov.br/ccivil_03/_ato2015-2018/2018/lei/L13675.htm>. Acesso em: 3 ago. 2021.

BRASIL. Ministério da Justiça. Secretaria Nacional de Segurança Pública. **Guia para a prevenção do crime e da violência**. 2005. Disponível em: <https://www.novo.justica.gov.br/sua-seguranca-2/seguranca-publica/senasp-1/guiapreven__o2005.pdf>. Acesso em: 6 ago. 2021.

BRASIL. Secretaria-Geral. **Governo Federal apresenta os custos econômicos da criminalidade no Brasil**. Brasília, 11 jun. 2018c. Disponível em: <https://www.gov.br/secretariageral/pt-br/noticias/2018/junho/governo-federal-apresenta-os-custos-economicos-da-criminalidade-no-brasil>. Acesso em: 6 ago. 2021.

BRASIL. Secretaria-Geral. **Secretaria de assuntos estratégicos mostra os custos da criminalidade no Brasil**. Brasília, 11 jun. 2018b. Disponível em: <https://www.gov.br/secretariageral/pt-br/noticias/2018/junho/secretaria-de-assuntos-estrategicos-apresenta-os-custos-da-criminalidade-no-brasil>. Acesso em: 6 ago. 2021.

BRONFENBRENNER, U. Ecological Systems Theory. **Annals of Child Development**, Greenwich, CT, n. 6, p. 187-249, 1989.

CAPRIROLO, D.; JAITMAN, L.; MELLO, M. Os custos de bem-estar do crime no Brasil: um país de contrastes. In: BID – Banco Interamericano de Desenvolvimento. **Os custos do crime e da violência**: novas evidências e constatações na América Latina e Caribe. Nova York: L. Jaitman, 2017. p. 55-70. Disponível em: <https://publications.iadb.org/publications/portuguese/document/Os-custos-do-crime-e-da-viol%C3%AAncia-Novas-evid%C3%AAncias-e-constata%C3%A7%C3%B5es-na-Am%C3%A9rica-Latina-e-Caribe.pdf>. Acesso em: 9 ago. 2021.

CERQUEIRA, D. R. C. **Causas e consequências do crime no Brasil**. 168 f. Tese (Doutorado em Economia) – Pontifícia Universidade Católica do Rio de Janeiro, Rio de Janeiro, 2010.

CERQUEIRA, D. R. C. **Causas e consequências do crime do Brasil**. Rio de Janeiro: BNDES, 2014. Disponível em: <https://web.bndes.gov.br/bib/jspui/bitstream/1408/1922/2/Concurso0212_33_premiobndes_Doutorado_P.pdf>. Acesso em: 5 ago. 2021.

CERQUEIRA, D. R. C. O que fazer para melhorar a segurança no Brasil. **Instituto de Pesquisa Econômica Aplicada**, 3 maio 2018. 3 min. Disponível em: <https://www.youtube.com/watch?v=Uq9kWontl1I>. Acesso em: 5 ago. 2021.

CERQUEIRA, D. R. de C. et al. **Análise dos custos e consequências da violência no Brasil**. Brasília, jun. 2007. (Texto para Discussão n. 1284). Disponível em: <http://repositorio.ipea.gov.br/bitstream/11058/1824/1/TD_1284.pdf>. Acesso em 6 ago. 2021.

CERQUEIRA, D. R. de C.; MELLO, J. M. P. de. **Menos armas, menos crimes**. Brasília: Ipea, 2012. (Texto para Discussão, 1721). Disponível em: <https://www.ipea.gov.br/atlasviolencia/arquivos/artigos/4274-td1721.pdf>. Acesso em: 26 out. 2021.

CERQUEIRA, D. R. de C.; SOARES, R. R. **Custo de bem-estar da violência letal no Brasil e desigualdades regionais, educacionais e de gênero**. Brasília: Ipea, 2011. (Texto para Discussão, 1638). Disponível em: <http://repositorio.ipea.gov.br/bitstream/11058/1380/1/td_1638.pdf>. Acesso em: 19 out. 2020.

CHAUI, M. Ética e violência. **Teoria e Debate**, ano 11, n. 39, out. 1998. Disponível em: <https://teoriaedebate.org.br/1998/10/01/etica-e-violencia/>. Acesso em: 22 jul. 2021.

CHAUI, M. **Sobre a violência**. Belo Horizonte: Autêntica, 2017.

CLARK, D. E.; COSGROVE, J. C. Hedonic Prices, Identification, and the Demand for Public Safety. **Journal of Regional Science**, v. 30, n. 1, p. 105-121, Feb. 1990.

CLARKE, R. V.; FELSON, M. (Ed.). **Routine Activity and Rational Choice**. New Brunswick/London: Transaction Publishers, 1993. (Advances in Criminological Theory, v. 5).

COHEN, M. A. et al. Willingness-to-Pay for Crime Control Programs. **Criminology**, v. 42, n. 1, p. 89-110, Feb. 2004.

COOK, P. J.; LUDWIG, J. The Benefits of Reducing Gun Violence: Evidence from Contingent-Valuation Survey Data. **Journal of Risk and Uncertainty**, v. 22, n. 3, p. 207-226, May 2001.

CORNISH, D. B.; CLARKE, R. V. Opportunities, Precipitators and Criminal Decisions: a Reply to Wortley's Critique of Situational Crime Prevention. In: SMITH, M. J.; CORNISH, D. B. (Ed.). **Theory for Practice in Situational Crime Prevention**. Devem: Willan Publishing, 2003. (Crime Prevention Studies, v. 16). p. 41-96.

CRAWFORD, A. **Crime Prevention Policies in Comparative Perspective**. London: William Publishing, 2009.

DANTAS. G. Juridiquês: ultima ratio. **Jornal da Justiça**, 12 abr. 2012. 1 min. Disponível em: <https://www.youtube.com/watch?v=QgTKxqaUInE> Acesso em: 4 nov. 2021.

DARWIN, C. **A origem das espécies**. Tradução de Daniel Moreira Miranda. São Paulo: Edipro, 2018.

DIAS, J. F. **Questões fundamentais do direito penal revisitadas**. São Paulo: Revista dos Tribunais, 1999.

DURANTE, M. O. Sistema Nacional de Estatística de Segurança Pública e Justiça Criminal. **Coleção Segurança com Cidadania**, Brasília, ano 1, v. 2, p. 181-203, 2009. Disponível em: <https://www.novo.justica.gov.br/sua-seguranca-2/seguranca-publica/analise-e-pesquisa/download/estudos/sjcvolume2/sistema_nacional_estatiticas_seguranca_publica_justica_criminal.pdf>. Acesso em: 8 ago. 2021.

EUROSTAT. **Estatísticas de crime**. Disponível em: <https://ec.europa.eu/eurostat/statistics-explained/index.php?title=Crime_statistics>. Acesso em 1º set. 2021.

FAJNZYLBE, P.; ARAUJO JR., A. de. **Texto para discussão n. 167**: violência e criminalidade. Belo Horizonte: Cedeplar/Face/UFMG, 2001. Disponível em: <http://www.cedeplar.ufmg.br/pesquisas/td/TD%20167.pdf>. Acesso em: 5 ago. 2021.

FELIPE, L. Política de tolerância zero nos EUA diminuiu crimes e lotou presídios. **Agência Brasil**, 23 jun. 2018. Disponível em: <https://agenciabrasil.ebc.com.br/geral/noticia/2018-06/politica-de-tolerancia-zero-nos-eua-diminuiu-crimes-e-lotou-presidios>. Acesso em: 1º set. 2021.

FENAVIST – FEDERAÇÃO NACIONAL DAS EMPRESAS DE SEGURANÇA. **Estudo do setor de segurança privada**. 2019. Disponível em: <http://fenavist.org.br/wp-content/uploads/2019/07/ESSEG-19_WEB1.pdf>. Acesso em: 8 ago. 2021.

FERRO JÚNIOR, C. M.; DANTAS, G. F. de L. A descoberta e a análise de vínculos na complexidade da investigação criminal moderna. **Conteúdo Jurídico**, 3 set. 2008. Disponível em: <https://conteudojuridico.com.br/consulta/artigos/14759/a-descoberta-e-a-analise-de-vinculos-na-complexidade-da-investigacao-criminal-moderna>. Acesso em: 13 ago. 2021.

FILIPE, A. **Análise criminal**: perfil do analista nos EUA. 93 f. Monografia (Especialização em Gestão de Segurança Pública e Defesa Social) – União Pioneira de Integração Social, Brasília, 2007.

FÓRUM BRASILEIRO DE SEGURANÇA PÚBLICA (Org.). **O Novo Sistema Único de Segurança pública:** questões sobre o financiamento da Segurança Pública. São Paulo, 2019. Disponível em: <https://www.forumseguranca.org.br/wp-content/uploads/2019/05/Estudo-sobre-Financiamento-v6.pdf>. Acesso em: 25 out. 2021.

FOUCAULT, M. **Vigiar e punir:** história da violência nas prisões. Tradução de Raquel Ramalhete. 20. ed. São Paulo: Vozes, 1999.

FREITAS, O. A. de. **Segregação socioespacial e criminalidade urbana envolvendo jovens na cidade de Uberlândia-MG**. 233 f. Dissertação (Mestrado em Geografia) – Universidade Federal de Uberlândia, Uberlândia, 2008. Disponível em: <https://repositorio.ufu.br/bitstream/123456789/16046/1/Oracilda.pdf>. Acesso em: 1º set. 2021.

GOMES, L. F.; MOLINA, A. G-P. de; BIANCHINI, A. **Direito penal:** introdução e princípios fundamentais. São Paulo: RT, 2000. v. 1.

GRECO, R. **Curso de direito penal:** parte geral. 19. ed. Niterói: Impetus, 2017. v. 1.

HARTUNG, G. C. **Ensaios em demografia e criminalidade**. Tese (Doutorado em Economia) – Fundação Getúlio Vargas, Rio de Janeiro, 2009. Disponível em: <https://bibliotecadigital.fgv.br/dspace;/bitstream/handle/10438/6616/Tese%20de%20Doutorado%20-%20Gabriel%20Hartung.pdf?sequence=1&isAllowed=y>. Acesso em: 5 ago. 2021.

HELLMAN, D. A.; NAROFF, J. L. The impact of Crime on Urban Residential Property Values. **Urban Studies**, n. 16, p. 105-112, 1979.

HUGHES, G. **Understanding Crime Prevention:** Social Control, Risk and Late Modernity. Philadelphia: Open University Press, 1998.

IACA – International Association of Crime Analysis. **Definition and Types of Crime Analysis**. Standards, Methods & Technology (SMT) Committee White Paper, 2014.

IACA – International Association of Crime Analysis. **Learn About Crime Analysis**. Disponível em: <https://iaca.net/development-center/what-is-crime-analysis/>. Acesso em: 8 ago. 2021.

ICPC – International Centre for the Prevention of Crime. **Crime Prevention and Community Safety:** International Report 2012. Montreal, 2012. Disponível em: <https://cipc-icpc.org/wp-content/uploads/2019/08/ICPC_report_2012.pdf>. Acesso em: 13 ago. 2021.

ICPC – International Centre for the Prevention of Crime. **International Reports on Crime Prevention and Community Safety**. Disponível em: <https://cipc-icpc.org/en/international-report-on-crime-prevention-and-community-safety/>. Acesso em: 12 ago. 2021.

IPEA – Instituto de Pesquisa Econômica Aplicada. **Atlas da Violência 2020 (Dashboard)**. Disponível em: <https://www.ipea.gov.br/atlasviolencia/download/26/atlas-da-violencia-2020-dashboard>. Acesso em: 28 jul. 2021.

IPEA – Instituto de Pesquisa Econômica Aplicada. **Taxa de homicídios no Brasil atingiu recorde em 2014**. 2016. Disponível em: <https://www.ipea.gov.br/portal/index.php?option=com_content&view=article&id=27412#:~:text=Confira%20os%20principais%20destaques%20da,registradas%20entre%202008%20e%202011.>. Acesso em: 22 ago. 2021.

JAITMAN, L.; KEEFER, P. Por que é importante estimar os custos do crime? Uma agenda de pesquisas para apoiar as políticas de prevenção do crime na região. In: BID – Banco Interamericano de Desenvolvimento. **Os custos do crime e da violência**: novas evidências e constatações na América Latina e Caribe. Nova York: L. Jaitman, 2017. p. 1-17. Disponível em: <https://publications.iadb.org/publications/portuguese/document/Os-custos-do-crime-e-da-viol%C3%AAncia-Novas-evid%C3%AAncias-e-constata%C3%A7%C3%B5es-na-Am%C3%A9rica-Latina-e-Caribe.pdf>. Acesso em: 20 jul. 2021.

JAITMAN, L.; TORRE, I. Estimativa dos custos diretos do crime e da violência. In: BID – Banco Interamericano de Desenvolvimento. **Os custos do crime e da violência**: novas evidências e constatações na América Latina e Caribe. Nova York: L. Jaitman, 2017. p. 19-51. Disponível em: <https://publications.iadb.org/publications/portuguese/document/Os-custos-do-crime-e-da-viol%C3%AAncia-Novas-evid%C3%AAncias-e-constata%C3%A7%C3%B5es-na-Am%C3%A9rica-Latina-e-Caribe.pdf>. Acesso em: 20 jul. 2021.

KAHN, T. Os custos da violência: quanto se gasta ou deixa de ganhar por causa do crime no Estado de São Paulo. **São Paulo em Perspectiva**, São Paulo, v. 13, n. 4, p. 42-48, 1999. Disponível em: <https://www.scielo.br/j/spp/a/8WPZ77Lpwj3st8YSdRhNkkd/?lang=pt&format=pdf>. Acesso em: 6 ago. 2021.

KELLING, G. L.; COLES, C. M. **Fixing Broken Windows**: Restoring Order and Reducing Crime in Our Communities. New York: Touchstone, Simon and Schuster, 1996.

KRUG, E. G. et al. (Ed.). **World Report on Violence and Health**. Geneva: World Health Organization, 2002. Disponível em: <https://apps.who.int/iris/bitstream/handle/10665/42495/9241545615_eng.pdf>. Acesso em: 23 jul. 2021.

LOMBROSO, C. **O homem delinquente**. Tradução de Sebastião José Roque. São Paulo: Ícone, 2013.

LONDOÑO, J. L.; GUERRERO, R. **Violência en America Latina:** epidemiologia y costos. Washington, DC: Banco Interamericano de Desenvolvimento, 1999.

LÜDERSSEN, K. **Kriminologie: Einführung in die Problematik von Kriminalität und Kriminalisierung.** Baden-Baden: Nomos, 1984.

LYNCH, A. K.; RASMUSSEN, D. W. Measuring the Impact of Crime on House Prices. **Applied Economics**, v. 33, p. 1981-1989, 2001.

MAGALHÃES, L. C. Análise criminal e mapeamento da criminalidade – GIS. **Âmbito Jurídico**, 29 fev. 2008. Disponível em: <https://ambitojuridico.com.br/cadernos/direito-penal/analise-criminal-e-mapeamento-da-criminalidade-gis/>. Acesso em: 13 ago. 2021.

MASSON, C. **Direito penal:** parte geral. 14. ed. Rio de Janeiro: Forense; São Paulo: Método, 2020. v. 1.

MAYHEW, P. Counting the Costs of Crime in Australia: Technical Report. **Australian Institute of Criminology Technical and Background Paper Series**, n. 4, 2003.

MICHAUD, Y. **A violência.** Tradução de L. Garcia. São Paulo: Ática, 1989.

MILGRAM, A. Por que estatísticas inteligentes são a chave para combater o crime. **TED**, 28 jan. 2014. 12 min. Disponível em: <https://www.youtube.com/watch?v=ZJNESMhIxQ0&list=PLDVoZQl9HlQpMq-gDVVgHUidxP-PfyElU&index=1>. Acesso em: 9 ago. 2021.

MINAYO, M. C. de S. Conceitos, teorias e tipologias de violência: a violência faz mal à saúde individual e coletiva. In: NJAINE, K.; ASSIS, S. G. de; CONSTANTINO, P. (Org.). **Impactos da violência na saúde.** 3. ed. Rio de Janeiro: EAD/ENSP, 2013. p. 21-42. Disponível em: <https://static.scielo.org/scielobooks/7yzrw/pdf/njaine-9788575415887.pdf>. Acesso em: 24 jul. 2021.

MINAYO, M. C. de S. Impacto da violência na saúde dos brasileiros: conceito e tendências. **Ensp Fiocruz**, 13 nov. 2015. 84 min. Disponível em: <https://www.youtube.com/watch?v=l1PfPSqPwFk>. Acesso em: 27 set. 2020.

MISSE, M; ADORNO, S. **Mercados ilegais, violência e criminalização.** São Paulo: Alameda, 2018.

MISSE, M. **Crime e violência no Brasil contemporâneo:** estudos de sociologia do crime e da violência urbana. Rio Janeiro: Lumen Juris, 2006.

MISSE, M. Dizer a violência. **Revista Katálysis**, Florianópolis, v. 11, n. 2, p. 165-166, jul./dez. 2008. Disponível em: <https://www.academia.edu/20934540/Dizer_a_violência>. Acesso em: 24 jul. 2021.

MISSE, M. **Malandros, marginais e vagabundos & a acumulação social da violência no Rio de Janeiro**. 413 f. Tese (Doutorado em Sociologia) – Instituto Universitário de Pesquisas do Rio de Janeiro (Iuperj), Rio de Janeiro, 1999.

MOLINA, A. G.-P. **Criminología**: una introducción a sus fundamentos teóricos. 6. ed. Santiago: LexisNexis, 2008.

MOLINA, A. G.-P. **Tratado de criminología**. 3. ed. Valencia: Tirant lo Blanch, 2003.

MOLINA, A. G.-P.; GOMES, L. F. **Criminologia**. Tradução de Luiz Flávio Gomes. 2. ed. São Paulo: Revista dos Tribunais, 1997.

NAGIN, D. S.; PIQUERO, A. R. **Public preferences for rehabilitation versus incarceration of juvenile offenders**: evidence from a contingent valuation survey. Charlottesville: University of Virginia Law School, 2006. (The John M. Olin Program in Law and Economics Working Paper Series, 28).

ODILLA, F. 'Se há mais armas, há mais crimes', diz criminologista americano. **BBC News Brasil**, 1º ago. 2019. Disponível em: <https://www.bbc.com/portuguese/brasil-49165671>. Acesso em: 5 ago. 2021.

ODON, T. I. **Armas e violência**: por que olhar para a lei de desarmamento não é a melhor ideia. Brasília: Núcleo de Estudos e Pesquisas da Consultoria Legislativa, 2019. (Textos para discussão, n. 258). Disponível em: <https://www2.senado.leg.br/bdsf/bitstream/handle/id/557577/Texto_para_discussao_258.pdf?sequence=1&isAllowed=y>. Acesso em: 6 ago. 2021.

OLIVEIRA, C. A. de; ROSTIROLLA, C. C. Mais armas de fogo, mais homicídios? Uma evidência empírica para a Região Metropolitana de Porto Alegre a partir de dados em painel. **Working Paper**, jun. 2017. Disponível em: <https://www.researchgate.net/publication/317846746_Mais_armas_de_fogo_mais_homicidios_Uma_evidencia_empirica_para_a_Regiao_Metropolitana_de_Porto_Alegre_a_partir_de_dados_em_painel>. Acesso em: 5 ago. 2021.

OMS – Organização Mundial da Saúde. **Relatório Mundial Sobre a Prevenção da Violência**. Tradução do Núcleo de Estudos da Violência da Universidade de São Paulo. 2014. Disponível em: <https://apps.who.int/iris/handle/10665/145086>. Acesso em: 26 jul. 2021.

OPAS – ORGANIZAÇÃO PAN-AMERICANA DA SAÚDE. **Folha informativa – acidentes de trânsito**. Disponível em: <https://www.paho.org/bra/index.php?option=com_content&view=article&id=5147:acidentes-de-transito-folha-informativa&Itemid=779>. Acesso em: 28 jul. 2021.

OSBORNE, D. A.; WERNICKE, S. C. **Introduction to Crime Analysis**: Basic Resources for Criminal Justice Practice. New York: Routledge, 2003.

RONDON, V. V.; ANDRADE, M. V. Custos da criminalidade em Belo Horizonte. **Economics: Studies**, v. 42 n. 1, p. 37-117, 2017.

ROXIN, C. **Derecho penal**: parte geral. Madrid: Civitas, 1997. Tomo I: Fundamentos de la teoría del delito.

SÁ, A. A. de; TANGERINO, D. de P. C.; SHECAIRA, S. S. (Coord.). **Criminologia no Brasil**: história e aplicações clínicas e sociológicas. Rio de Janeiro: Elsevier, 2010.

SANTOS, R. B. **Crime Analysis with Crime Mapping**. 4. ed. Thousand Oaks: Sage Publications, 2017.

SANTOS, R. B. Introductory guide to crime analysys and mapping. **COPS**, Nov. 2001. Disponível em: <https://cops.usdoj.gov/ric/Publications/cops-w0273-pub.pdf>. Acesso em: 13 ago. 2021.

SEELIG, E. **Manual de criminologia**. Tradução de Guilherme de Oliveira. Coimbra: Arménio Amado, 1957.

SHECAIRA, S. S. **Criminologia**. 6. ed. São Paulo: Revista dos Tribunais, 2014.

SILVA, J. A. da. **Análise criminal**: teoria e prática. Salvador: Artpoesia, 2015.

SILVA, L. A. M. da. Criminalidade violenta: por uma nova perspectiva de análise. **Revista de Sociologia e Política**, Curitiba, n. 13, p. 115-124, nov. 1999. Disponível em: <https://www.scielo.br/scielo.php?pid=S0104-44781999000200009&script=sci_abstract>. Acesso em: 28 jul. 2021.

SOARES, L. E. A Política Nacional de Segurança Pública: histórico, dilemas e perspectivas. **Estudos Avançados**, São Paulo, v. 21, n. 61, p. 77-97, dez. 2007. Disponível em: <https://www.scielo.br/pdf/ea/v21n61/a06v2161.pdf>. Acesso em: 20 out. 2020.

THALER, R. A Note on the Value of Crime Control: Evidence from the Property Market. **Journal of Urban Economics**, v. 5, n. 1, p. 137-145, Jan. 1978.

TOLEDO, F. de A. **Princípios básicos de direito penal**. 5. ed. São Paulo: Saraiva, 1994.

UNITED NATIONS. **United Nations Guidelines for the Prevention of Crime**. New York, 2002.

UNODOC – United Nations Office on Drugs and Crime. **Brasil tem a segunda maior taxa de homicídios da América do Sul, diz relatório da ONU**. 2019. Disponível em: <https://www.unodc.org/lpo-brazil/pt/frontpage/2019/07/brasil-tem-segunda-maior-taxa-de-homicdios-da-amrica-do-sul diz-relatrio-da-onu.html>. Acesso em: 13 ago. 2021.

VALENTE, M. M. G. **Teoria geral do direito policial**. 2. ed. Coimbra: Almedina, 2009.

WELZEL, H. **Derecho penal alemán**. Traducción de Juan B. Ramirez y Sergio Y. Peréz. Santiago: Jurídica de Chile, 1987.

WILLIAMS, J. W. Governability Matters: the Private Policing of Economic Crime and the Challenge of Democratic Governance. **Policing & Society**, v. 15, n. 2, p. 187-211, 2005. Acesso em: <https://www.tandfonline.com/doi/abs/10.1080/10439460500071671?tab=permissions&scroll=top&>. Acesso em: 9 ago. 2021.

ZAFFARONI, E. R. **Manual de derecho penal**: parte general. Buenos Aires: Ediar, 1996.

ZAFFARONI, E. R.; PIERANGELI, J. H. **Manual de Direito Penal Brasileiro**: parte geral. 9 ed. Rio de Janeiro: Revista dos Tribunais, 2011. v. 1.

ZARKIN, G. A.; CATES, S. C.; BALA, M. V. Estimating the Willingness to Pay for Drug Abuse Treatment: a Pilot Study. **Journal of Substantive Abuse Treatment**, v. 18, n. 2, p. 149-159, Mar. 2000.

ZEDNER, L. Liquid Security: Managing the Market for Crime Control. **Criminology and Criminal Justice**, Oxford, v. 6, n. 3, p. 267-288, Aug. 2006.

ŽIŽEK, S. **Violência**: seis reflexões laterais. Tradução de Miguel Serras Pereira. São Paulo: Boitempo, 2014.

Bibliografia comentada

ARENDT, H. **Sobre a violência**. Tradução de André de Macedo Duarte. 8. ed. São Paulo: Civilização Brasileira, 2009.

Com uma visão mais político-histórica sobre o fenômeno da violência, Hannah Arendt possibilita um exame do problema em uma dimensão diferente da normalmente abordada. Nessa obra, ela demonstra o quanto as relações de poder e as esferas políticas afetaram e continuam afetando historicamente o raciocínio moral e político das pessoas. Nela, a autora faz uma análise da natureza da violência e da crescente utilização dos meios violentos pela política, fazendo um contraponto entre violência e poder e realizando uma crítica essencial sobre apologia à violência.

CRAWFORD, A. **Crime Prevention Policies in Comparative Perspective**. London: William Publishing, 2009.

Esse livro é proveniente de um Projeto de Avaliação do Crime, Desvio e Prevenção, financiado pela Comissão Europeia e desenvolvido pelo Centro Nacional Francês de Pesquisa Científica. A obra contém uma visão comparativa de estudos sobre o crime e sobre como a prevenção tem sido abordada em vários países do mundo, entre eles, Alemanha, Bélgica, Hungria e Brasil. Trata-se de uma leitura que permite alcançar um raciocínio mais completo mediante a comparação de experiências distintas.

FOUCAULT, M. **Vigiar e punir**: história da violência nas prisões. Tradução de Raquel Ramalhete. 20. ed. São Paulo: Vozes, 1999.

A referida obra desenvolve um estudo científico sobre a evolução da lei penal e dos métodos coercitivos e de punição usados pelo Poder Público como instrumento de repressão dos criminosos, revisitando a história do século passado até os tempos modernos. Tecendo uma linha filosófica, o autor esclarece a definição de punição e a sanção normalizadora, perpassando a disciplina dos corpos, a vigilância hierárquica e a austeridade das instituições. Além disso, apresenta o modelo de prisão panóptico, indicando algumas questões essenciais a respeito da punição e das emergências humanas, que possibilitam repensar alguns institutos essenciais no desenvolvimento da temática da criminalidade violenta.

LECLERC, B.; SAVONA, E. U. (Ed.). **Crime Prevention in the 21st Century**: Insightful Approaches for Crime Prevention Initiatives. New York: Springer Internation Publishing, 2017.

A necessidade de adequação das ideias de prevenção do crime nos tempos atuais levou os autores a trazerem neste livro, conjuntamente com a contribuição de inúmeros especialistas internacionais, uma gama de orientações para prevenção do crime. O livro contribui com a análise da prevenção tanto pela ótica dos delinquentes quanto pela ótica da sociedade e dos agentes, a partir de uma perspectiva empírica e aplicada, permitindo a aplicabilidade dos conceitos à prática na contemporaneidade.

MISSE, M.; ADORNO, S. (Org.). **Mercados ilegais, violência e criminalização**. São Paulo: Alameda, 2018.

Faz parte deste livro a experiência de pesquisadores do Núcleo de Estudos da Violência da Universidade de São Paulo (NEV-USP) e da Universidade Federal do Rio de Janeiro (UFRJ), com a participação de ambos no Instituto Nacional de Tecnologia sobre

Violência, Democracia e Segurança Cidadã. Trata-se de um projeto de investigação que envolveu ainda outros centros de pesquisa, como Claves (FioCruz), CPVC (UFRGS), Nevis (UNB), o Fórum Brasileiro de Segurança Pública e LEV (UFC), com o objetivo de promover um espaço nacional de discussão acadêmica e profissional sobre violência e criminalidade, permitindo uma visão global, porém pormenorizada, pautada em informações confiáveis. Essa leitura permite a conexão de muitos pontos que foram tratados nos capítulos deste livro.

SÁ, A. A. de; TANGERINO, D. de P. C.; SHECAIRA, S. S. (Coord.). **Criminologia no Brasil**: história e aplicações clínicas e sociológicas. Rio de Janeiro: Elsevier, 2010.

Diante de tudo o que foi desenvolvido sobre criminalidade e violência neste livro, considerando-se o estudo desses problemas como fenômenos sociais, nessa indicação de leitura tudo é repensado a partir do Brasil como estudo de caso, o que possibilitará, como dito inúmeras vezes, que você entenda as peculiaridades desse problema no território brasileiro.